تطور الفكر الاقتصادي

تأليف

الدكتور مدحت القريشي

استاذ الاقتصاد الصناعي المشارك

جامعة البلقاء التطبيقية – الأردن

دار وائل للنشر

الطبعة الأولى

2008

رقم الايداع لدى دائرة المكتبة الوطنية : (2007/10/3219)

القريشي ، مدحت

تطور الفكر الاقتصادي / مدحت القريشي. - عمان ، دار وائل ، 2007 .

(330) ص

ر.إ. : (2007/10/3219)

الواصفات: الفكر الاقتصادي/ المذاهب الاقتصادية/ الاقتصاد المالي/

النظريات الاقتصادية/ التنمية الاقتصادية

* تم إعداد بيانات الفهرسة والتصنيف الأولية من قبل دائرة المكتبة الوطنية

****

رقم التصنيف العشري / ديوي : 330.1

(ردمك) ISBN 978-9957-11-737-5

* تطـور الفكـر الاقتصـادي

* الدكتور مدحت القريشي

* الطبعــة الأولى 2008

* جميع الحقوق محفوظة للناشر

دار وائـــل للنشر والتوزيع

• الأردن - عمان - شارع الجمعية العلمية الملكية - مبنى الجامعة الاردنية الاستثماري رقم (2) الطابق الثاني

هـاتف : 00962-6-5338410 - فاكس : 00962-6-5331661 - ص. ب (1615 ـ الجبيهة)

• الأردن - عمـان - وسـط البـلد - مجمـع الفحيص التجـاري- هــاتف: 00962-6-4627627

www.darwael.com

E-Mail: Wael@Darwael.Com

محتوى الكتاب

مقدمــة

ان الغرض الأساسي من هذا الكتاب هو استعراض تطور الأفكار الاقتصادية، النظامية أو المنهجية، بطريقة اكاديمية، وباسلوب واضح، لكي يساعد على تطوير فهمنا للاقتصاد المعاصر، ويوفر لنا وجهة نظر في فهم الأفكار الاقتصادية للمدارس الفكرية المختلفة. والكتاب لا يهدف إلى ان يكون مخزوناً لجميع المساهمات في الأفكار الاقتصادية والجدل الاقتصادي المسجل عبر التاريخ، ولكنه يركز على أبرز المساهمات والأفكار لما لها من أهمية. وتجدر الاشارة إلى أن دراسة تاريخ الاقتصاد تستمر في النمو والتطور وذلك مع نضوج علم الاقتصاد ذاته. فالافكار الجديدة والشواهد الجديدة والمشكلات الجديدة والفهم الجديد يدعو إلى اعادة النظر حول المساهمات والخلافات التي ظهرت في الماضي.

والسؤال الذي قد يطرح هو لماذا ندرس تاريخ الفكر الاقتصادي؟ وهنا يجيب البعض بان المبرر التاريخي لدراسة الفكر الاقتصادي يستند إلى مبررات انسانية، ذلك لان التواصل مع المفكرين العمالقة الذين برزوا في الماضي له منافع. فالعديد من الأفكار القديمة تبقى وتستمر، ولها تداعيات تمس حياتنا جميعاً. وفي معرض الاجابة على السؤال المطروح ايضاً يمكن ان ترد الاجابات الآتية:

1- ان دراسة تاريخ الفكر الاقتصادي تعزز فهمنا للفكر الاقتصادي المعاصر.

2- ان التحليل الواسع والشواهد التي يمتلكها الاقتصاديون عبر العقود تمكننا من التدقيق عن قرب في التعميمات غير الصحيحة، وهذا يمكننا من تقليل

3- الوقوع في الاخطاء، وان فهمنا للنجاحات السابقة والاخطاء السابقة سوف يكون مفيداً في حل مشكلاتنا والاجابة على الكثير من الاسئلة.

4- واخيراً، فان دراسة تاريخ الفكر الاقتصادي تمكننا من بلورة وجهة نظر وفهم افضل للماضي وللافكار الاجتماعية المتغيرة المرافقة لها، ويمكن أن توضح لنا التغيرات التي تحدث في مجالات عديدة تهمنا.

ان الخيوط الاولى للفكر الاقتصادي يمكن ان تعود الى العهد القديم (antiquity) وعلى سبيل المثال فان كلمة اقتصاد (economics) تعود جذورها إلى عصر اليونان القديم، حيث ان كلمة (economicus) تعني فن ادارة شؤون المنزل. وحينما يفرّق الفيلسوف اليوناني ارسطو (Aristotale) بين المكاسب الطبيعية والمكاسب غير الطبيعية فانه بذلك يمارس نشاطاً في الفكر الاقتصادي. فالمكاسب الطبيعية عند ارسطو هي النشاط الزراعي وصيد الأسماك وصيد الحيوانات، والتي تؤدي إلى انتاج السلع لحفظ الحياة. أما المكاسب غير الطبيعية فهي الحصول على السلع بمقدار فوق ما يحتاجه الفرد. وكتب الفيلسوف اليوناني افلاطون (Plato)، وهو استاذ ارسطو، حول منافع التخصص في كتابه الشهير (جمهورية افلاطون)، وان مثل هذا التخصص قد لمحَّ الى الافكار اللاحقة لـ (آدم سميث) حول تقسيم العمل، ومن قبله لـ (ابن خلدون)، عالم الاجتماع والاقتصاد العربي في العصر الإسلامي.

ولابد من الاشارة إلى ان الفترة التي تسبق 1500 ميلادي مثّلت عصراً مختلفاً عن العصر الذي يلي ذلك التاريخ ولحد الآن. فالتجارة كانت محدودة جداً قبل هذا التاريخ، وان معظم السلع كانت تنتج لغرض الاستهلاك داخل المجتمع الذي ينتجها، والنقود والائتمان لم تكن تستخدم بشكل واسع. ولم تنشأ بعد الدولة القومية والاقتصادات القومية القوية، كما ان الاقتصادات القومية المتكاملة لم تنشأ

بشكل كامل بعد، ولم تظهر أي مدرسة اقتصادية فكرية بعد. وفي القرن السادس عشر بدأ عصر الاقتصاد السياسي يحل محل عصر الفلسفة الاخلاقية، وقد جلب التركيز على الاقتصاد السياسي معه تنظيماً متماسكاً من التفكير الاقتصادي.

وعليه فانه من المناسب ان نبدأ دراسة تطور الفكر الاقتصادي بشكل تفصيلي ومنظم من القرن السادس عشر الذي يمثل بداية الفكر التجاري (Mercantilist) الذي يمثل بداية عصر الرأسمالية التجارية. ولكنه من المفيد أيضاً ان نستعرض، ولو بشيء من الايجاز الشديد، الافكار الاقتصادية التي وجدت في العصور القديمة، لانها تمثل بداية ظهور الافكار الاقتصادية رغم انها افكار بسيطة وترد ضمن الكتابات المتعلقة بالدين والاخلاق.

وقد اعد هذا الكتاب ليكون مرجعاً منهجياً لطلبة الاقتصاد في مادة تطور الفكر الاقتصادي. وقد قمت بتدريس هذه المادة لطلبة الاقتصاد لفصول وسنوات عديدة. ونظراً لمحدودية المراجع في هذا المجال، واختلافها الكبير من حيث درجة الاختصار أو درجة التفصيل أحياناً، والتي لا تلائم حاجات الطلبة من هذه المادة. لذلك وجدت من المفيد أن أقوم باعداد هذا الكتاب والذي يستند بالأساس الى المفردات المعتمدة لهذه المادة في الكلية، وقد اضيفت بعض الاجزاء لغرض اكتمال المواضيع، سواء بالنسبة للطالب أم بالنسبة للقارئ العام. وقد حرصت ان يكون أسلوب الكتاب مبسطاً وواضحاً قدر المستطاع ليتلائم مع حاجات الطلبة. وقد انصب جهدي المتواضع بالاساس على تجميع المادة العلمية من المراجع العلمية المختلفة، الاجنبية والعربية ومن ثم ترتيبها حسب التسلسل التاريخي للافكار.

وقد تضمن الكتاب ثلاثة عشر فصلاً وكما يأتي:

وفي الختام أود أن اسجل شكري وتقديري الى الأخ العزيز الأستاذ وائـل أبـو غربيـة المـدير العام لدار وائل للنشر، على جهوده القيمة في المتابعة والاشراف على طبع الكتاب بالشكل المناسب. كما اشكر السيدة سهاد النجار على جهودها الكبيرة في طباعة الكتاب.

ولا يفوتني في النهاية ان أعبر عن شكري وتقديري لجميع أفراد أسرتي على تحملهم معـي عناء اعداد هذا الكتاب.

وارجو ان أوفق في أن يكون هذا الكتاب مفيداً وعوناً للطلبة الاعزاء وللقراء الكرام بشـكل عام. وما التوفيق إلا من عند الله العلي العظيم.

د. مدحت القريشي

عمان

2008

الباب الأول

الفكر الاقتصادي في العصور

القديمة والوسطى

الفصل الأول

الفكر الاقتصادي:

مفهومه وأهميته وعلاقته بالتاريخ الاقتصادي وبعلم الاقتصاد

(*Economic Thought: its concept, importance,*

and its relation to economic history and economics)

الفصل الأول

الفكر الاقتصادي: مفهومه، وأهميته،

وعلاقته بالتاريخ الاقتصادي وبعلم الاقتصاد[1]

1.1 مفهوم الفكر الاقتصادي :

من اجل تحديد مفهوم الفكر الاقتصادي لابد من التطرق الى كيفية نشوء الفكر الاقتصادي. ويمكن القول هنا بان المشكلة الاولى التي واجهت الانسان منذ ظهوره على سطح الارض هي مهمة الابقاء على الذات، وذلك من خلال العمل على توفير الاشباع اللازم لحاجاته المختلفة، ومن هنا فقد دخل الانسان في صراع مستمر مع البيئة للتغلب عليها والتخلص من سيطرتها، وان ذلك يعني العمل على استغلال الموارد الطبيعية لإشباع الحاجات. وبطبيعة الحال فان اشباع الحاجات يتطلب اتباع وسائل وطرق معينة وهذه تتمثل بوسائل الانتاج (Production Factors) . ومنذ ذلك الحين ادرك الانسان حقيقتين:

الاولى: ان حاجاته متعددة ومتجددة وغير محدودة.

والثانية: هي ان الموارد الاقتصادية محدودة نسبياً بالمقارنة مع الحاجات.

ومن ربط هاتين الحقيقتين تظهر الى الوجود ما يعرف بالمشكلة الاقتصادية (Economic Problem) ، وهي المشكلة الازلية التي تواجه الانسان والمتعلقة بكيفية الموائمة بين الموارد المحدودة والحاجات غير المحدودة، وكذلك التباين في الاراء والسياسات التي تتبناها المجتمعات المختلفة في اختيار الاسلوب المناسب لحل المشكلات الاقتصادية وترتيب اولويات حاجاتها. فالانتاج والنقود والمبادلات

الداخلية والخارجية كلها ظواهر اقتصادية، لانها تترتب على وجود حاجات انسانية متعددة وموارد محدودة. وكذلك ان توزيع الناتج القومي فيما بين الذين اسهموا في انتاجه (الطبيعة، والعمل، وراس المال، والتنظيم) هو أيضاً من الظواهر الاقتصادية التي تختلف الافكار الاقتصادية حول أهمية كل منها ودوره في بناء المجتمع ونموه السريع.

وقد حاول الانسان دائماً ومنذ القدم ان يفهم القوى التي تحكم هذه الظواهر الاقتصادية والعوامل التي تؤثر فيها، كما حاول، بعد أن تقدم بعض الشيء، ان يصيغ العلاقة بين هذه القوى والظواهر الاقتصادية التي تخضع لها في شكل قوانين علمية عامة.

وتجدر الاشارة الى انه من الطبيعي ان ينعكس تزايد الحاجات وتنوعها على تطور وسائل الانتاج والتي يتعين أن تتزايد وتتطور من عصر الى آخر. وتتطلب هذه ترتيبات معينة سياسية واقتصادية واجتماعية. وعليه فليس هناك نظام من وضع الانسان يمكن ان يكون صالحاً لكافة العصور ولجميع المجتمعات، بل ان النظم الاقتصادية وكذلك الفكر الاقتصادي يتطور ويتغير مع تطور الحياة البشرية[2].

والمقصود بالفكر الاقتصادي هو الفكر الانساني في مجال الحياة الاقتصادية، وهو الفكر الذي يتولى القوانين التي تحكم الظواهر الاقتصادية ويستنبط النظريات ويكتشف القوانين الاقتصادية التي تفسر وتحكم هذه الظواهر، وكذلك يضع السياسات من أجل تطبيقها وحل المشكلات الاقتصادية. ومن هنا فان المقصود بتطور الفكر الاقتصادي هو دراسة التطور الذي يصيب الفكر الانساني في مجال الحياة الاقتصادية.

وتغطي دراسة الفكر الاقتصادي ثلاثة جوانب اساسية وهي[3]:

1. النظريـات الاقتصادية (Economic Theories)، والتـي تستهدف الكشـف عـن القوانين التي تحكم الظواهر الاقتصادية المختلفة، كمـا تهدف الى تحديد التـأثير الذي يباشره كل عامل من العوامل التي تبينها القوانين الاقتصادية علـى الظاهرة المعنية، مثل القوانين الخاصة بالاسعار والعرض والطلب والتضخم النقدي ... الخ. ويلاحظ ان هـذا الفرع مـن الاقتصاد لا يصدر حكمـاً مسـبقاً حـول نتائج هـذه الدراسات من حيث كونها سيئة أو حسنة أو كانت مقبولة أو مرفوضة لان وظيفة هذا الفرع هي الكشف عن القوانين التي تحكم الظواهر الاقتصادية بشكل مجـرد شأنه شـأن العلـوم الطبيعيـة التـي تحاول فهـم الظـواهر الطبيعيـة للكشـف عـن القوانين التي تحكمها.

2. السياسات الاقتصادية (Economic Policies)، والتي تتضمن دراسة افضل السبل التي يمكن ان تتبعها السلطات العامة للوصول الى هدف معين مثل معالجة البطالة ومنع ارتفاع الاسعار الخ. وعليه فان مهمة السياسات هـي دراسة وتحديد أفضـل السبل لتحقيق الغايات المنشودة، وعلى سبيل المثال فيما اذا كان من الافضل تـرك الحياة الاقتصادية حرة دون تدخل من جانب السلطات الحكومية.

3. المذاهب الاقتصادية أو النظم الاقتصادية (Economic Systems)، السائدة في المجتمع، ففي هذا الجانب يتخذ الباحث موقفاً معيناً بالحكم على نظام اقتصادي معين فيحبذ قبوله أو رفضه، ودوافع الاخذ به او العدول عنه. ولذا يمكن القول بان نطاق البحث في المذاهب الاقتصادية يتجاوز الجانب الاقتصادي ليشمل الجوانب السياسية والاجتماعية. ويتطلب بحث القضايا المختلفة على وفق المذهب الاقتصادي تفضيل معين واحكام تقديرية ذاتية (شخصية) للقيم المختلفة وبالتالي موقفاً محدداً من القضايا المختلفة. وعادة ما يختلف الافراد في

تفضيلاتهم بحيث يرجح قيمة معينة أو سياسة على اخرى. وكمثال على المذهب الاقتصادي نجد ان النظام الراسمالي وما يتضمنه من افكار في الحرية الاقتصادية (دعه يعمل دعه يمر) وفي المقابل نجد ان مذاهب اقتصادية اخرى تنتقد الاوضاع الاقتصادية والاجتماعية في ظل الراسمالية وتقترح انظمة اقتصادية بديلة كالنظام الاشتراكي.

والخلاصة ان دراسة التطور التاريخي للفكر الاقتصادي تركز بشكل شامل على الجوانب الثلاثة لهذا التطور وهي النظريات والسياسات والموقف المذهبي لكل مدرسة من المدارس الفكرية المختلفة.

2.1 علاقة الفكر الاقتصادي بالتاريخ الاقتصادي وبعلم الاقتصاد[4]

هناك علاقة وثيقة بين الفكر الاقتصادي وبين كل من التاريخ الاقتصادي وعلم الاقتصاد، من حيث الترابط العضوي والتأثير المتبادل حيث الاعتماد الكبير على الفكر الاقتصادي في تفسير الوقائع الاقتصادية واكتشاف القوانين. فمن أجل معرفة طبيعية وابعاد هذه العلاقة من المناسب ابتداء عرض مفهوم كل من التاريخ الاقتصادي وعلم الاقتصاد.

أ. علاقة الفكر الاقتصادي بالتاريخ الاقتصادي:-

يتناول التاريخ الاقتصادي دراسة الوقائع الاقتصادية التي حدثت في تاريخ المجتمعات البشرية منذ نشوء الإنسان. فالتاريخ الاقتصادي هو عرض وتحليل الحوادث التاريخية بهدف استخلاص المضامين الاقتصادية التي تنطوي عليها والانعكاسات الناتجة عنها بالإضافة الى تحديد أسبابها وآثارها. والوقائع الاقتصادية قد تكون ايجابية تخدم المجتمع والإنسان كالثورة الصناعية والاكتشافات الجغرافية

الخ او سلبية تثير له العديد من المشكلات كالحروب والازمات الاقتصادية، وان تفسير هذه الوقائع وتأصيل أسبابها واستنباط الحلول الملائمة للمشكلات الاقتصادية يتولاها الفكر الاقتصادي الموضوعي المحايد. ولذلك فهناك علاقة وثيقة بين تاريخ الوقائع الاقتصادية وتاريخ تطور الفكر الاقتصادي الذي يساهم في استنباط النظريات واكتشاف القوانين ووضع السياسات التي تخدم المجتمع في ايجاد الحلول لمشكلاته وتحقيق الاستفادة القصوى من الموارد الاقتصادية - الطبيعية والمالية والبشرية.

ولذلك فان مظاهر الارتباط بين التاريخ الاقتصادي والفكر الاقتصادي تكمن في حقيقة عدم امكانية عزل الفكر الاقتصادي عن الوقائع الاقتصادية لان التاريخ الاقتصادي يحدد الاطار العام للمشكلات الاقتصادية بينما يتولى الفكر الاقتصادي ايجاد الحلول لها والسياسات الملائمة للتطبيق. ولهذا فان الفكر والتاريخ الاقتصادي يكمل كل منهما الآخر.

ب. علاقة الفكر الاقتصادي بعلم الاقتصاد:

تختص دراسة علم الاقتصاد في البحث في تطور النظريات الاقتصادية المفسرة للظواهر الاقتصادية، من خلال مجموعة الاهتمامات التي يقوم بها المفكرون لاستنباط الافكار الاقتصادية الجديدة او تطور الافكار الاقتصادية القديمة، بحيث تسهل عملية ايجاد الحلول للمشكلات التي تثيرها هذه الظواهر. كما يبحث علم الاقتصاد في تطور الوسائل والادوات المتاحة للتحقق من صحة هذه النظريات واختبارها عن طريق الاقتصاد الرياضي والاقتصاد القياسي. كما يشمل علم الاقتصاد اكتشاف القوانين الاقتصادية التي تحكم العلاقات الانتاجية والعوامل المؤثرة على الانسان كمنتج وكمستهلك، فتحدد وتوجه تصرفاته الموضوعية المنطقية والشخصية، التي قد تكون غير منطقية ولكن لها تأثيرات على مجموع

الاقتصاد الوطني، كالميل الحدي للاستهلاك والميل الحدي للادخار وكذلك الاستثمار والتفاؤل والتشاؤم.

وتتضح علاقة علم الاقتصاد بالفكر الاقتصادي من خلال الواقع الذي يشير الى أن علم الاقتصاد لم ينشأ دفعة واحدة ولا دون التأثر بالمراحل التاريخية السابقة لتطور التاريخ الاقتصادي والفكر الاقتصادي. فالنظريات الاقتصادية نشأت تدريجياً وكنتيجة لمحاولات فكرية متتابعة. ولذلك فان فهم الاقتصاد لا يمكن ان يتم بمعزل عن تطور الفكر الاقتصادي. ويتعين التفريق بين علم الاقتصاد، كعلم له قوانينه ونظمه ومنطقه لتفسير الظواهر الاقتصادية وبين الافكار الاقتصادية التي تواجه المجتمع في فترة ما، وان الافكار الاقتصادية هي بالطبع سابقة لظهور علم الاقتصاد.

ويمكننا القول بان تطور ونشأة علم الاقتصاد، اعتمد على الافكار الاقتصادية السابقة في سياقها التاريخي، وهذا يعني بان العصور القديمة السابقة للقرن السادس عشر كانت لها افكار اقتصادية ولكنها لم تصل بعد الى تكوين علم الاقتصاد. فعلم الاقتصاد هو علم حديث النشأة. ويتفق معظم الباحثين بان البحث الاقتصادي بدأ على يد آدم سميث في كتابه ثروة الامم، اما الافكار الاقتصادية، باعتبارها تلك الاراء المباشرة والتي راودت المفكرين والمصلحين حول ما هي الثروة أو طبيعة ووظائف النقود او العوامل التي تحدد قيم الاشياء، فهذه قديمة قدم التاريخ، ولا تكاد حضارة تخلو من ذلك. كما انه لم تخل الكتب السماوية والتعاليم الدينية من بعض المسائل ذات الطبيعة الاقتصادية، كما هو الحال مع القرآن الكريم. والحقيقة ان تلك الافكار كانت سابقة تاريخياً على ظهور علم الاقتصاد، ولابد ان يسبق ظهور العلم بعض الافكار عن الحقائق التي يتوفر العلم على دراستها.

والخلاصة ان التاريخ الاقتصادي قد سبق في ظهورة الفكر الاقتصادي، وهذا بدوره قد سبق ظهور علم الاقتصاد، وانه في العصور القديمة والعصور الوسطى كانت هناك افكار اقتصادية ولكنها لم ترق الى مرتبة العلم بالمفهوم المتعارف عليه.

3.1 الأهمية العلمية والعملية لدراسة الفكر الاقتصادي والجدوى من دراسته

قد يتساءل البعض عن أهمية وجدوى دراسة تطور الفكر الاقتصادي وفيما اذا كان ذلك مجرد استعراض لتاريخ علم الاقتصاد او تسجيل لما عرف من نظريات علمية من التاريخ. والاجابة على ذلك هو ان تاريخ كل علم جزء لا يتجزأ من ذلك العلم، بحيث لا يمكن فهم العلم نفسه فهماً كاملاً دون معرفة تاريخه. وان جدوى دراسة الفكر الاقتصادي في تطوره عبر التاريخ يتجسد في حقيقة ان الاستيعاب الكامل لأي نظرية حديثة حول أية ظاهرة اقتصادية لا تتحقق على وجه صحيح ما لم تكن ثمة دراية تامة بما سبق للفكر الاقتصادي ان تضمنه من نظريات حول نفس الظاهرة في مرحلة من مراحل معينة من تطوره التاريخي، فلا يمكن مثلاً فهم نظرية توازن المنشأة في ظروف المنافسة غير التامة دون فهم مسبق لنظرية توازن المنشأة في ظروف المنافسة التامة ومن هنا تتجلى الاهمية الخاصة بدراسة التطور التاريخي للفكر الاقتصادي.

ويمكن القول بان دراسة تطور الفكر الاقتصادي يفيدنا في نواحي عديدة أهمها[5]:

الاولى، الفائدة التعليمية، اذ ان النظريات العلمية السابقة تساعدنا على فهم النظريات والافكار المعاصرة بشكل اكبر وافضل. ففي علم الاقتصاد نجد ان لدينا نظريات علمية قائمة تفسّر حقائق معينة او تساهم في حل مشكلات معينة. ذلك

لان استيعاب النظريات القائمة لن يكون أمراً سهلاً دون الرجوع الى نشأتها أو بدايتها، وان الفكر الحديث ما هو الا شكل متطور للنظريات السابقة.

الثانية، الاستفادة من الحلول السابقة، وخاصة عندما تتشابه أوضاع الحاضر مع أوضاع الماضي، في استنباط آراء جديدة من شأنها دعم مسيرة التقدم العلمي.

الثالثة، المساهمة في تكوين العقلية العلمية وتخليص اساليب البحث العلمي من الطرق المتنافية مع متطلباته الاصولية.

الرابعة، ان دراسة الفكر الاقتصادي تساعد على فهم اخطاء الماضي وبالتالي تجنب الوقوع في الاخطاء التي وقع فيها السابقون. فكثيراً ما قيل ان اولئك الذين يتجاهلون الماضي واخطاءه هم اولئك الذين يكررون أخطاء الماضي.

الخامسة، ان دراسة الفكر الاقتصادي تفتح الاذهان وتمكّن من استلهام افكار علمية جديدة. ذلك لان الدراسة تمكننا من فهم النظرية العلمية في تطورها على مدار الزمن: كيف نشأت؟ وعلى اي الافتراضات اعتمدت ولماذا؟ وما هي النتائج التي خلصت اليها؟ وهل كان لها فائدة من الناحية التطبيقية؟ وكل هذا يساعد في عملية تفتح الاذهان لمنطق التطور ويساعد على استلهام افكار علمية جديدة. وتعتبر هذه النقطة في غاية الاهمية، وخصوصاً بالنسبة للبلدان النامية التي تعاني من مشكلة التخلف العلمي بسبب عدم ملائمة الكثير من النظريات الي تأتي من الغرب.

4.1. لماذا ندرس الفكر الاقتصادي كدراسة مستقلة؟

انطلاقاً من حقيقة ان الفكر الاقتصادي في أي عصر يتصدى للمشكلات التي تبرز في ذلك العصر والتي تختلف في طبيعتها عن مشكلات اي عصر آخر. فالمشكلة التي اساسها عدم التوازن بين الحاجات والرغبات وبين الموارد المتوفرة قد

تكون وراؤها اسباب مختلفة. فالبطالة المزمنة مثلاً كانت هي المشكلة المتفشية في المجتمع الاوربي في فترة ما بين الحربين العالميتين وكان من الطبيعي ان تهيمن على تفكير (Keynes) الذي عاصر تلك الفترة وان تدفعه الى البحث عن نظرية جديدة تفسّر اسباب تلك المشكلة واسلوب معالجتها. في حين ان المشكلة التي واجهت (Adam Smith) هي عدم التناسب بين الثروة (الانتاج) والحاجات والرغبات، لذلك حاول التركيز على اساليب زيادة الانتاج والانتاجية التي ربطها بتقسيم العمل.

فالتاريخ الاقتصادي يسجل المشكلة الاقتصادية بمضمونها وأبعادها اما تاريخ الفكر الاقتصادي فانه يقدم فكراً نظرياً يفسّر علمياً اسباب نشأة المشكلة ويعرض السياسة الاقتصادية الرامية الى معالجتها.

5.1. تطور الفكر الاقتصادي، ومن اين يبدأ علم الاقتصاد؟

يمكن القول بان الفكر الاقتصادي الذي نعرفه اليوم هو علم حديث. ويقول الكاتب ((Eric Roll) بانه حين تكون العملية الاقتصادية بسيطة أو حين يكون الانتاج او المنتج تحت اشراف الفرد لا تكون ثمة حاجة الى نظرية اقتصادية او اجتماعية محكمة. وفي حالة وجود قواعد للسلوك الاقتصادي فقد كان هذا يأتي من معرفة القواعد الدينية او النظرية السياسية والفلسفية والاخلاقية، وهذا ما كان عليه الحال في العصور القديمة والعصور الوسطى. ولكن مع تطور المجتمع، وخاصة في العصر الحديث بعد تعقد الحياة البشرية وتشابكها، وخصوصاً بعد الاستشكافات الجغرافية والثورة الصناعية وظهور أهمية التخصص بدأت ظاهرة معالجة الموضوعات التي تندرج تحت موضوع تحليل تطور الفكر الاقتصادي. ان

هذه الظاهرة يمكن ارجاعها الى القرن التاسع عشر، لكنها زادت قوةً واهمية ووضوحاً في القرن العشرين.

وتنصب دراسة تطور الفكر الاقتصادي على فترات رئيسية هي العصور القديمة والعصور الوسطى والعصور الحديثة واخيراً العصر الحالي.

والسؤال الذي يهمنا الآن هو من أين نبدأ في دراسة تطور الفكر الاقتصادي .

والاجابة على هذا السؤال تستدعى طرح سؤال مهم آخر وهو من أين يبدأ علم الاقتصاد؟

من اي فترة من تاريخ الحضارة الانسانية؟ وما هو الفكر الاقتصادي العلمي؟

هل هو كل ما كُتب في المشكلة الاقتصادية التي واجهها الانسان منذ أقدم العصور الى الآن؟ أم أن هناك معايير علمية معينة للاختيار؟ ان الامر يتطلب البحث في مفهوم العلم، اذ ان ذلك من شأنه ان يحدد البداية التاريخية لعلم الاقتصاد.

وفي هذا الصدد يشير البعض بان للعلم مفاهيم عديدة، ومن أبسطها هي تلك التي تتضمن أي نوع من المعلومات العامة التي تتعرض لمجهودات ذهنية منظمة بهدف تحسينها أو تنقيتها، ومثل هذا المفهوم يجعل تاريخ علم الاقتصاد في غاية القدم ويرجع بنا الى عهد الحضارة اليونانية (الاغريقية)، بل ان الخيوط الاولى للفكر الاقتصادي تعود الى العهود القديمة جداً (antiquity) أي الى الحضارة البابلية والحضارة الاشورية وحضارة مصر القديمة والحضارة الصينية القديمة.

وهناك محاولات مستمرة من جانب بعض الجماعات لتمحيص بعض المعلومات العامة وتنقيتها ومحاولة استخراج الحقائق منها احياناً. ان مثل هذه المحاولات المستمرة قد أثمرت، عادةً، اساليباً وفنوناً للبحث لم تكن معروفة للانسان العادي، ومن هنا يمكن الحديث عن مفهوم ثان للعلم وهو انه يشمل اي حقل من

المعلومـات التـي نمـت في داخلـه أسـاليب او فنـون متخصصة لاكتشاف الحقائق أو للتفسير أو التحليل.

ان الأخذ بهذا المفهوم الاخير سوف يدفعنا الى تنميـة جانب كبير وضخم مـن المعلومات التي وردت لنا من العصور التاريخيـة القديمـة، والتـي وان كانت تعرضت لعمليـات تنقية وتحسين، الا انها تفتقد الى منطق سليم او منهج علمي محدد في بحثها وتحليلها. وعلى اساس المفهوم الاخير فان عدداً من الحقائق العلمية قد عُرف في عهد اليونانيين، اي ان هناك بداية لعلم الاقتصاد في عهد اليونانيين. لكن هذا لا ينفي وجـود بعض الافكار الاقتصادية في المجتمعات القديمة وخاصة حضارات بابل ومصر وغيرها، الا انها لا ترقى الى الافكار التي ظهرت في عهد الحضارة اليونانية.

فقد قام فلاسفة اليونان بالكتابة في بعض المسائل الاقتصادية وكان من أبـرزهم افلاطون ومن ثم ارسطو. لكنه يجب الاشارة الى انه ليس كلما كتب افلاطون وارسطو في الاقتصـاد ذا طبيعـة علميـة، اي انـه يعتمـد علـى طرق منظمـة في البحـث العلمـي والتحليل. ان نظرةً فاحصة في تاريخ العلوم الانسانية سوف تؤكد لنا بان علم الاقتصاد لم يُعرف ابداً كعلم مستقل بذاته وله اصول وطرق البحث والتحليل الخاصـة بـه حتـى القرن السابع عشر تقريباً. وهناك من يعتقد بان نشأة علم الاقتصاد يمكن ان تتحـدد بظهور كتاب (ثروة الامم) في عـام 1776 للاقتصادي الاسكتلندي الشهير آدم سميث. ويرى آخرون بان علم الاقتصاد قد بـدأ مـع ظهـور مدرسـة الطبيعيـين (الفيزيـوقراط) خلال الفترة (1694 – 1774)[7] .

وعليه فاننا نرى بانه من المناسب البدء باستعراض الافكار الاقتصادية للعصور الضاربة في القدم والتي سبقت الحضارة اليونانية بإيجاز شديد ، ومن ثم التعرض بشكل اوسع نسبياً للافكار الاقتصادية التي سادت في الحضارة اليونانية

وكذلك التي ظهرت خلال العصور الوسطى. ثم نبدأ الدراسة التفصيلية والمعمقة للفكر الاقتصادي منذ ظهور مدرسة التجاريين (Mercantilist) وما بعدها. والمدرسة الفكرية هي بمثابة تيار فكري مشترك يجمع عدة مفكرين اقتصاديين على مبادىء عامة متفق عليها ، وان كانوا يختلفون فيما بينهم في بعض التفصيلات أو بعض النظريات التي لا تمس جوهر المبادىء العامة المشتركة بين أعضاء هذه المجموعة من المفكرين الاقتصاديين. وسوف نوضح الترابط فيما بين نظريات كل مدرسة وبين سياستها الاقتصادية وموقفها المذهبي، وسنقوم بتقديم تتابع تاريخي للمدارس الفكرية وابراز العلاقة بين الاطار الفكري وبين المناخ الاقتصادي السائد. وسنحاول التوسع في نظريات كل مفكر اقتصادي على حدة اذا كان هذا المفكر هو الذي وضع أسس المدرسة. اما اذا كان فكر المدرسة هو نتاج عدة مفكرين فسوف نسلط الضوء على المبادىء العامة للمدرسة واختيار مجموعة من رواد المدرسة البارزين لغرض عرض افكار وانجازات كل منهم.

هوامش الفصل الاول

(1) قارن في ذلك:

- د. عبد الحسـين وداي العطيـة، محاضـرات في تـاريخ تطور الفكـر الاقتصادي للعـام الدراسي (1993 – 1994)، محاضرات غير منشورة.

- وكذلك د. عبد الرحمن يسري احمد، تطور الفكر الاقتصادي، الدار الجامعيـة للطباعـة والنشر والتوزيع، الاسكندرية، 1997، ص (7 – 8).

(2) د. راشد البراوي، تطور الفكر الاقتصادي، دار النهضة العربية، الطبعـة الاولى، 1976، ص 10.

(3) د. عبد الحسين وداي العطية، مرجع سابق، ص 1.

(4) د. عبد الحسين وداي العطية، نفس المرجع، ص (4 – 7).

(5) د. عبد الرحمن يسري احمد، مرجع سابق، ص (8 – 9).

(6) د. عبد الرحمن يسري احمد، نفس المرجع، ص (7 – 8).

(7) نفس المرجع، ص (8 – 9).

الفصل الثاني

الأفكار الاقتصادية في العصور القديمة

Economic Thought in the Old Ages

الفصل الثاني
الأفكار الاقتصادية في العصور القديمة

عرف الانسان النشاط الاقتصادي، في مجال الانتاج والتوزيع والاستهلاك، منذ زمن بعيد جداً وكان يحاول تنظيم النشاط المذكور من خلال السيطرة على الطبيعة لتأمين حاجاته المختلفة من السلع والخدمات. ولم تكن الأفكار الاقتصادية في تلك الحقب قد وصلت بعد الى تكوين نظريات متكاملة مما أوجب دراسة الفكر الاقتصادي في العصور القديمة من خلال علوم الدين والفلسفة. ويشار إلى ان العصور القديمة (Old Ages) تمتد من ما قبل الميلاد حتى عام 400 بعد الميلاد (أي سقوط الامبراطورية الرومانية).

وعليه يتناول الفصل الموضوعين الآتيين:

الأول، الأفكار الاقتصادية في الحضارات القديمة (الاولى)، وهي بابل ومصر.

والثاني، الأفكار الاقتصادية في الحضارة اليونانية.

2. 1 الأفكار الاقتصادية في الحضارات الأولى

نستعرض في ادناه الأفكار الاقتصادية التي كانت سائدة لدى الحضارات الضاربة في القدم وهي الحضارة البابلية وكذلك حضارة مصر الفرعونية. حيث كانت المجتمعات في تلك الفترات مجتمعات بدائية. وتتميز المجتمعات البدائية بعدد من السمات أهمها [1]:

1. قوة سيطرة الطبيعة.

2. بساطة النشاطات الاقتصادية، وبالتالي أساليب الانتاج.

3. وجود شكل من اشكال تقسيم العمل ولكنه لا يصل الى الدرجة التي تفرض قيام التبادل الخاص للمنتجات.

4. سيادة مبدأ الاكتفاء الذاتي.

5. الملكية الجماعية لادوات الانتاج مثل الات الصيد والقطعان والارض.

الا ان أساليب الانتاج أخذت تتطور تدريجياً بظهور نشاطات جديدة لمواجهة الحاجات الجديدة. ومن هذه النشاطات التجارة وابتداع النقود كوسيلة لتسهيل التبادل في الداخل والخارج وظهور الملكية الخاصة لادوات الانتاج وتفكك المجتمع القبلي.

أ. الحضارة البابلية (شريعة حمورابي) [2]

تعتبر الدولة البابلية من أقدم الدول في التاريخ. وقد تميزت بحضاراتها المتطورة بالقياس لتلك الفترات الزمنية السحيقة في القدم. حيث ترجع حضارة هذه المنطقة الى الالف الرابع قبل الميلاد. ان أولى الوثائق التاريخية، والتي يعود تاريخها الى عام 4500 قبل الميلاد، تسلط الضوء على بعض الجوانب الاقتصادية فيها، حيث تتحدث عن الأموال المنقولة وغير المنقولة، وكيفية انتقال ملكيتها من فرد لآخر.

ان أهم الوثائق التي تعطينا صورة متكاملة عن مستوى التطور الاقتصادي والاجتماعي والاداري للمجتمع البابلي، هي قوانين حمورابي والمدونة في مسلة حمورابي ، وهي أول وأقدم قوانين مكتوبة عرفتها البشرية. اذ يعود تاريخها الى عام 1800 قبل الميلاد . وتتناول تلك القوانين شؤون الزراعة والرعي واستثمار عمل

الرقيق (العبيد) والحقوق العائلية والتجارة والبيع وأنواع الحرف وشؤون الجنود ومحاكم الدولة وغير ذلك.

وقد عبرت قوانين حمورابي، في الجوهر، عن مصالح طبقة الاحرار الاثرياء والجنود . فبرغم انها تشير الى هدف حماية الضعيف من القوي، الا انها اكدت بالأساس على حق الاحرار في امتلاك الاراضي والرقيق والتصرف المطلق بهم. كما اشارت هذه القوانين الى دور طبقة الحرفيين الاحرار وكذلك دور الصناع الذين كانوا يمتلكون بعض المشاغل البسيطة. والطبقة الثالثة التي اشارت اليها قوانين حمورابي هي طبقة الرقيق التي تمثل أهمية خاصة في القوانين المذكورة، حيث كانت تشكل السواد الاعظم في دولة بابل. فكان الرقيق يمثلون الطبقة المستغلة (بفتح الغين) المحرومة من الحقوق الانسانية لكنها تمثل في الوقت نفسه الطبقة العاملة والمنتجة.

والخلاصة ان النظام الاقتصادي الذي كان يسود الحياة الاقتصادية في بابل هو نظام الرق والعبودية، بالرغم من النصوص القانونية التي يُستشف منها بانه نظام أقل تعسفاً من نظام الرق الذي كان سائداً في الحضارات القديمة في أوروبا.

ب. حضارة مصر الفرعونية

كانت الدولة الفرعونية تمثل سلطة مركزية قوية في مصر ذات أبعاد اقتصادية وسياسية وفكرية ودينية، فهي تملك وسائل الانتاج الرئيسية وبخاصة الأرض. وتعفى الطبقة الحاكمة والحاشية من الأعمال البدنية وممارسة النشاط الاقتصادي ، حيث يقتصر عملها على الأعمال الفكرية فقط . وكان هناك نوعان من الملكية اولهما، الملكية الفردية، والتي تتوزع بين ملكية صغيرة وملكيات كبيرة، وكان حق المالك مطلقاً . وثانيهما، ملكية الانتفاع ، كأن يمنح بعض الموظفين حق الانتفاع بقطعة أرض. وبالاضافة الى ذلك هناك ملكية مقيدة، وهي عبارة عن

ارض يتم ايقافها لاغراض المعابد وذلك بسبب رغبة الملوك في كسب تأييد رجال الدين لهم.

وقد ترتب على ظهور النظام الاقطاعي تضاؤل شأن الملكية الفردية وزيادة الملكيات الكبيرة على حساب الملكيات الصغيرة وتحولت ملكية الانتفاع الى حق دائم ينتقل بالوراثة. وكان الاقتصاد المصري قد تجاوز نطاق الاقتصاد القائم على المقايضة وانتقل الى النقود، ولم يكن المجتمع المصري زراعياً منغلقاً بل عرف التجارة (رغم انها كانت محدودة جداً)، مع الشرق الأدنى وشمال افريقيا وبعض جزر البحر المتوسط وبلاد العرب.[3]

ويحتوي نمط الانتاج الفرعوني على المشاعيه وعلى بذور العبودية بل والاقطاع والعمل المأجور. ويتميز مستوى القوى المنتجة بما يأتي:

1. ظهور نوع من تقسيم العمل الاجتماعي وذلك فيما بين الزراعة وتربية الحيوان.

2. استقرار الزراعة في حقول ثابتة.

3. تنظيم اعلى للموارد المالية والبشرية.

4. اعتماد الدولة المركزية على جيش من الموظفين.

5. المنتجون هم الفلاحون ويكاد لا يوجد تقسيم مهني للعمل بين هؤلاء الفلاحين.

وكانت علاقات الانتاج في المجتمع الفرعوني تمثل العبودية المعممة، والدولة تسيطر على أملاك البلاد بشكل كامل وان الرعية ملك للدولة. ويعتبر الانتاج الزراعي هو الأساس في الاقتصاد الفرعوني، ويوزع الانتاج على ثلاثة حصص،

الأولى تغطي متطلبات الانتاج واحتياجات المنتجين، والثانية تسلم للدولة على شكل ضريبة عينية، فيما يوزع الانتاج الفائض على أفراد الطبقة الحاكمة.

أما نشاط التجارة في العهد الفرعوني فكان نشاطاً ثانوياً وهامشياً، حيث يغلب على المجتمع الفرعوني طابع الاقتصاد الطبيعي (Natural) الذي يعتمد على الاكتفاء الذاتي، فيما تشرف الدولة على نشاط التجارة الخارجية الذي ينحصر في استجلاب البضائع الاجنبية لحاجات الطبقة الحاكمة. وقد بدأت التجارة أولاً عن طريق المقايضة ثم ظهر بعد ذلك رأس المال التجاري ورأس المال الربوي. وكان المجتمع الفرعوني ينقسم الى طبقتين: الأولى الطبقة الحاكمة والثانية تشمل بقية افراد الرعية ومنهم العمال الاجراء الى جانب العبيد العموميين.

2.2 الأفكار الاقتصادية في الحضارة اليونانية (4)

ان من أقدم الأفكار الاقتصادية التي سجلها الانسان، وعُرفت فيما بعد الافكار الاقتصادية، هي تلك التي جاءت بها دراسات الفلاسفة اليونانيين مثل افلاطون وارسطو. فقد قدمت الحضارة اليونانية افكاراً يدخل بعضها في نطاق الفكر الاقتصادي. فقد خلف لنا فلاسفة اليونان القدماء بعض أفكار اقتصادية سليمة تماماً، كما خلفوا مواد علمية ذات فائدة في مجال الرياضيات والهندسة والميكانيك والفلك. لكن الأفكار الاقتصادية التي جاءت من فلاسفة اليونان لا تكّون في مجموعها ما يمكن ان يؤلف علم مستقل للاقتصاد.

وقد استخدم اليونانيون لاول مرة مصطلح اقتصاد (economicus) والذي يتكون من كلمتين ويعني ذلك المصطلح فن ادارة شؤون المنزل. ويلاحظ بان اليونانيين كانوا يتطرقون الى بحث المسائل الاقتصادية من خلال كتاباتهم في ادارة الدولة وشؤون المجتمع، ونادراً ما تناولوا هذه المسائل لغرضها الذاتي. كما ان

مساهماتهم في الاقتصاد تعتبر ضئيلة اذا ما قورنت بمساهماتهم في العلوم والآداب الاخرى.

وقد تميزت الأفكار الاقتصادية التي جاء بها فلاسفة اليونان بالسمات الآتية:

1. **انها دراسات تابعة:** أي انها لم تدرس المشكلات الاقتصادية كفرع مستقل من فروع المعرفة وانما أتت دراساتهم مرتبطة بابحاثهم في الفلسفة والسياسة والاخلاق، ومن هنا كانت الدراسات الاقتصادية تابعة للعلوم الاخرى، وخاضعة لعادات وتقاليد ومنطلقات اخلاقية.

2. **انها دراسات محدودة:** حيث ان الحضارة اليونانية وغيرها من الحضارات القديمة اعتمدت على العبيد للقيام بالأعمال اللازمة للانتاج، وبذلك ارتبط العمل والانتاج في ذهن اليونانيين بالعبودية. ومن هنا تولد عندهم نوع من الاحتقار للنشاط الاقتصادي بصفة عامة، وتبلور شعور لديهم بان المواطن اليوناني يجب ان يتفرغ للمشاغل السامية المتمثلة بالفلسفة والتأملات والسياسة وبذلك انعكس هذا الشعور على المفكرين. ومن هنا كانت دراساتهم في المشكلات الاقتصادية محدودة جداً مقارنة بابحاثهم في باقي العلوم الطبيعية والانسانية. لذلك لم يكن هناك مفكرون يهتمون بالمشكلات الاقتصادية لوحدها. (5)

2. 2. 1 الأفكار الاقتصادية لافلاطون (347-428) ق. م

يمكن معرفة الافكار الاقتصادية لافلاطون (Plato) من خلال دراسة كتابه الشهير (جمهورية افلاطون) أو ما يعرف بالمدينة الفاضلة، التي يتحقق فيها العدل والحياة الطيبة، ويتكلم الكتاب أيضاً عن الفضائل والرذائل. ويبدأ تحليله ببيان

أصل الدولة، حيث يرجع ذلك الى العامل الاقتصادي. فهو يقول ان الدولة تنشأ لان الفرد لا يتمكن من ان يكفي نفسه بنفسه، لذلك يجتمع مع عدد من الأفراد حتى يستطيع كل منهم ان يشبع حاجات الآخرين، وتتكون من المجموعة التي تنشأ بهذه الطريقة ما يعرف باسم الدولة. وعليه فان الدولة تنشأ كضرورة اقتصادية.

ويعرض افلاطون افكاره الاقتصادية لتنظيم الدولة كما يأتي : [(6)]

1. ينادي افلاطون بتطبيق نوع من تقسيم العمل في هذه الدولة المثلى والتي تعتبر أحد افكاره البارزة. فكل شخص يجب ان يتخصص في مهنة معينة. ويبني افلاطون فكرته لاهمية تقسيم العمل على حجتين هما:

أ. ان لكل شخص مواهبه وكفاءاته الخاصة به.

ب. ان تخصص كل شخص في المهنة التي يكون مهيئاً لها بطبيعته يؤدي الى زيادة الانتاج كماً ونوعاً ويزيد من الانتاجية.

2. يقسّم افلاطون المجتمع إلى ثلاث طبقات، ويتخذ من فكرة تقسيم العمل وسيلة لتقسيم المجتمع الى طبقات أو طوائف لكل منها دورها، فهو يقسم الناس الى ثلاث طبقات هي طبقة الحكام، ومهمتهم الحكم، وطبقة الجنود ومهمتهم الدفاع عن المدينة، وطبقة العمال والصناع وهم كل من يعمل في النشاط الاقتصادي.

3. يميز افلاطون في مدينته بين نوعين من التنظيم الاجتماعي من حيث الملكية الخاصة ومن حيث تكوين العائلة. فهو يلغي امكانية تحقيق الملكية الخاصة وتكوين العائلة بالنسبة للحكام والجنود، ويبيح لغير هؤلاء حق التملك وحق الزواج وتكوين عائلة. وتجدر الاشارة الى ان تحريم طبقة الحكام والجنود من التملك وتكوين العائلة عند افلاطون يرجع الى الرغبة في ابعاد هؤلاء من

الخضوع لاغراء المال وكذلك حالة الضعف في مواجهة الاقرباء، لكن افلاطون لم يحارب الملكية الخاصة على وجه الاطلاق، ولا يفرِّق افلاطون في مدينته بين الرجال والنساء.

4. للنقود دور هام في المدينة الفاضلة، فعندما يتم تطبيق تقسيم العمل وتخصص كل واحد في حرفة معينة فان كل شخص سيعرض انتاجه على الاخرين ليشتروه وليبيعه لهم، فتظهر الحاجة الى النقود كاداة ملائمة لتحصل بواسطتها عمليات البيع والشراء. فالنقود لدى افلاطون هي وسيلة للتبادل. ولهذا اقترح استخدام نوع من النقود له قيمة صورية وليست ذاتية حتى لا يؤدي الى انحرافها عن تأدية وظيفتها الأساسية وهي تسهيل عملية التبادل.

5. وقف افلاطون ضد الربا، حيث ينظر نظرة سلبية لوظيفة النقود كوسيلة لتراكم الثروة.

تقييم افكار افلاطون الاقتصادية

رغم ان معظم آراء افلاطون خيالية، الا انها اشتملت على الكثير من الحقائق مثل: العدل اساس الملك، والفضيلة قوام الدولة، واساس الفضيلة التربية والتعليم، ومصلحة الجماعة فوق مصلحة الفرد، والحكم فن يحتاج إلى خبراء مدربين.

وتبرز اهمية افكار افلاطون الاقتصادية في ناحيتين هما:

الأولى هي الاساس الاقتصادي لنشأة الدولة، فحاجة الافراد بعضهم للبعض الآخر تخلق نوعاً من التضامن فيما بينهم.

الثانية ان تقسيم العمل عند افلاطون يمثل التيار الفكري الذي وصل ذروته على يد آدم سميث في القرن الثامن عشر.

أما اهمية النقود فهي نتيجة منطقية لتقسيم العمل وضرورته لتحقيق تبادل السلع والخدمات، أي انه اعتبرها افلاطون مجرد وسيلة للتبادل.

2. 2. 2 الأفكار الاقتصادية لأرسطو (322-384) ق. م

تتشابه أفكار ارسطو (Aristotal) مع أفكار افلاطون من حيث ان كلا منهما يخضع الاقتصاد لعلوم الاخلاق والفلسفة والسياسة. لكن ارسطو يتميز بميزة اساسية هي انه حاول أن يقف وقفات تحليلية لبعض المشكلات والظواهر الاقتصادية، لذلك يعتبر ارسطو أول المفكرين من القدامى الذين أعطونا بذور نظرية اقتصادية تقوم على تحليل الظواهر والمشكلات الاقتصادية. وقد اهتم ارسطو بابراز الصلة بين الناحيتين الاجتماعية والسياسية وكذلك بين الناحيتين الاجتماعية والاقتصادية. لهذا فقد دفع ارسطو الاقتصاد في المجالات الفكرية الآتية:

1. **الاساس الاقتصادي للدولة:** لم يكتف ارسطو بالأساس الاقتصادي الذي قال به افلاطون، ولكنه بيّن بان الدولة ظهرت نتيجة لتطور تاريخي ولتحقيق غايات اكبر من اشباع الحاجات المادية التي قال بها افلاطون. فمن ناحية التطور التاريخي ظهرت الأسرة أولاً ثم تجمعت أسر مختلفة وكونت القرية، ثم تجمعت قرى متعددة لتكون المدينة أو الدولة. فالدولة ليست مجرد اجتماع افراد بقصد التبادل واشباع الحاجات المادية كما بين افلاطون، ولكنها اجتماع الاسر والقرى في جماعة متكاملة تكفي نفسها بنفسها بقصد الوصول إلى حياة سعيدة ومستقلة.

2. **احترام الملكية الفردية (الخاصة):** حيث انتقد ارسطو الآراء التي كانت تنادي بالغاء الملكية الخاصة، وبانشاء نظام الملكية الجماعية. ففي رأيه ان النظام الجماعي يؤدي إلى منازعات بين الأفراد، لان مثل هذا النظام يعتمد على

حب كل فرد لذاته فيسعى كل لتنمية ملكيته فيزيد الانتاج. ولهذا يفضل ارسطو نظام الملكية الخاصة.

3. **الدفاع عن نظام الرق:** حيث يبرره ارسطو على أساس الاختلاف في المزايا التي تمنحها الطبيعة للأفراد. وقد ميَّز ارسطو بين نوعين من الرقيق: الرق الطبيعي والرق غير الطبيعي. وفي دفاعه عن نظام الرق قال ارسطو بان هناك من الامم من يتمتع أفرادها بمزايا تجعلهم صالحين ليكونوا أسياداً وحكاماً كاليونانيين، وهناك أمم لا يصلح أفرادها الا للخضوع لغيرهم. ولكن ارسطو يؤكد بان هناك رقاً غير طبيعي، وهو ما يحدث عندما تنهزم أمة من الأمم (التي خُلقت لتسود) في حرب من الحروب، ويقوم الطرف المنتصر باسترقاق أهلها فهذا النوع من الرق غير طبيعي لانه لا يقوم على ما تقرره الطبيعة من اختلاف في المواهب. وقد دافع ارسطو دفاعاً قوياً عن الملكية الخاصة وعن العائلة وهاجم المشاعية بقوة.

4. **التحليل الاقتصادي عند ارسطو:** استند تحليل ارسطو في الاقتصاد على أساس وجود الرغبات الانسانية وكيفية اشباعها. وبدأ ارسطو بتحليل وضع الاقتصاد القائم على الاكتفاء الذاتي للعائلات، ثم استطرد منه الى فكرة تقسيم العمل والمقايضة والنقود. وفيما يلي خلاصة افكار ارسطو في الموضوعات الاقتصادية المختلفة.

أ. **نظرية القيمة:** ميَّز ارسطو بين نوعين من القيمة لكل سلعة وهما القيمة الاستعمالية والقيمة الاستبدالية. فالأولى تمثل لديه الاستعمال المناسب اما الثانية فتمثل الاستعمال غير المناسب للقيمة. واكد ان هناك علاقة بين الاثنتين لكنه لم يحدد طبيعة هذه العلاقة. واهتم ارسطو في مسألة العدالة في تحديد الاثمان.

ب. **مفهوم الاحتكار:** عرَّف ارسطو الاحتكار بانه انفراد بائع واحد لسلعة معينة في السوق، ولاحظ كيف ان المحتكر يستطيع فرض الثمن الذي يراه ويحقق ارباحاً طائلة. وفي مجال تفكيره في العدالة استنبط ارسطو فكرة المبادلة المتكافئة والتي تتمثل في مبادلة يحصل فيها كل طرف على قدر متساو تماماً لما يعطيه للطرف الآخر، الا اننا لا نستطيع ان نجد معياراً ذاتياً من مفهوم ارسطو لكي يدلنا على ما اذا كانت المبادلة متكافئة حقيقة أم لا. وكان ارسطو يدين الاحتكار والاسعار الاحتكارية ادانة تامة.

ج. **النقود ووظائفها:** يشير ارسطو الى الحاجة الى النقود من أجل تسهيل عملية تبادل السلع وذلك بسبب الصعوبات التي تواجه عملية المقايضة. الا ان نظرة ارسطو في النقود تختلف عن نظرة افلاطون. ففي الوقت الذي يقر فيه ارسطو على وظيفتي النقود المعروفتين، وهي وسيط للمبادلة واداة لقياس القيمة، فانه يضيف وظيفة ثالثة لها وهي اداة لحفظ المدخرات. وبهذا فقد اختلف ارسطو عن افلاطون في تأكيده على الوظيفة الثالثة للنقود وهي حفظ الثروة على شكل مدخرات. كما أخذ ارسطو بفكرة تختلف عن فكرة افلاطون بخصوص اساس قبول النقود في المعاملات. ففي رأيه ان النقود إنما تقبل بسبب القيمة التي تكون للمادة التي تصنع منها لكي تؤدي الوظيفة الأولى كوسيط للتبادل، في حين ان افلاطون قد ذكر بان النقود يجب ان تكون مستقلة عن قيمتها الذاتية :

د- **تحريم الفائدة :** اكد ارسطو على الحقائق التي عاصرها بخصوص الفائدة على القروض النقدية حيث هاجم الفائدة باعتبارها ربا، ومن يعتمدون عليها في معاملاتهم. اذ اعتبرها الربا غير مقبول اجتماعياً. فالنقود في رأيه انما وجدت لتسهيل عملية المبادلة للسلع، ولكن عندما تستخدم النقود

بواسطة صاحبها ليحصل من ورائها على ثروة فانها تكون قد خرجت عن طبيعتها.

ويذكر ان الفكر الاقتصادي الحديث ينتقد رأي ارسطو في الفائدة لانه يتجاهل ان النقود تعطي منفعة لمن يقترضها، وان الفائدة التي يدفعها المقترض هي مقابل هذه المنفعة، ولانه يتجاهل ان النقود يمكن ان يستخدمها مقترضها كرأس مـال يعتمـد عليـه في الانتاج. [7]

تقييم آراء ارسطو : [8]

لقد سبق ارسطو ببعض افكاره الاقتصادية غيره من الباحثين في عصره. ويتميـز فكر ارسطو الاقتصادي بحقيقتين :

الأولى: انه تأثر بدرجة كبيرة فيما وصل اليه من نتائج بما يمثـل مصالح بلـده اليونـان في عصره. ولذلك فقد كان موقفه من الرق ترجمة واضحة لمصالح الاقتصاد اليوناني القديم وبالاخص الفئات المستغِلة (بكسر الغين).

كما أنه حارب الفائدة لانها تضر بمصالح اليونانيين (المسـتغلين) ولـذلك فان الكثـير مـن آرائه الاقتصادية جاءت من رجل عاش وكتب لطبقة من المثقفين المترفين الذين احتقروا العمل والسعي للكسب المادي، وأحبوا الفلاح لانه يمدهم بالغذاء وكرهوا المقرض الـذي يستغلهم بما يجنيه من الفائدة .

والثانية: ان ارسطو قد أثَّرَ تـأثيراً كبـيراً في المفكـرين الـذين جـاءوا في العصور اللاحقـة وخاصة العصور الوسطى سواء من الفلاسفة العرب أو رجال الدين المسيحيين، وخاصـة القديس توما الاكويني (Thomas Aquinas) ، وهو المنظر للكنيسة الكاثوليكية.

وقد اختلف ارسطو عن استاذه افلاطون في أمور عديدة أهمها:

1. يرى ارسطو ان جمهورية افلاطون غير قابلة للتطبيق وغير انسانية أو سعيدة (وخاصة مشاعية النساء وعدم امكانية التملك بالنسبة للطبقة الحاكمة).

2. ان ارسطو ينحى منحاً منطقياً وعلمياً في آرائه وابحاثه ونظرياته، على العكس من افلاطون، الخيالي والذي خلط بين السياسة والاخلاق. فقد جعل افلاطون الاخلاق علماً اساسياً واعتبر ان السياسة فرع منها، أما ارسطو فقد عكس الأمر اذا اعتبر ان السياسة هي الاساس وان الاخلاق والاقتصاد هما فرعان من السياسة.

3. يؤكد ارسطو بان افضل انواع الدول هي التي يشترك افرادها فعلياً في ادارة شؤون البلاد، في حين أن افلاطون يؤمن بحكم الاقلية.

4. في الوقت الذي ينادي افلاطون بمساواة المرأة مع الرجل فان ارسطو اختلف عنه في ذلك.

5. ميّز ارسطو النقود بوظائف ثلاث هي وسيط للمبادلة واداة لقياس القيمة واداة للادخار، في حين أن افلاطون أفرد للنقود وظيفة واحدة فقط هي وسيط للمبادلة.

الأفكار الاقتصادية في روما القديمة

تجدر الاشارة الى ان الرومان لم يكن لديهم الميل الفلسفي كما هو شأن اليونانيين، بل اهتموا بالحروب والغزوات والاحتلال وطوروا القوانين. ولهذا ليس هناك الكثير من الآراء والأفكار الاقتصادية لدى الحضارة الرومانية. ولذلك سوف لا نتناول الفكر الاقتصادي لدى الرومان والانتقال مباشرة الى العصور الوسطى في الفصل اللاحق.

هوامش الفصل الثاني

(1) قارن: د. راشد البراوي، مرجع سابق، ص11.

(2) قارن: د. عبد الحسين وداي العطيه، محاضرات في تاريخ تطور الفكر الاقتصادي، مرجع سابق، ص (10-12).

وكذلك د. راشد البراوي، نفس المرجع ، ص 13 .

(3) د. راشد البراوي، مرجع سابق، ص (12-20) .

(4) قارن:

د. عبد الرحمن يسري احمد، مرجع سابق، ص (19-24).

د. عبد الحسين وداي العطيه، مرجع سابق، ص (12-20).

د. راشد البراوي، مرجع سابق، ص (16-21).

(5) قارن: د. عبد الحسين وداي العطيه، مرجع سابق، ص (12-13).

(6) نفس المرجع، ص (13-15).

و د. عبد الرحمن يسري احمد، مرجع سابق، ص 20 .

(7) د. عبد الحسين وداي العطيه، نفس المرجع، ص 19 .

(8) نفس المرجع، ص 20 .

الفصل الثالث

الفكر الاقتصادي في العصور الوسطى

(*Economic Thought in the Middle Ages*)

الفصل الثالث

الفكر الاقتصادي في العصور الوسطى

تطلق عبارة العصور الوسطى (Middle Ages) عادة على الفترة التي بدأت منذ سقوط الامبراطورية الرومانية في القرن الخامس الميلادي واستمرت حتى سقوط القسطنطينية في يد الاتراك في منتصف القرن الخامس عشر الميلادي، أي أنها استمرت نحو عشرة قرون (400-1450)م . وتتسم هذه الفترة بسيطرة الزراعة على النشاط الاقتصادي، وكانت طريقة الانتاج تستند على النظام الاقطاعي الذي كان سائداً في تلك الفترة في جميع بلدان أوروبا.

ونتناول في هذا الفصل الموضوعين الآتيين:

أولاً: الفكر الاقتصادي في أوروبا في العصور الوسطى.

ثانياً: الفكر الاقتصادي الإسلامي في العصور الوسطى.

3 . 1 الفكر الاقتصادي في أوروبا في العصور الوسطى [1]

يتفق معظم الاقتصاديين بان فترة العصور الوسطى في أوروبا هي فترة ركود اقتصادي وفكري، لكن النظرة الواقعية لهذه الفترة في أوروبا لن تهمل رؤية بعض التطورات المهمة في تلك الفترة، والتي انتهى خلالها النظام الاقطاعي في نهاية الفترة المذكورة، وتم الاعداد لعصر الرأسمالية التجارية. كما لا يعني ذلك ان نتجاهل التيار الاقتصادي العربي الاسلامي الذي ظهر كشعاع في تلك الفترة.

3. 1. 1 سيادة نظام الاقطاع وسيطرة الكنيسة

قام مجتمع العصور الوسطى على أساس الانقسام الطبقي بين السادة والعبيد، وارتبط ذلك النظام بنظام الضيعة الكبيرة (Manor) الذي ساد منذ أواخر عهد الدولة الرومانية. وقد تطورت ادارة الضيعة تدريجياً مع ندرة العبيد فاصبح ملاك الأراضي يلجأون إلى تأجير قطع من أراضيهم الى المستأجرين من الاحرار والعبيد مقابل ريع عيني ونقدي ودخل المجتمع الأوروبي في هذه الفترة في نظام سياسي واقتصادي واجتماعي يعرف بالنظام الاقطاعي (Feudal System) . وكانت علاقات الانتاج الاقطاعية قد بدأت في النشوء قبيل انهيار الامبراطورية الرومانية لتحل محل نظام الرق، حيث بدأت علاقات جديدة تقوم على الاستثمارات الزراعية الكبيرة. ثم تقَّوت هذه العلاقات فيما بعد على يد القبائل الجرمانية عندما مُنحت الأراضي الى كبار القادة العسكريين ورجال الدين.

وان أهم التناقضات التي برزت في طابع الملكية في عهد الاقطاع المبكر هو التناقض بين شكلي الملكية - الاستثمارات الاقطاعية الكبيرة والاستثمارات الفلاحية الصغيرة. وتجدر الاشارة إلى أن هيمنة الملكية الاقطاعية على الارض لم تجر بشكل سلمي بل عبر نضال عنيف انتهى بسلب الأراضي من الفلاحين الصغار وتحويلها الى ملكية الطبقة الاقطاعية. اضافة الى ذلك فانه خلال الفترة من القرن الخامس وحتى القرن التاسع (400-800) م ونظراً لازدياد المخاطر وفقدان الامن اضطر الفلاحون الاحرار في القرى والاقطاعيات الى الالتجاء للنبلاء من اجل حمايتهم ومن هنا ظهر شكل جديد للملكية في الاقطاعية الا وهو شكل الضيعة.

وقد اقتنعت الارستقراطية الحاكمة بانتفاء الحاجة أو قلة الجدوى من استغلال الرقيق، والنزعة الاستقلالية التي انتشرت بين كبار الملاك العقاريين،

وظهور المسيحية التي جاءت بتعاليم من شأنها الدعوة الى العدالة والمساواة بين البشر ـ والدفاع عن حقوق الرقيق.

وأهم مميزات النظام الاقطاعي هي حصر ملكية الاراضي الزراعية بعدد قليل من الاقطاعيين والنبلاء، وتحول الرقيق الى فلاحين، اطلق عليهم رقيق الأرض. وبموجب هذا النظام اصبحت حصة الاقطاعي من المنتوج الزراعي يحددها الاقطاعي نفسه (وهي حصة الاسد) وحصة الفلاح بالكاد تكفي لسد حاجاته الضرورية. كما تم فرض التزامات اضافية على الفلاح وهي العمل لحساب الاقطاعي ودون مقابل. وكان هناك النشاط التجاري والصناعي الى جانب النشاط الزراعي، وكان النشاط الصناعي مقصوراً على سد حاجات الاسواق المحلية الصغيرة أو على انتاج بعض السلع المحدودة ذات الأهمية للتجارة الخارجية.

ومن مظاهر حياة المجتمع الأوروبي في العصور الوسطى أيضاً هي ان الكنيسة كانت تمارس سلطاناً كبيراً على الافراد، سواء من الناحية الروحية أو من الناحية المادية. فقد ازدادت خلال الفترة ممتلكات الكنيسة من الارض واصبحت الكنيسة تمتلك سلطة دينوية كبيرة اضافة الى سلطتها الدينية. ومن هنا استطاعت الكنيسة ان تتدخل في تنظيم علاقات الناس وسلوكهم على الارض فضلاً عن تنظيم الشرائع الروحية. ولهذا فقد كان الفكر والتعليم من احتكار الكنيسة. وقد نشأ بعض المفكرين الاقتصاديين وكان أبرزهم من رجال الكنيسة، فتأثروا بالأوضاع الطبقية والاقتصادية كما تأثروا بتعاليم المسيحية والآراء الكنسية، ولهذا نادى هؤلاء المفكرون باخضاع كافة أوجه النشاط والفكر الانساني، بما فيها النشاط الاقتصادي، لمبادئ الدين. وهكذا بقي الفكر الاقتصادي غير مستقل كعلم متميز بل تابعاً لمبادئ الدين.

وقد اكدت الكنيسة تأييدها للنظام الاقطاعي الذي يقوم على تقسيم المجتمع بين ملاك الأراضي وعبيد الأرض، علماً بان المسيحية كدين سماوي تقوم على اعتبار الناس اخوة متساوون في الحقوق والواجبات. ولهذا فقد دعمت الكنيسة النظام الاقطاعي، وكانت الكنيسة اكبر اقطاعي في أوروبا. الا انه في أواخر العصور الوسطى فقد خفت حدة سيطرة السلطة الكنسية على المفكرين تدريجياً حتى ان بعض المفكرين تمكن من اظهار اعتراضه على آراء الكنيسة، أو رفضها، معتمداً على الأسلوب العلماني.

والجدير بالاشارة الى انه لم يكن لدى مفكري القرون الوسطى تحليل اقتصادي بالمعنى المعروف لدينا، ولكن كانت لديهم بعض الافكار الاقتصادية التي تأثرت بالأفكار الدينية، حيث حاول الكتّاب التوفيق بين العلوم الدينية والعلوم الدنيوية .

3 . 1 . 2 معالم الفكر الاقتصادي في أوروبا خلال القرون الوسطى: [2]

1. علم الاقتصاد

لم يكن علم الاقتصاد معروفاً في العصور الوسطى بالشكل الذي عرف عليه في القرنين التاسع عشر والعشرين ولكن معظم المتأثرين بالفكر المسيحي ناقشوا أو اقترحوا قوانين، ليس بمعنى القوانين العلمية التي نعرفها الآن، وانما بمعنى القواعد الاخلاقية التي تستهدف ادارة النشاط الاقتصادي ادارة صالحة وعادلة. وبالنسبة للقواعد الاخلاقية الخاصة بالمعاملات الاقتصادية فقد كانت من جهة قائمة على أساس اللاهوت المسيحي ومن جهة أخرى قائمة على قبول افكار ارسطو، التي ترفض جميع الأساليب الاقتصادية المؤدية الى عدم المساواة أو مجافاة العدالة، وتستنكر الجشع والطمع في المعاملات الدنيوية.

2. مشروعية الملكية الفردية :

اختلفت النظرة الى الملكية الخاصة في منتصف وأواخر فترة العصور الوسطى وذلك بالمقارنة مع بداية الفترة المذكورة، وقد كان ذلك نتيجة لعوامل عديدة اهمها تطور الفكر الديني. فبينما لم يكن هناك انكار للملكية الخاصة الا ان أباء المسيحية الأوائل اعتقدوا ان السعي وراء الثروة أو الغنى يعرِّض النفس البشرية للهلاك. فقد خشي القديس أوجستين (Saint Augustine) أن تصرف التجارة الناس عن السعي الى الله. وكان لمثل هذه التعاليم أثرها الكبير في بداية فترة العصور الوسطى على السعي لتكوين الثروة أو زيادة الملكية الخاصة، الا انها لم تستمر كذلك في منتصف الفترة المذكورة، حيث تعرضت للهجوم الشديد قرب نهايتها. وظهر التعارض الشديد بين التعاليم الدينية المذكورة وبين نظام اقتصادي ينمو بصفة مستمرة معتمداً على الملكية الخاصة وتزداد فيه المعاملات التجارية تمشياً مع اتساع المدن والأسواق.

وكان غالبية مفكري العصور الوسطى، وفي مقدمتهم القديس توماس الاكويني (Saint Thomas Aquinas) والذي يعتبر من أبرز الشخصيات في صفوف الكتاب الكنسيين في العصور الوسطى، يميلون إلى التوفيق بين مطالب الحياة الاقتصادية من جهة والمطالب الروحية للمسيحية من جهة اخرى. وقد وجد الاكويني في دفاع ارسطو عن الملكية الخاصة اساساً قوياً يستند إليه ويستمد منه حجته في اثبات شرعيتها من الناحية الاخلاقية. وبالإضافة الى ذلك أبرز الاكويني أهمية وضرورة استخدام الملكية الخاصة من أجل مصلحة الجماعة. وهكذا استطاع توماس الاكويني ان يدافع عن النظام الاقتصادي القائم على الملكية الخاصة في الحدود التي لا تخرج به عن فلسفة المسيحية.

3. النشاط التجاري (الدعوة إلى الاعتدال في الثروة)

تأثرت النظرة الى النشاط التجاري خلال الفترة موضوع البحث، بالمعتقدات التي سادت تجاه الملكية الخاصة وشرعيتها وطبيعتها الاجتماعية. ونجد ان توماس الاكويني يتفق مع ارسطو في الحكم على التجارة بانها غير طيبة وغير طبيعية ولكنها شر لا بد منه في حياة إجتماعية بعيدة عن الكمال. ولا يمكن تبرير التجارة في رأي الاكويني إلا بشروط: أولها عدالة التبادل، بالمعنى الذي سبق لأرسطو إيضاحه. فقد نصح المسيحيين بعدم المغالاه في السعي للحصول على الثروه المادية، بل يجب دائما الإعتدال. أما معيار الإعتدال فهو أن يحصل الإنسان على ما يكفيه ليعيش.

4. نظرية القيمة و فكرة الثمن العادل:

لقد فرق مفكروا العصور الوسطى الغربيون، عند مناقشتهم للعوامل المحددة للقيمة، بين عاملين هما: العامل الإقتصادي والعامل الطبيعي. وقد أكد الاكويني بأن العامل الطبيعي يعبر عن الحاجات لكنه لم يستطع ان يربط تحليلياً بين الحاجات والطلب (كما فعل الإقتصاديون في أواخر القرن التاسع عشر) بل اهتم بمناقشة أثر العقيدة أو الأخلاق في تهذيب الحاجات وترتيبها، وبالتأكيد على أن الثمن يتغير تبعا لتغير الحاجة. وأشار الإكويني بأن القيمة تعتمد على تكلفة العمل وبعض التكاليف الأخرى الضرورية للإنتاج.

وقد نادى رجال الدين و على رأسهم القديس توماس الاكويني بتطبيق فكرة الثمن العادل والأجر العادل والربح العادل . فالثمن العادل في نظره هو الذي يضمن تغطية التكاليف المذكورة أعلاه. ولكنه من جهة أخرى حاول تنقيح الفكرة بإقراره أن تكلفة الانتاج يجب أن تتحدد على وفق مبدأ العدالة، أي التكلفة الضرورية للمنتج، وهذه الفكرة تعتمد على البعد الأخلاقي عند الإكويني . فالثمن

العادل عنده هو ذلك الذي يتضمن الإنحراف عنه إنحرافا عن الأخلاق الفاضلة وأن العدالة يجب أن تتوفر لكل من البائع والمشتري.

مما تقدم يتبين بأن فكرة الثمن العادل و الأجر العادل والربح العادل ليست سوى تعبيراً عن مثل أعلى ذي طابع ديني من مقتضاه ان كل فرد يجب أن لا يحصل على أكثر مما يستحق، ولكنها فكره يصعب تحديدها تحديداً موضوعياً مما يجعل تطبيقها من الناحية العملية أمراً صعباً أو مستحيلاً.

ولكنه من ناحية أخرى فإن السعر العادل يعني أحيانا الثمن المتفق عليه بين البائعين والمشترين. لكنه مع نمو النشاط التجاري تدريجياً، وخاصة في القرون الأخيرة من العصور الوسطى، بدأ الأمر يتغير. لهذا نجد أن توماس الإكويني أخذ يبيح التقلبات حول السعر العادل وذلك تبعاً للتقلبات في أحوال السوق. ومع ذلك فإن الإكويني نجده يبرر إستيفاء البائع ثمناً أعلى إذا كان هذا يحول دون تحمله خسارة. وبمرور الزمن أبرز بعض الكتاب أهمية تأثير ظروف العرض والطلب في أسعار السوق ولذلك لم يعودوا يتمسكوا بفكرة الثمن العادل.

5. تحريم الربا (الفائدة):

من المعروف أن الرأي بالنسبة للفائدة مستقر منذ بداية العصور الوسطى على اعتبار أنها ربا، وعلى تحريمها إستنادا إلى نصوص من التوراه والإنجيل. وظلت قاعدة تحريم الربا سائدة دون مناقشة معظم فترة العصور الوسطى. ويعتبر القديس توماس الإكويني من أهم من كتبوا في هذه المسألة. فقد إستند الإكويني في مناداته بالتحريم إلى أقوال أرسطو وإلى قرارات الكنيسة وعلى القانون الروماني. وقد وضح الإكويني بأن الفائدة إذا كانت تدفع لقاء الزمن الذي يتنازل صاحب النقود عنها خلاله فإنها تكون غير مشروعة لأن الزمن ملك لله ولا يجوز أن يحصل المقرضون على ثمن لشئ هو ملك الله وليس ملكاً لهم"(3).

لكنه مع نمو التجارة والتعامل النقدي في الأسواق في أواخر العصور الوسطى بدأت بعض الاتجاهات الجديدة في الظهور. فمن ناحية كان الاسلوب العلماني يأخذ قوة متزايدة في المجتمع. فالبرغم من تشدد الكنيسة على تحريم الربا إلا أن عمليات قبول الفائدة على القروض أخذت في الزيادة تدريجياً تمشياً مع التوسع الاقتصادي. وفي القرنين الخامس عشر والسادس عشر- ومع الاكتشافات الجغرافية العظيمة في العالم وانسياب رأس المال الأوربي في استثمارات خارجية مجزية نجد أن أسلوب تقاضي الفائدة أصبح شيئاً عادياً جداَ، حتى أن رأي الكنيسة ورجالها أصبح غير ذي أهمية لغالبية المقرضين والمقترضين، مما دفع إلى حدوث تعديلات في الرأي الكنسي- بهدف السماح ببعض الإستثناءات في مسألة الربا.

فقد تم التأكيد على المبدأ الخاص بضياع فرصة الكسب، حيث قيل أن الفرد حيثما يعطي نقوده لشخص آخر إنما يضيع على نفسه فرصته لتحقيق الكسب منها نتيجة التخلي عن استثمارها بنفسه. ولذلك فإن المقرض لابد أن يأخذ مقابلاً مادياً وهو الفائدة. كما ظهر مبدأ ثالث لتبرير الفائدة وهو مبدأ المخاطرة إلى حد فقدان هذا المال. ومن ثم فإن المقرض يستطيع أن يطالب المقترض من البداية بفائدة للتقليل من هذه المخاطرة. هذا إلى جانب مسألة إنخفاض القيمة الشرائية للعملة النقدية المتداولة وأن الفائدة هنا بمثابة تعويض للمقرض عن الخسارة التي تصيبه من جراء هذه الظاهرة [4].

3.1.3. تقييم الفكر الاقتصادي الأوروبي في العصور الوسطى [5]:

يمكن تلخيص تقييم الفكر الاقتصادي في اوروبا في الفترة المعنية التي دامت عشرة قرون تحت ظل سيطرة الكنيسة كما يأتي:

1. لم ينطو التفكير الاقتصادي على تحليل علمي وإنما كان تطبيقاً مذهبياً لمبادئ الدين والأخلاق في نطاق الثروه والاقتصاد.

2. فرضت الكنيسة الكثير مـن القيـود عـلى النشاط الاقتصادي وتحذيرها للنـاس مـن الإنقياد لدافع الحصول على الثروة والربح.

3. كانت أسس التفكير الاقتصادي في أوروبا متسقة من هذه الناحية مع طبيعـة الحيـاة الاقتصادية الراكدة التي كانت سـائدة في القرون الوسطى، ومـع سيطرة أفكار الدين المسيحي على النفوس.

ولهذا فقد قصرت هذه الأسس عن مسايرة حاجـة التطور الـذي حـدث بعدئـذ، فتداعت سيطرتها وحلت محلها أسس جديدة تلائم التطور الـذي حـدث والمتمثل في الآراء التي نادى بها التجاريون (Mercantilists) بعد ذلك في عصر النهضة.

2.3. الفكر الاقتصادي الإسلامي في العصور الوسطى [6]

ينبغي الإشارة إلى أن المدرسة الاقتصادية الإسلامية هي جزء من كيان المدرسة الإسلامية التي ظهرت بعد إنتهاء العصر الأول للرسالة النبوية بعد وفاة الرسول محمد صلى الله عليه وسلم وبعد الإزدهار الـذي تحقق حتى وصلت إلى القمة في القرن الخامس عشر الميلادي. وقد سجل الغربيون المستشرقون الكثير مـن أعـمال المدرسة الإسلامية في مجالات الطبيعة والكيمياء والطب والفلك والرياضيات والجغرافيا. لكنهم لم يهتموا كثيرا بأعمال هذه المدرسة في مجال العلوم الاجتماعية ومنها الاقتصاد رغم إنتقال جانب من الفكر الإسلامي الاجتماعي بصورة مبـاشرة وغير مبـاشرة إلى الفكر الغربي وخاصة خلال فترة الحضارة الأندلسية.

والفكر الاقتصادي الإسلامي هو بمثابة إجتهاد علماء المسلمين في مجال بحث وتحليل المشكلة الاقتصادية التي واجهت مجتمعاتهم في العصور المختلفة. ومعلوم أن بحث وتحليل المشكلة الاقتصادية ومحاولة استنباط العلاج الملائم لها يتم داخل إطار الشريعة الإسلامية، بالإضافة إلى أهداف ومصالح الأمة الإسلامية. والمقصود بمصالح الأمة الإسلامية هو تلك الأهداف التي تتغير بتغير الزمان والمكان أي التي تتغير بتغير العوامل الإقتصادية والاجتماعية والتقنية.

ويشار إلى أن مصادر الفكر الاقتصادي الإسلامي هي إثنان:

الأول: مبادئ الدين الإسلامي كما جاءت في القرآن الكريم والسنة النبوية وفي أعمال فقه الصحابة.

الثاني: آراء الفلاسفة والفقهاء من المسلمين والمؤلفات العديدة التي تعرضت للمشكلات الاقتصادية والاجتماعية والتاريخية.

وعليه فإن النصوص الواردة في القرآن الكريم والسنة النبوية بخصوص الحياة الاقتصادية للفرد أو المجتمع الإسلامي في مرتبة القواعد الأساسية والعوامل المحددة لإطار الفكر الإسلامي. أما إجتهادات علماء المسلمين التي تمت داخل هذا الإطار واعتماداً على هذه القواعد فتكوّن في مجموعها الفكر الذي نحن بصدد بحث تطوره. ولهذا يؤكد بعض الكتاب بأن الاقتصاد الإسلامي ذو وجهين:

الأول: وجه ثابت (يتضمن الأصول أو المذاهب)، وهو عبارة عن مجموعة المبادئ أو الأصول أو السياسة الاقتصادية التي جاءت بها نصوص القرآن والسنة ليلتزم بها المسلمون في كل زمان ومكان.

والثاني: وجه متغير (يتضمن التطبيق أو النظام)، وهو عبارة عن الأساليب والخطط العلمية والحلول الاقتصادية التي تتبناها السلطة الحاكمة في كل مجتمع إسلامي

لتحويل أصول الأسلام وسياسته الاقتصادية إلى واقع مادي، كبيان مقدار حد الكفاية أو الحد الأدنى للأجور، وإجراءات تحقيق التوازن الاقتصادي بين أفراد المجتمع وبيان نطاق الملكية العامة ومدى تدخل الدولة في النشاط الاقتصادي. ان مثل هذه التطبيقات اجتهادية ويمكن ان يختلفون عليها.

1.2.3. معالم الفكر الاقتصادي الإسلامي في العصور الوسطى [8]

بدأ الفكر الاقتصادي الإسلامي في الظهور في أواخر العصور الوسطى وعلى وجه التحديد في القرن الرابع عشر الميلادي، أي قبل بداية الفكر الاقتصادي الأوروبي. ولم تكن الظروف الاقتصادية تختلف كثيراً عن تلك التي كانت تعيشها المجتمعات الأوروبية، حيث كانت الزراعة هي النشاط الغالب كما كانت ملكية الأرض قاصرة على طبقة معينة. وإذا كان النظام الاقتصادي السائد في أوروبا هو الإقطاع فكذلك هو الحال في العالم الإسلامي، حيث الأرض موزعة بين السلطان الحاكم والأمراء وكبار قادة الجيش [9].

ومن أبرز معالم الفكر الاقتصادي الإسلامي في العصور الوسطى ما يأتي:

1. احترام الملكية الفردية (الخاصة):

حيث أخذ القرآن الكريم بالملكية الفردية فأقرها ووضع أصولها مما ترتب عليه الإعتراف بالتفاوت بين الناس وتقسيمهم إلى طبقات. ومن نتائج ذلك أيضاً الإعتراف بحق الإرث الذي يخفف من آثار التفاوت، وكذلك فرض الزكاة. والخلاصة أن الملكية في الإسلام ملكية فردية ولكن هناك واجبات على المالك، وتدخل من جانب الدولة لتخفيف ما يترتب على ذلك من مساوئ.

2. **الحث على العمل:**

مجّد الإسلام العمل وحث عليه ولم يفاضل الإسلام بين أنواع العمل. وليس هناك أي حرج من العمل في التجارة.

3. **إقرار الرق (العبودية):**

تأثر الإسلام بمقتضيات النظام الذي كان سائدا عند نشأته، فأقر الرق ولكنه لم يؤسسه على أية تفرقة بين الناس، بل أسسه على ما يبدو كنتيجة عملية لإنهزام الأمم في الحروب، وهو ما كان متبعاً في المجتمعات القديمة. وقد أوجب الدين الإسلامي حسن معاملة الرقيق، وحبب إلى المالك العتق وجعله كفارة عن كثير من الآثام، وبذلك إتخذ الإسلام من هذه المشكلة موقفاً توفيقياً.

4. **تحريم الربا:**

حرم القرآن والسنة القرض بفائدة (وأحل الله البيع وحرم الربا)، والحكمة في ذلك منع إستغلال حاجة المحتاجين، ورغبة الإسلام في ألا توجد في المجتمع الإسلامي طبقة تعيش من دخل رأسمالها دون أن تبذل جهداً من عمل.

5. **محاربة الإحتكار:**

نهى الإسلام عن الإحتكار حيث قال الرسول صلى الله عليه وسلم: لا يحتكر إلا خاطئ وقد تبعه الحكام المسلمون في تطبيق عقوبات على المحتكرين لمنع إستغلال المحتكر للمستهلكين من خلال رفع السعر.

2.2.3. أعلام الفكر الاقتصادي الإسلامي في العصور الوسطى (الدراسات الاقتصادية)

ظهرت العديد من الكتب الاقتصادية في العصور الإسلامية القديمة وذلك منذ أن وضع القاضي أبو يوسف الأنصاري أول كتاب في الدراسات الاقتصادية وهو كتاب (الخراج) الذي وجهه للخليفة هارون الرشيد، والذي يدور حول النشاط الزراعي والضرائب. ثم توالت الكتب حتى ظهر كتاب ابن خلدون (المقدمة) في أواخر القرن الثامن الهجري أو بداية القرن الخامس عشر الميلادي، وهو كتاب أغنى العالم بالأفكار المتقدمة جدا في عصرها وشكلت مقدمة ابن خلدون القاعدة للدراسات الاقتصادية التي ظهرت في الغرب بعد ثلاثة قرون.

وفيما يأتي عرض سريع لخمس من أهم الكتب الاقتصادية الإسلامية التي ظهرت في تلك الفترة.

1. **كتاب (الخراج) لأبي يوسف الأنصاري:**

هو أبو يوسف يعقوب بن إبراهيم الأنصاري المولود في الكوفة (العراق)، عام 113هـ وسكن بغداد. وقد وضع أبو يوسف أول مؤلف اقتصادي في الإسلام بناءَ على طلب الخليفة العباسي هارون الرشيد. وتناول فيه الإيرادات العامة للدولة الإسلامية وبعض جوانب نفقاتها. كما برزت في الكتاب جوانب عديدة من الفكرالاقتصادي، مثل دور التنمية الاقتصادية في زيادة الإيرادات والنفقات، وأهمية العنصر البشري، وضوابط السلوك الاقتصادي للدولة، وقضايا التجارة الخارجية، وتغيير قيمة النقود والمفاضلة بين المصلحة العامة والمصلحة الخاصة.

وقد أقر أبو يوسف في كتابه مذهب القدرة على الدفع بالنسبة لدافع الضرائب وقدم تحليلاً اقتصادياً بخصوص الأسعار ومسألة مراقبتها، وحظر أبو يوسف تدخل الحاكم لتثبيت الأسعار أو التحكم فيها. وكان يحاول الوصول إلى

نظرية تحديد السعر، حيث أكد أن العرض لوحده لا يحدد السعر بل العرض والطلب معاً.

2. كتاب (الإكتساب) لمحمد بن الحسن الشيباني

ومن أهم جوانب الفكر الاقتصادي في الكتاب المذكور هو تفسير الكسب وأهميته وتكلم أيضاً عن التخصص وتقسيم العمل والاستهلاك ومستوياته المختلفة، وكذلك النقود والاحتكار ومساوئة على المجتمع. وأخيرا النظام الاقتصادي للإقراض والمال العام.

3. كتاب (احياء علوم الدين) لمؤلفه أبو حامد محمد الغزالي

الغزالي مولود في طوس (إيران) في عام 450 هـ والمتوفى عام 505هـ وقد تناول الغزالي في كتابه تحليل فلسفة الاقتصاد ومواضيع متعددة أخرى شملت الإنتاج وأهميته وعناصره والعمالة والبطالة والإنفاق الإستهلاكي والإدخار. كما تناول أيضا التجارة و الأسواق والأسعار ومخاطر الإحتكار. كما بحث الغزالي في النقود ووظائفها وفي الضرائب والقروض العامة وأثرها على البيئة الاقتصادية.

4. كتاب (الإشارة إلى محاسن التجارة) لمؤلفه جعفر بن علي الدمشقي

صدر هذا الكتاب في عام 570هـ الموافق 1175م. ويعتبر هذا الكتاب أول كتاب يبحث في مبادئ وأصول الاقتصاد والإدارة وهو يشمل موضوعين أساسيين هما:

أ. التحليل الاقتصادي والذي يحوي على الأموال وخصائصها والتخصص في الانتاج وتقسيم العمل والمبادلة وقصور المقايضة وظهور النقود ونظرية القيمة والأسعار (القيمة المتوسطة) وهو ما يعرف حالياً بسعر التوازن في التحليل

ب. الجزئي. ويتناول أيضاَ تغير أسعار السلعة الواحدة بتغيير أماكنها، وهو ما يعتبر البذور الأولى في نظرية التجارة الخارجية.

ت. قضايا النمو الاقتصادي، الذي تناول فيه التحبيب في الغنى والتنفير من الفقر. كما تكلم عن الفائض الاقتصادي وهو عماد رأس المال ودعامة النمو والتقدم. وبحث أيضاَ في ضوابط الإستثمار والتي تشبة نظرية تقييم المشروعات وإنتاجيتها أو مردودها. وأخيراَ تطرق إلى العلاقة العضوية بين إكتساب المال وتثميره وإنفاقه.

5. كتاب المقدمة لابن خلدون (1333-1406) م

وهو عبد الرحمن بن خلدون المولود في تونس، رجل الدولة وقاضي ومؤرخ وعالم. وأشهر كتبه هو كتاب (العبر) ومقدمة هذا الكتاب هي أشهر ما قدم للعلم. وقد حاز ابن خلدون شهرته الواسعة في الشرق والغرب كمؤرخ وعالم إجتماع. وقد وضع أول محاولة لإكتشاف النمط الذي تتغير به الأحداث السياسية والاجتماعية والاقتصادية، وكان أول من كتب في منطق التاريخ. وقد ركز على "طبيعة العمران في الخليقة" متطرقا إلى حياة البدو والحضر والكسب والمعاش والصنائع والعلوم ونحوها من العلل والأسباب التي تؤثر في حياة المجتمعات. وقد إتبع في بحثه وتحليله دائماَ منهاجا علميا سليما على نحو لم يسبقه منه أحد، فقد أعتبر بإعتراف الجميع، رائدا في كافة المجالات التي تطرق إليها.

أما وضع إبن خلدون كعالم إقتصاد فلقد رأى بعض المهتمين من علماء الاقتصاد العرب أن أهمية إبن خلدون كاقتصادي لا تقل عن أهميته كمؤرخ وعالم إجتماع. ويؤكد البعض بأن إبن خلدون كان أول من حدد المشكلات الاقتصادية تحديداَ علمياَ، وهو أول من حاول فصل المشكلات الاقتصادية عن الإعتبارات

الدينيـة والأخلاقيـة وأول مـن حـاول كشـف البواعـث والعوامـل ذات الطـابع الاقتصادي.

وبالرجوع إلى المقدمة تبين أن ابن خلدون قد إعتمد على الأساليب الآتية في تحليله للموضوعات الاقتصادية:

1. دراسة الوقائع التاريخية بعد فحصها وتمحيصها لإبراز ارتباط الأحداث الاجتماعية والسياسية والاقتصادية في أنماط محددة.

2. بناء أثر البيئة الإجتماعية في سلوك الإنسان ونشاطه الاقتصادي.

3. بناء أثر البيئة الجغرافية في نشاط المجتمعات الإنسانية وثروتها وتأثيرها في سلوك الإنسان الاقتصادي.

4. إستخدام المنطق في إستنتاج بعض القواعد العامة تارة على أساس المشاهدات وتارة على أساس الإستنباط. وكان يدعم هذه (القواعد العامة) بفـروض أساسية، وهذه القواعد العامة تمثل جوهر التحليل النظري.

3.2.3. عرض وتقييم الفكر الاقتصادي لابن خلدون [10]

إن أهم النواحي الاقتصادية التي يعالجها ابن خلدون، والتي تمثل في مجموعها الفكر الاقتصادي في آخر مرحلة من مراحل الازدهار الفكري في العصر الإسلامي الذهبي تتمثل فيما يأتي:

1. الحاجات البشرية

يقرر إبن خلدون بـأن الإنسان يحتاج إلى أشياء أساسية مثل الغـذاء والملبس، وتتفرع من الحاجات الأساسية إحتياجات أخرى تعتبر ثانوية ولكنها لازمة لإنتاج الحاجات الأساسية. وهناك حاجات أخرى تنشأ مع كـل رقـي وتقـدم يحـرزه المجتمع

وهذه هي حاجات كمالية أو ترفيهية ويؤكد إبن خلدون بأن حجم السكان عامل مهم في تحديد حجم الإحتياجات البشرية.

2. طبيعة العملية الإنتاجية وتقسيم العمل

يؤكد إبن خلدون بأن إنتاج السلع يحتاج إلى تعاون أفراد المجتمع وتقسيم العمل بينهم. ويقال هنا أن إبن خلدون قد تأثر بفكرة أرسطو عن تقسيم العمل، لكنه يؤكد هنا على المواهب المكتسبة عن طريق التعلم في حين يشير أرسطو إلى المواهب البشرية الفطرية كأساس لتقسيم العمل. ويلاحظ التشابه الكبير بين آدم سميث وبين إبن خلدون في مسألة تقسيم العمل. فقد أوضح إبن خلدون فكرة الفائض المنتظر من جراء التعاون القائم بين الأفراد في العملية الإنتاجية على أساس تقسيم العمل، بينما أن الإعتقاد السائد أن سميث هو أول من أوضح هذه الفكرة. كما أن فكرة آدم سميث في إرتباط تقسيم العمل بحجم السوق تشبة إلى حد كبير الفكرة التي شرحها إبن خلدون قبله بعدة قرون في إرتباط تقسيم العمل بحجم النشاط الاقتصادي[(11)]

ويميز إبن خلدون بين عناصر الإنتاج (وهي العمل ورأس المال والموارد الطبيعية) ويعتبر العمل أهم عناصر الإنتاج.

3. النشاط الاقتصادي واكتساب الدخل

يقر إبن خلدون بأن الدخل لا يتحقق إلا نتيجة للسعي والعمل. ويميز إبن خلدون بين أنواع النشاط الاقتصادي المختلفة وهي أمارة وتجارة وفلاحة وصناعة، ويفرق بين الأمارة وباقي النشاطات الاقتصادية. ففي حين أن الإمارة ليست مذهباً طبيعياً للمعاش فإن الفلاحة والصناعة والتجارة هي وجوه طبيعية للمعاش. وأن الصناعة لا تتحقق إلا في مرحلة الاستقرار وتكوين المدن.

4. تحليل الأسعار

أدرك إبن خلدون تأثير كل من العرض والطلب في تحديد الأسعار وفي تقلبات تلك الأسعار. كما لاحظ إبن خلدون بأنه كلما إتسع البلد وزاد عدد سكانه كثر عمرانه، فإنِ أسعار السلع الضرورية وخاصة الغذائية، تنخفض والعكس بالنسبة للسلع الكمالية، فإن أسعارها ترتفع. فبالنسبة للسلع الضرورية فإن الناس تعمل لكي توفر حاجاتها منها فيزداد عرضها وترخص أسعارها، وهذا ما يثير الإعجاب في إبن خلدون في نظر البعض، حيث أن ذلك يعكس مضمون التحليل الحركي (الديناميكي) في بحثه لتغيرات الأسعار. فقد ربط إبن خلدون بين عملية النمو وما يستتبعها من زيادة في الدخول وزيادة في الرفاهية من جهة وبين الطلب على الحاجات الكمالية من جهة أخرى. فالطريقة الديناميكية تقوم على تحليل تتابع المؤثرات والأثار في الزمن، فالتطور في كل فترة يوجد العوامل التي تحدد ما يحدث في الفترة اللاحقة بحيث يربط التحليل فيما بين الفترات جميعا.

كما بحث إبن خلدون أثر إختلاف الثروة فيما بين البلدان المختلفة في طلب كل منها على أنواع السلع المخلتفة وعرضها، وأثر كل ذلك على ما يعرف اليوم المستوى العام للأسعار، مفسراَ إختلاف أسعار نفس السلع في البلدان المختلفة.

5. المفهوم الاقتصادي للريع

قام إبن خلدون بتحليل بعض النواحي التي تتصل بظاهرة ما نسميها اليوم بالريع (Rent). وأن الأساس الذي إعتمد عليه إبن خلدون في تحليله يكاد أن يكون هو نفس الأساس الذي إعتمد عليه (David Recardo) في تحليله للريع التفاضلي. فقد وصل إبن خلدون قبل ريكاردو بقرون عديدة لنفس النتائج بخصوص الإرتباط بين نفقات الزراعة، والتي تختلف تبعا لجودة الأرض وأسعار السلع الزراعية المنتجة. فكلما قلت جودة الأرض الزراعية إزدادت نفقات الزراعة

وإرتفعت بالتالي أسعار السلع المنتجة والعكس صحيح. كما ناقش إبن خلدون العلاقة الطردية بين الأسعار وبين الضرائب والرسوم التي تفرضها الدولة. ولهذا تكون الأسعار في الأمصار أعلى مما هي عليه في البادية. كما ناقش العلاقة بين الأسعار والأرباح، وعرف الربح بأنه الفرق بين أثمان شراء وبيع البضائع والسلع، وكيف أنه كلما إنخفض السعر في السوق قلَّ الربح.

6. تحليل تطور المجتمع وتقدمة الإقتصادي

لعل أهم ما قام به إبن خلدون من بحث إقتصادي أنه قدم ما يمكن تسميته نموذجاً تحليلياً لتطور المجتمع وتقدمه الإقتصادي الذي بناه على عنصرين هما: تزايد السكان ومزايا تقسيم العمل.

إن كثرة السكان في كل مجتمع تؤدي إلى تقسيم العمل بينهم وإلى كثرة تنوع الأعمال. كما أن تقسيم العمل يعتبر ضرورة لابد منها لأن الفرد غير قادر على إشباع حاجاته بنفسه. ومن هنا يتوجب أن يكون الأفراد متعاونين جميعاً.

وهكذا فإن تزايد السكان يؤدي إلى تقسيم العمل، وأن تقسيم العمل يؤدي إلى زيادة الإنتاج في المجتمع وزيادة دخولهم ويدفعهم ذلك إلى توجيه جزء من نشاطهم الإنتاجي لإنتاج السلع الكمالية، ويزداد طلبهم على هذه السلع.

وفي معرض تحليله لأسباب نمو العمران (أو النشاط الإقتصادي) فإنه يورد نظريتين: الأولى هي البيئة الجغرافية والثانية هي أن النمو الإقتصادي لأي مجتمع يمر بعدد من المراحل التي ترتبط بحياة الدولة. وهنا يستخدم إبن خلدون كلمة العمران لتدليلها على ما بالأرض من سكان ومباني وما يترتب على ذلك من نشاط ضروري للحياة.

فبالنسبة لتأثير البيئة الجغرافية فإنه يقول كلما كانت البيئة الجغرافية ملائمة لحياة الإنسان كلما إتسع العمران والعكس صحيح. والمقصود بالبيئة الجغرافية الملائمة هنا هي البرودة والحرارة والرطوبة لأنها تتدخل في سلوك الإنسان ودرجة نشاطه. ويقول إبن خلدون أن الربع الشمالي المعتدل من الأرض أكثر عمراناً من الربع الجنوبي (الاستوائي). والجدير بالذكر هو أن هذه الفكرة قد طرحت حديثاً كإحدى النظريات المفسرة للتخلف الاقتصادي في موضوع التنمية الاقتصادية. وبالنسبة لمراحل النمو الاقتصادي فإن اتساع العمران ثم إضمحلاله يرتبط إرتباطاً مباشراً بنشاط الدولة واستقرارها ثم تطورها فاضمحلالها وخرابها بعد ذلك. ويضيف ابن خلدون بأن للدولة أعمار طبيعية كما للأشخاص.

4.2.3. الفكر الاقتصادي عند المقريزي [(12)]

هو تقي الدين أحمد بن علي المقريزي، المولود في القاهرة والذي يعتبر عميدا للمؤرخين في مصر والعالم العربي وله مؤلفات عديدة في الاقتصاد. ورغم تأثر المقريزي بإبن خلدون ومنهجه العلمي في تمحيص الظاهرة واكتشاف منطقها إلا أنه سلك مسلكاً آخر في تفسير الظواهر. فإذا كان تفسير إبن خلدون للظواهر من خلال نظرية القيمة فأن المقريزي حاول تفسيرها على أساس نقدي (Monetary). وتتمثل مساهمة المقريزي في الاقتصاد من خلال إهتمامه بتحليل أسباب الظاهرة التأريخية وبإهتمامه ببعض المشكلات مثل النقود والغلاء وتوزيع المكاسب (الدخل) ومعاملات الأسواق.

وفي كتابه (إغاثة الأمة بكشف الغمة) يعمل على تحليل أسباب الغلاء الشديد في الأسعار ويرجعها إلى سوء السياسة الاقتصادية وهي مسؤولية الزعماء. ويؤكد في كتابه بأن الغلاء والرخاء يتعاقبان منذ الخليقة، وأن الرخاء مرتبط برخص

الأسعار والذي يرتبط بدوره بوفرة الأمطار والمياه التي تزيد من حجم المحاصيل وتدفع الأسعار إلى الانخفاض.

إلا أن المقريزي يذكر أسباب أخرى للغلاء بعضها سياسي محض مثل تفشي الظلم والقتل من قبل الحكام والخوف وتوقف النشاط الاقتصادي، ومنها حدوث الآفات الزراعية إلى جانب السياسة التي يتبعها المحتكرون. ويؤكد المقريزي أن شيوع المنافسة في الأسواق يؤدي إلى الرخاء في حين أن تدخل الدولة في النشاط الاقتصادي قد يضر بمصالح الناس، سيما إذا سعت الدولة أن تسلك سلوك التجار المحتكرين في رفع الأسعار. ويعتبر البعض بأن أهم الأفكار الاقتصادية للمقريزي هي أنه حاول تحليل أسباب الأزمات من خلال فساد سياسة الحكم وسوء الإدارة الاقتصادية.

وأوضح بأن سبب الإرتفاع المستمر في تكلفة الإنتاج وبالتالي إرتفاع الأسعار يرجع إلى زيادة كمية النقود المتداولة. وهنا وضع المقريزي الأساس لأول نظرية في التاريخ الاقتصادي. وبهذا فهو يعتبر مؤسسا للنظرية النقدية التي قدمها بعده (Irving Fisher). لكن فكر المقريزي كان أعمق من فكر الاقتصادي الكلاسيكي حيث نوه ضمناً تأثير النقود على جميع المتغيرات الاقتصادية، وهذا إعتراف بعدم "حيادية النقود" (Neutrality of Money)، التي جاء بها الاقتصاديون الكلاسيك. كما أنه يؤكد على فاعلية تغير كمية النقود على مستوى النشاط الاقتصادي.

ولحل مشكلة زيادة النقود فقد طالب المقريزي بأن يتم سك النقود من المعادن النفيسة حتى يمكن تحديد كميتها. وبهذا كان فكر المقريزي قد وضع أساسا لكل من قاعدة الذهب وقانون جريشام (Gresham's Law). حيث فسر إختفاء النقود الجيدة (الذهب) من خلال وجود النقود الرديئة (أي العملات الفضية

والنحاسية). ويؤكد المقريزي بأن إستخدام المعادن كنقود شجع الحكام وعمالهم على زيادتها أو الإكثار منها كلما رغبوا في ذلك.

ويوضح المقريزي بأن الارتفاع الكبير في الأسعار، والناتج عن زيادة كمية النقود، يؤثر على توزيع الدخل على فئات المجتمع المختلفة بأشكال مختلفة، فمنهم من يستفيد ومنهم من يخسر.

وهكذا نجد أن الفكر العربي الإسلامي قد أسهم في وضع النظرية النقدية التقليدية والحديثة المعاصرة.

هوامش الفصل الثالث

(1) قارن:

- د. عبد الرحمن يسري أحمد مرجع سابق، ص (25-32)

- د. عبد الحسين وداي العطية، مرجع سابق ص (20-27)

- د. راشد البراوي، مرجع سابق، ص (26-30)

- د. احمد فريد مصطفى، ود. سهير محمد السيد حسن، تطور الفكر والوقائع الاقتصادية، مؤسسة شباب الجامعة، الاسكندرية، 2000، ص(21-45).

(2) للمزيد من التفاصيل راجع:

- د. عبد الرحمن يسري أحمد، نفس المرجع، ص (25-32)

- د. عبد الحسين وداي العطية نفس المرجع، ص (23-26)

(3) د. عبد الحسين وداي العطية، نفس المرجع، ص 26

(4) قارن: د. عبد الرحمن يسري أحمد، مرجع سابق ص (31-32)

(5) لمزيد من التفاصيل راجع:

- د. عبد الحسين وداي العطية، مرجع سابق، ص (26-27)

(6) قارن في ذلك:

- عبد الرحمن يسري أحمد، مرجع سابق، ص (35-61)

- د. عبد الحسين وداي العطية، نفس المرجع، ص (27-43)

(7) د. عبد الحسين وداي العطية، نفس المرجع، ص (28-29)

(8) نفس المرجع ص (31-35)

(9) قارن: د. أحمد فريد مصطفى/د. سهير محمد السيد حسن، مرجع سابق، ص 35.

(10) قارن في ذلك

‒ د. عبد الحسين وداي العطية، نفس المرجع، ص (39-43)

‒ د. عبد الرحمن يسري أحمد، مرجع سابق، ص (87-125)

‒ د. راشد البراوي، مرجع سابق، ص (35-37)

‒ د. احمد فريد مصطفى ود. سهير محمد السيد حسن، مرجع سابق، ص(36-39).

(11) د. عبد الرحمن يسري أحمد، نفس المرجع، ص (92-93)

(12) لمزيد من التفاصيل انظر.

‒ د. عبد الرحمن يسري أحمد، نفس المرجع، ص (129-137)

‒ وكذلك د. أحمد فريد مصطفى و د. سهير محمد السيد حسن، مرجع سابق، ص (39-45)

الباب الثاني

الفكر الاقتصادي الحديث

الفصل الرابع

الفكر الاقتصادي لمدرسة التجاريين

(*Economic Thought of the Mercantilist*)
School

(الفكر الاقتصادي في عصر الراسمالية التجارية)

الفصل الرابع
الفكر الاقتصادي لمدرسة التجاريين
(الفكر الاقتصادي في عصر الراسمالية التجارية)

1.4 ظهور الراسمالية التجارية

يطلق مصطلح "التجاريون" (Mercantilists) على جميع الكتاب الذين ساهموا في وضع السياسة الاقتصادية التي سادت في عصر ـ الرأسمالية التجارية في بلدان اوربا الغربية من بداية القرن السادس عشر إلى نهاية الربع الثالث من القرن الثامن عشر ـ (اي من 1500 – 1775) علماً ان هذه التواريخ تختلف بين بلد وآخر. فقد حل عصر ـ الرأسمالية التجارية في أعقاب النظام الاقطاعي، وظل حتى بداية عصر ـ الراسمالية الصناعية. ان مذهب التجاريين جعل الثروة متمثلة بالمعادن النفيسة (الذهب والفضة) وجعل هدف السياسة القومية هو أن تدير الدولة علاقاتها مع العالم الخارجي بحيث تجذب اكبر نصيب ممكن من المعادن النفيسة.

فبعد أن استنفذ النظام الاقطاعي مهامه في سيادته للمجتمع وتنظيم حياته الاقتصادية والاجتماعية، على وفق قواعده وافكاره ومصالح طبقة النبلاء والاقطاعيين، فسح المجال لنظام جديد يتناسب وطبيعة الحياة الجديدة في تطورها ومفهومها للحياة الاقتصادية والاجتماعية والعلاقات الجديدة المبنية على المصالح المادية والسعي للحصول على اكبر قدر من الثروة. وبدا الوسط الاقتصادي والاجتماعي في التحول نحو مرحلة جديدة تسودها العلمانية (اي الاهتمام بالعلوم الطبيعية والانسانية والابتعاد عن العلوم الدينية كأساس لتفسير الظواهر

الاقتصادية). وقد أدى هذا الاتجاه الى احداث تغيرات في الهيكل الاجتماعي والاقتصادي للمجتمعات الاوربية وكذلك ظهور النزعة الفردية[1].

ومع مرور الزمن اخذت تتكون وتبرز قوى اقتصادية واجتماعية وسياسية وفكرية عملت على الانتقال من مجتمع العصور الوسطى الى مجتمع العصر الحديث. فبازدياد الامن والنظام في اوربا اصبحت التجارة بالبر والبحر اكثر امناً وتضاءلت الحاجة الى الحماية من جانب الاقطاعيين، وتحسنت الطرق ووسائل النقل وعظم رخاء المشتغلين بالتجارة وبدأت الاسواق تنمو وتلعب دوراً في حياة المجتمع. كل هذه العوامل حطمت التقليد القديم المبني على الانتاج لغرض الاستهلاك المحلي، وفسحت المجال للنظام الجديد (الراسمالية التجارية). وكان لاكتشاف الذهب أثره في تسهيل نمو التجارة والتنظير حول المعادن النفيسة. كما ان الاكتشافات الجغرافية العظيمة المستندة الى الملاحة لعبت دورها هي الأخرى في توسيع التجارة والانتاج واصبح التجار الراسماليون مهمين في عالم الاعمال. كما ظهرت الدولة القومية واصبحت تبحث عن مستعمرات ومجال نفوذ، وهكذا ظهرت الافكار والنظريات التي حلت محل الافكار والمفاهيم الاقطاعية[2].

ومن جهة اخرى فقد أخذ كبار التجار يتفقون مع بعض الصناع فيقدمون لهم الخدمات وبعض المعدات التي تمكن الصناع من انجاز ما يطلب منهم من سلع وهم في بيوتهم، فكانت هذه الصناعات المنزلية (Cottage Industries) خطوة لها شأنها. فهي من جهة عملت على تحرير فريق من الصناع من سيطرة القيود النقابية، وساعدت من جهة اخرى على خلق وتوفير مهارات فنية كثيرة لابد منها، واسهمت بشكل مباشر في زيادة الارباح التي يحققها التجار. وهنا حدث الانتقال الى مرحلة اخرى هي ان اعداداً من الصّناع تعمل في مصانع يدوية يملكها التجار ويشرفون على العمل فيها ويأخذون السلع التي تنتجها. وهكذا ظهرت وازدادت

اهمية النقود وراس المال في الانتاج والتوزيع وتحقيق الرفاهيـة الاقتصادية. وهذا مـا ساعد بدوره على ظهور الرأسمالية في مرحلتها الاولى وهي الراسمالية التجارية [3].

العوامل التي ساعدت على نشوء الراسمالية [4]

ويمكن إجمال العوامل العديدة التي مهدت لنشوء الراسمالية التجارية والفكـر التجاري (الميركنتالي) بما يأتي:

1. انهيار النظام الاقطاعي والحرفي في اوربا للاسباب المذكورة آنفاً.

2. ازدياد أهمية التجارة الخارجيـة، وذلك لان تحرير العبيـد والفلاحين مـن سطوة النظام الاقطاعي في اوربا أدى الى توجه معظم المتحررين الى خارج النشاط الزراعي ليعملوا في التجارة وخاصة الخارجية منها والتي توسعت بصورة مضطردة وأدت الى ثراء التجار وزيادة أهميتهم.

3. نمو السكان في المدن، وزيادة الانتاج الذي ساعد على انتشار النشـاط التجاري عـبر المسافات الطويلة، وترك أثره في ظهور الدولة القومية كمركز للسلطة.

4. ان ظهور الدولة القومية الحديثة في اوربا، وتشكل الدول التي كانـت أداةً رأى فيهـا المشتغلون بالتجارة وأرباب الحرف قوةً لحماية مصالحهم وتنميتها.

5. ان زيادة اهمية النقود وتكوين رؤوس الاموال، والتي اصبحت قوة لها اثرها في السياسة وفي النظام السياسي، جعل لها مكانة في البنيان الاقتصادي وكذلك ادى الى زيادة اهمية التجارة الخارجية باعتبارها افضل وسيلة لاجتذاب اكبر كمية ممكنـة من النقود.

6. ان عصر النهضة الاوربية، الذي صاحب عصر الراسمالية التجارية، قـد ساعد علـى احياء الفلسـفات اليونانيـة ودراسـتها بعقل متحرر مـن الديـن ومـن قيـود

الكنيسة، الامر الذي دفع الى تغير نظرة المجتمع نحو الفائدة مقابل اقراض النقود.

7. كما ساعدت الكشوفات الجغرافية الكبرى التي تفجرت قبيل انتهاء القرن الخامس عشر، حيث تم اكتشاف العالم الامريكي في عام 1492 وكذلك الطريق البحري الى الهند عام 1498 مما أدى الى نشاط التجارة وثراء المشتغلين بها. وبفضل المعادن النفيسة التي تدفقت من العالم الجديد زادت ثروة اسبانيا، ووفرت الارباح المتراكمة رساميل لابد منها لتمويل الاستثمارات الجديدة.

8. ادى كل ذلك الى تطور الحياة الاجتماعية والاقتصادية وذلك ما أدى الى زيادة حجم الدخل القومي والفردي والذي ساعد على زيادة الطلب على السلع والخدمات وتحقيق الانتعاش الاقتصادي.

2.4 ملامح الرأسمالية

ان عمليات تراكم رؤوس الاموال قد برزت مع ازدهار تجارة المدن الايطالية وانتشار استعمال النقود، وبذلك اصبح راس المال عنصراً مستقلاً من عناصر الانتاج وله أهمية لا تقل عن أهمية العمل. ومع تطور اهمية راس المال تبلورت الابعاد النظرية للراسمالية وقوانينها على يد المدارس الاقتصادية الثلاث التجارية والطبيعية والكلاسيكية.

ويستند النظام الراسمالي على أربعة اركان اساسية هي:

1. **الملكية الفردية (الخاصة)** للسلع ولوسائل الانتاج.

2. **الارباح**، والتي تعتبر المحرك الرئيسي للنظام الراسمالي.

3. **السوق**، ويعتبر المجال والمكان الذي فيه يحدد مصير المشروع الاقتصادي، فعن طريق السوق يقوم راس المال بشراء عناصر الانتاج الاخرى، ويبيع المنتج السلع والخدمات التي يقوم بانتاجها، وان تدخل الدولة الراسمالية في حركة السوق لا يعني الغاء السوق بل يعني تنظيمه لصالح المشروع الراسمالي.

4. **راس المال**، الذي لم يكن موجوداً في الانظمة التي سبقت ظهور الراسمالية، والتي كانت قائمة على اساس الاقتصاد الطبيعي القائم على الزراعة التقليدية والتبادل العيني. فمع التطور الاقتصادي اللاحق ظهرت الحاجة الى رؤوس الاموال. ومع التطور الصناعي لجأ المنظمون الى البنوك مما استلزم ايجاد نظام مصرفي متطور[5].

وقد سمي هذا النظام بالراسمالية التجارية لان التجارة كانت النشاط الرئيسي، وكانت الصناعة تابعة للتجارة وفي خدمتها.

3.4 جوهر الافكار الاقتصادية لمدرسة التجاريين

لقد تركت القيود التي فرضتها الكنيسة ورجال الدين على الناس، والتي تلزمهم بالاعتدال في الثروة، أثرها السلبي عليهم، كما كان للمركز الاجتماعي الذي حققه التجار، والارباح الضخمة التي جمعوها، أثره في تعديل نظرة الناس الى الربح. بل ان بعض المفكرين الدينيين امثال (Calvin) قد أعلنوا بان النشاط الاقتصادي ليس ذميماً في ذاته.

وقد تعرض منظروا المدرسة التجارية الى بعض الاسئلة التي كانت تشغل فكر الانسان في ذلك العصر بخصوص الثروة وهي:

(1) ما هي الثرورة؟ (2) كيف يمكن زيادتها؟ (3) كيف يمكن توزيعها بين البلدان؟ (4) وما هو سبب ارتفاع مستوى الاسعار؟

ان الاجابة على هذه الاسئلة يمثل جوهر الافكار الاقتصادية للمدرسة التجارية والتي يمكن تلخيصها بالآتي[6]:

أولاً: يجب ان تكون الدولة قوية، وتكمن قوتها في اقتصادها، وتتمثل تلك القوة بالثروة. والثروة عندهم هي مقدار المعادن الثمينة الموجودة في البلد.

ثانياً: نادى التجاريون في كل بلد بان يسعى الى الحصول على الذهب والفضة من البلدان الاخرى، سواء بشكل مباشر عن طريق امتلاك المستعمرات، او بشكل غير مباشر عن طريق التجارة الخارجية وتحقيق الفائض في الميزان التجاري.

ثالثاً: نظر التجاريون الى اجمالي الثرورة في العالم على انها ثابتة الحجم، وان ما تكسبه دولة من الدول يكون على حساب ما تفقده الدول الاخرى. ومن هنا كانت نظريتهم ذات طابع وطني وعدواني.

رابعاً: اصيب التجاريون بالرعب مما لاحظوه من ارتفاع الاسعار في عهدهم، وقدم المفكر الاقتصادي (Jean Bodin) تفسيراً لاسباب الظاهرة في نظريته المشهورة باسم كمية النقود. وملخص النظرية هو ان ارتفاع الاسعار يرجع الى زيادة كمية النقود.

خامساً: ان التجارة والصناعة يعتبران اكثر اهمية للاقتصاد من الزراعة ويتعين الاهتمام بالتجارة الخارجية لان الفائض الناتج عنها يزيد من ثراء الدولة .

الخصائص الاساسية للفكر الاقتصادي لمدرسة التجاريين[7]

تميزت افكار المدرسة التجارية ببعض الخصائص اهمها:

1. انها مدرسة نقدية، لانها تقوم على اساس ان المعادن النفيسة تعتبر عماد الثروة، والنقود هي مستودع القيمة.

2. انها مدرسة وطنية، أو (قومية) لان اهتمام التجاريين كان منصباً على رعاية مصلحة الدولة القومية قبل مصالح الافراد.

3. انها مدرسة تدخلية، لانها ترى وجوب تدخل الدولة في النشاط الاقتصادي طالما ان الهدف هو تحقيق المصلحة الجماعية، وبذلك يصبح التدخل مبرراً لتنسيق الجهـود لجميع الافراد وتوجيهها لتحقيق اهداف السياسة الاقتصادية.

4.4 السياسات الاقتصادية التي طبقت في البلدان المختلفة في عصر التجاريين

من اجل زيادة حجم الثروة في كل بلد نادى التجاريون بأن تأخذ الدولة العمـل على تحقيق فائض تجاري وتحصل على قيمة هذا الفائض بالذهب والفضة من البلدان المدينة في الخارج. غير انه اذا كان ذلك هو المبدأ العام الذي وجه سياسـات البلـدان في تلك الفترة فان كل بلد طبق سياسة مختلفة عما طبقته البلدان الاخرى في سبيل تحقيق هذا المبدأ العام. ويمكن تمييز ثلاث اتجاهـات في تطبيـق السياسات التجارية ارتبطت بكل من اسبانيا وفرنسا وانجلترا. وفي ادناه نستعرض هذه السياسات تباعاً[8].

1. السياسة التجارية الاسبانية (السياسة المعدنية)

كان البرتغاليون والاسبان من أوائل البلدان الاوربية التي استطاعت الحصول على الذهب الوارد من القارة الجديدة (امريكا) نظراً لاتساع تجارتها ووجود المستعمرات لها في امريكا الجنوبية والتي يسرت لها زيادة معدلات التبادل وتسويق منتجاتها في الاسوق الجديدة. وقد عرفت هذه السياسة بالسياسة المعدنية لانها تقوم على مبدأ الحصول على الذهب والفضة بطريق مباشر (من خلال استغلال مناجم الذهب والفضة الموجودة في مستعمراتها في العالم الجديد)، وبطريق

غير مباشر (من خلال التجارة الخارجية) بطريقة تكفل منع خروج الذهب والفضة.

وتحقيقاً للهدف المذكور فقد طبقت اسبانيا الاجراءات الاتية:

أ- إلزام السفن التي تنقل البضائع الاسبانية باعادة قيمة تلك البضائع بالذهب والفضة الى داخل اسبانيا.

ب- حرمان الاجانب الذين يبيعون سلعاً داخل اسبانيا من اخراج ثمنها نقداً خارج اسبانيا.

ج. السماح، وعلى سبيل الاستثناء، بخروج الذهب والفضة في بعض الحالات لتسديد ديون الملك.

وكان الاسبان من اوائل التجاريين في العالم الذين طالبوا بمنع تصدير السبائك الذهبية للخارج لغرض عدم المساس برصيد البلد من ثروته الذهبية. غير ان هذا الرأي كان غاية في السذاجة لان الحفاظ على القوة الاقتصادية لأي بلد يتطلب العمل على زيادة الثروة وليس فقط تثبيتها عند مستوى معين.

وقد ترتب على زيادة كمية المعادن الثمينة في اسبانيا ان ازدادت كمية النقود وارتفعت الاسعار بشكل كبير. وقد قدم المفكر الاقتصادي جون بودان تفسيراً لاسباب ارتفاع الاسعار من خلال نظرية كمية النقود، كما أسلفنا[9].

2. السياسة التجارية الفرنسية (السياسة الصناعية)

عرفت هذه السياسة بالسياسة الصناعية، وتُنسب هذه السياسة الى الوزير الفرنسي كولبير (Colbert) الذي قام بتطبيقها بهدف الحصول على الذهب والفضة من الخارج، حيث اتجهت لزيادة الصادرات على الواردات، على ان تكون الصادرات من المنتجات الصناعية وليس من الحاصلات الزراعية وذلك لان قيمة

المنتجات الصناعية تكون عادة اكبر، وانها لا تخضع لتقلبات العوامل الطبيعية كما هـو الحال مع المنتجات الزراعية.

ولذلك قامت الدولة بتشجيع الصناعة من خلال الوسائل الاتية:

أ- قيام الدولة نفسها بتأسيس صناعات حكومية.

ب- قيام الدولة بتشجيع الصناعة الوطنية مـن خـلال فـرض الرسـوم الجمركيـة المرتفعة على السلع المستوردة المنافسة للانتاج الوطني (أي حماية الصناعة الوطنية).

ج- قيام الدولة بإنشاء شركات مهمتها الرئيسية تسويق منتجات الصناعة الفرنسية الى الخارج، وكذلك تشجيع الافراد والشركات على الاكتتاب في رؤوس اموال تلك الشركات.

د- ولكي تستطيع الصناعة الوطنية الفرنسية مـن زيادة صادراتها الى الخارج فقد عملت الحكومة على تخفيض تكاليف الانتاج مـن خـلال تخفيض ثمـن المـواد الخام واجور العمال.

3. السياسة التجارية الانجليزية (السياسة التجارية)

اعتمدت هذه السياسة على تطوير وتشجيع التجارة الخارجية للحصول على المعادن الثمينة عن طريق تصدير السلع المحلية الى الخارج وتقديم الخدمات التجارية لباقي بلدان العالم، مقابل الحصول على اثمانها من الذهب والفضة. وقد ساعد انجلترا في تنفيذ هذه السياسة اسطولها التجاري التقليدي والمتميز فقد انشأت انجلترا لهذه الغاية شركات خاصة، لم تتدخل الحكومة في تكوينها وذلك بهدف تشجيع النشاط التجاري الذي يقدم لحساب جميع بلدان العالم مقابل اجـور تتقاضاها بالـذهب والفضة ممـا يحقق لها فائضاً في الميزان التجاري.

ويجب ان لا يفهم من ذلك بان انجلترا قد اهملت الصناعة الوطنية، بـل عـلى العكس، لكن اهتمام انجلترا الرئيسي كان منصباً على النشاط التجاري بالدرجة الأولى.

5.4 تقييم افكار المدرسة التجارية [10]

توضح دراسة الفكر الاقتصادي ان كـل مدرسـة جـاءت بافكـار جديـدة مغـايرة أحياناً للافكـار الاقتصادية التـي سـادت فـي العصر ـ السـابق، ووضـعت حلـولاً لمشـكلات وظواهر اقتصادية للعصر الجديد. وقد تكون قد اصابت في طرح أفكارهـا وسياسـاتها أو أخطأت في ضوء التقييم اللاحق لاحكامها. ومن المفيد هنا استعراض ايجابيات وسلبيات هذه المدرسة الفكرية.

أولاً: الجوانب الايجابية:

لقد عمل التجاريون على تخليص الابحاث الاقتصادية نهائياً من الطابع الـديني او الاخلاقي الذي كان يميزها في العصور الوسطى. ولكنهم لم يصلوا حد ارساء اسس علم الاقتصاد بوصفه علماً مستقلاً، بسبب ربطهم إياه بخدمة اغراض السياسة، حيث قالوا ان الاقتصاد يدعم قوة الدولة.

الا انهم قد مهدوا الطريق للباحثين اللاحقين ليقوموا بهـذه المهمـة. ومـن اهـم الجوانب الايجابية لهذه المدرسة ما يأتي:

1. أدت المدرسة التجارية الـدور التاريخي لهـا بتقويـة الدولة القوميـة الناشـئة لكـي تتمكن من القضاء على سـلطات أمـراء الاقطـاع وهيمنـة الكنيسـة، الامـر الـذي ساعد على تحقيق الامـان مـن الصراعـات والحـروب الداخليـة، واتـاح الفرصـة لقيام اسواق داخلية واسعة وقادرة على استيعاب الانتاج المحلي. ولهذا فقد

كانت المعادن الثمينة من اهم الوسائل لتقوية الدولة باعتبارها الثروة الحقيقية على وفق افكارهم الاقتصادية آنذاك.

2. ساعدت افكار هذه المدرسة على توفير راس المال النقدي، وساعدت على خلق البنوك الاوربية وتوسيع نشاطها المالي مما عزز نشوء النظام الراسمالي.

3. يعتبر البعض ان تدخل الدولة في الحياة الاقتصادية، الذي كان من جوهر الفلسفة التجارية، قد ساعد على نشأة المشروعات الخاصة الحديثة.

4. ساعدت آراء التجاريين على تنمية الصناعة والتجارة لكنها اضرت بالزراعة.

5. يعتقد البعض بان التركيز على التصدير قد ساعد على تخفيض تكاليف الانتاج من خلال ارتفاع مستوى الانتاجية .

6. ومن بين ايجابيات هذه المدرسة أيضاً انها عملت على تطوير مفاهيم ميزان المدفوعات بين الدولة والعالم الخارجي وكذلك عملت على التأكيد على التجارة الدولية.

ثانياً: الجوانب السلبية

يشار في هذا المجال الى ان التجاريين قد اخطأوا في التحليل الاقتصادي وفي السياسات التي طبقوها، وكما يأتي:

1. اخطأ التجاريون في تحديد معنى الثروة. فالثروة الحقيقية ليست هي الذهب والفضة وانما هي مقدرة البلد الانتاجية للسلع والخدمات، وما تحققه فعلاً من انتاج.

2. اخطأ التجاريون في اعتقادهم بامكانية استمرار الفائض الايجابي في الميزان التجاري، ذلك لان وجود فائض ايجابي في الميزان التجاري يؤدي الى ورود النقود الذهبية فيزيد من التداول النقدي ويترتب على ذلك ارتفاع الاسعار في

الداخل مما يجعل السلع المحلية مرتفعة الثمن فيقل تصديرها وتزداد بالمقابل الاستيرادات، مما يترتب عليه عجز في الميزان التجاري. وهكذا يكون من غير الممكن الاستمرار في الحصول على الذهب والفضة من الخارج.

3. اخطأ التجاريون في سياساتهم الاقتصادية التي طبقوها من حيث:

أ. ان الحكومة الاسبانية اهتمت بجلب المعادن الثمينة، بينما لم تهيىء الجو المناسب لزيادة القوى الانتاجية، فارتفع مستوى الاسعار واضر ذلك بالطبقات الفقيرة.

ب. ترتب على سياسة الحكومة الفرنسية الاقتصادية انخفاض دخول المزارعين لاجبارهم على بيع سلعهم باسعار منخفضة خدمة للصناعيين، وبذلك أضرت هذه السياسة بالمزارعين.

4. يؤاخذ البعض دعاة هذه المدرسة وروادها بانهم فشلوا في فهم ان البلد يثري ليس من خلال افقار البلدان المجاورة بل ايضاً من خلال اكتشاف كميات اكبر من الموارد الطبيعية وانتاج كميات اكبر من السلع الراسمالية واستخدام العمل بشكل اكثر كفاءة[11].

5. وكما يذكر الدكتور راشد البراوي، لعل من اسوأ عناصر السياسة التجارية استغلال المستعمرات لصالح البلد الأم[12].

6.4 العلاقة بين بعض أفكار التجاريين والبلدان النامية[13]

رغم ان آراء التجاريين تنطوي على كثير من السلبيات من الناحية النظرية والنتائج السلبية التي أدى إليها تطبيق تلك السياسات، الا انه يجب ان لا يستنتج منه بان آراء وسياسات التجاريين قد قضي- عليها الى غير رجعة في العصور الحديثة، اذ لا زالت بعض السياسات مطبقة في حدود معينة واهمها:

1. ان رأيهم بخصوص فكرة زيادة كمية النقود، التي تؤدي الى انخفاض سعر الفائدة، وبالتالي زيادة الاستثمار والانتاج، قد وجد تأييداً كبيراً لدى (Keynes) عندما أكد بان انخفاض سعر الفائدة يؤدي الى تشجيع الاستثمارات ومن ثم زيادة مستوى التشغيل والتقليل من البطالة.

2. كما ان رأيهم في ضروة تحقيق الفائض في موازين المدفوعات عن طريق الرقابة على الصرف لم يندثر تماماً، حيث تسعى معظم بلدان العالم على تحقيق هذا الهدف من خلال تشجيع الصادرات وتقييد الواردات. كما ان طرق الرقابة على الصرف التي طبقتها معظم البلدان، ولا زالت تطبقها اليوم بعض البلدان وخاصة النامية منها.

3. كما ان سياسة الوزير الفرنسي كولبير في إقامة وتطوير الصناعة الفرنسية من أجل اللحاق بالصناعة البريطانية تصلح ان تكون اساساً لاقامة وتنمية الصناعات في البلدان النامية، عن طريق تدخل الدولة، سواء المباشر، أو غير المباشر من خلال تشجيع القطاع الخاص على اقامة الصناعات وحمايتها من المنافسة الاجنبية ولو لفترة مناسبة من الزمن.

7.4 ابرز رواد المدرسة التجارية [14]:

1. توماس مان (Thomas Mun)

وهو من الرواد الانجليز، ويؤكد (Mun) بان الوسيلة المعتادة لزيادة ثروة البلد هي التجارة الخارجية، حيث يتعين ان يبيع البلد الى الاجانب اكثر مما يشتري منهم، مما ينتج عنه فائض في الصادرات واجتذاب راس المال الى البلد. كما يذكر بان ابقاء المعادن النفيسة داخل البلد بدلاً من استغلالها في التجارة الخارجية يؤدي الى ارتفاع الاسعار والاضرار بالاقتصاد الوطني. ويؤكد (Mun) أيضاً على فائدة

التجارة الخارجية وتحقيق الربح منها وليس على استيراد المواد الخام لاستخدامها في الانتاج الصناعي. ويقول بان انجلترا سوف تكون أغنى اذا استطاعت ان تزرع الارض العاطلة بدلاً من استيراد المحاصيل من الخارج، وان يتم نقل الصادرات على السفن الانجليزية.

ومن إسهامات (Mun) الكبيرة انه قدم صورة اولية لما يعرف الآن باسم ميزان المدفوعات والذي اشتمل على الصادرات المنظورة وغير المنظورة، وكذلك الواردات المنظورة وغير المنظورة. ولاحظ قيام التجار بتسوية المبادلات عن طريق الكمبيالات من شأنه ان ييسر اعمال الاقراض والاقتراض. ويعتقد (Mun) بان هدف السياسة القومية هو توفير الفائض من الانتاج المحلي للتصدير وعلى الدولة ان تلعب دوراً رئيسياً في تحقيق هذا الهدف، ومن جملة الوسائل التي تتبعها الدولة لتحقيق هذا الهدف هي:

أ- استغلال ما يملك البلد من امكانيات انتاج كالمحاصيل الزارعية.

ب- الاهتمام بالسلع النادرة التي يشتد عليها الطلب في الخارج.

ج- الحد من استيراد السلع الكمالية.

د- استيراد السلع والمنتجات بهدف اعادة تصديرها، والغاء الرسوم المفروضة على استيراد مثل هذه السلع.

هـ- تخفيض الرسوم المفروضة على الصادرات أو الغاؤها.

و- التركيز على تشجيع الصناعة.

ز- العمل على نقل السلع على السفن الوطنية.

2. جان كولبير (Jean B. Colbert)

يمثل كولبير قلب وروح المدرسة التجارية في فرنسا، ويعتقد بان قوة الدولة تعتمد على التمويل، وهذا يعتمد على الضرائب، وهذه الاخيرة تعتمد على كمية النقود. ويفضل كولبير توسيع الصادرات وتقليص الاستيرادات لتحقيق الفائض التجاري، وضرورة وجود قوانين تمنع تدفق السبائك الذهبية والفضية الى الخارج. ويؤكد كولبير ضرورة وجود المستعمرات لتأمين الاسواق للسلع الفرنسية وكمصدر لتأمين المواد الخام. وقد دعا الى قيام الحكومة بنفسها بتنظيم التجارة، وعارض فرض الأتاوات على انتقال السلع داخل البلد، كما عارض فرض الضرائب المرتفعة.

3. وليم بيتي (William Petty)

وهو من الرواد الانجليز، وقد عرض بعض الافكار الجديدة التي مهدت للاقتصاد الكلاسيكي فيما بعد، ومن هذه الافكار سرعة تداول النقود وفكرة تقسيم العمل والريع وأهمية السلع الراسمالية ونظرية القيمة المستندة الى العمل. وكان (Petty) يفضل حرية التجارة اكثر من غيره من التجاريين، وايد فرض الرسوم على المستوردات لجعلها أغلى من المنتج المحلي وذلك لتشجيع الانتاج المحلي، وتخفيض الرسوم على المواد الخام المستوردة بهدف تخفيض تكاليف الانتاج المحلي وزيادة فرص الصادرات والارباح.

هوامش الفصل الرابع

(1) قارن: د. احمد فريد مصطفى و د. سهير محمد السيد حسن، مرجع سابق، ص 49.

(2) قارن في ذلك :

Stanley L. Brue, The Evolution of Economic Thought, Sixth Edition, The Dryden Press, 2000, P. 17.

وكذلك د. راشد البراوي، نفس المرجع، ص 41.

(3) د. راشد البراوي، نفس المرجع ، ص 42.

(4) قارن في ذلك:

- د. عبد الحسين وداي العطية، مرجع سابق، ص 45 – 46.

- د. عبد الرحمن يسري احمد، مرجع سابق، ص 142.

- د. راشد البراوي، نفس المرجع، ص 41 – 43.

(5) د. عبد الحسين وداي العطية، نفس المرجع، ص 47 – 48.

(6) نفس المرجع، ص 50 – 51، وكذلك د. عبد الرحمن يسري احمد، نفس المرجع، ص 144.

(7) د. عبد الحسين وداي العطية، نفس المرجع، ص 51.

(8) نفس المرجع، ص 52 -55. وكذلك د. عبد الرحمن يسري احمد، نفس المرجع، ص 153، وما بعدها.

(9) قارن: د. عبد الحسين وداي العطية، نفس المرجع، ص 51.

وكذلك د. راشد البراوي، مرجع سابق ص 52 – 53.

(10) د. عبد الحسين وداي العطية، نفس المرجع، ص 56 – 57.

(11) قارن: Stanley L. Brue, op.cit., P. 23 .

(12) د. راشد البراوي، مرجع سابق، ص 53.

(13) قارن: د. عبد الحسين وداي العطية، مرجع سابق، ص 58 – 59.

(14) للمزيد من التفاصيل راجع :-

Stanley L. Brue, op. cit., P (26 – 29).

وكذلك د. راشد البراوي، مرجع سابق، ص 47.

الفصل الخامس

الفكر الاقتصادي لمدرسة الطبيعيين

(*Economic Thought of the Physiocrats*)

الفصل الخامس

الفكر الاقتصادي لمدرسة الطبيعيين [1]

1.5 مقدمة :

شهد النصف الثاني من القرن الثامن عشر مجموعة من الاحداث الضخمة التي قدر لها ان تُحدث تغيرات اساسية في حياة الناس وتبشر بقيام عصر جديد في المجتمع أو النظام الاقتصادي والاجتماعي الاوربي. ففي هذه الفترة بدأت الثورة الصناعية، والتي أتاحت امكانيات بالغة من الثراء والقوه امام الراسمالية الصناعية. وفي عام 1776 صدر اعلان استقلال الولايات المتحدة وبذلك أزال دعامة من دعامات النظام الاستعماري القديم. وفي العام نفسه صدر كتاب ثروة الأمم لآدم سميث الذي قدر له ان يصبح مصدراً وبداية الاقتصاد للاجيال القادمة. وقبل انتهاء القرن حدثت الثروة الفرنسية والتي ارسلت اشعاعاتها التحررية الى العالم.

وكان الناس من قبل يرجعون الى القدماء من فلاسفة اليونان ثم الى آباء الكنيسة من بعدهم يلتمسون عندهم المعرفة والتفسيرات للظواهر. لكنه ما لبث ان ظهر افراد راحو يكتسبون المعرفة عن طريق دراسة الطبيعة ذاتها. فالنظريات التي طلعوا بها على دوران الارض حول الشمس، وليس العكس كما خيّل للاقدمين، وعن الدورة الدموية وعن الجاذبية والحركة كل هذه كانت مبشراً وحافزاً على نشوء افكار لها أهميتها. وكل هذا دفع الكتّاب الجدد الى محاولة تفسير سلوك الانسان على اساس قوانين الطبيعة، وبدأ الفلاسفة يفسرون آلام البشر بانها وليدة الخروج عن القوانين الطبيعية.

وتعتبر افكار مدرسة الطبيعيين ردة فعل لأفكار مدرسة التجاريين، حيث رفض الاقتصاديون الطبيعيون (الفيزيوقراط) الفلسفة التجارية (الميركنتالية).فقد كانت الرقابة والتوجيه الحكومي شديدة وتفصيلية. ومع زيادة عدد المشروعات الصناعية واشتداد حدة المنافسة أصبح من الصعوبة بمكان فرض الوصاية الحكومية، والتي تؤثر سلباً على النشاط الصناعي، وخاصة تأثير الضرائب والرسوم. كما ان النقابات الخاصة بالحرف فرضت القيود والشروط على ممارسة المهن وعلى الدخول في التنظيمات النقابية المهنية ومنعت كل منافسة لها. والزراعة هي الاخرى عانت من الشروط التي فرضتها طبقة ملاك الاراضي، كما ان تصدير الحبوب كان ممنوعاً، وحتى ان حركة الحبوب من اقليم الى آخر كانت تخضع الى الشروط والقيود. كل هذه الظروف اعاقت تطور الاستثمار وتراكم راس المال. ومن خضم هذه الأوضاع المتخلفة ظهرت الافكار الطبيعية [2].

ومن العوامل الرئيسية التي تكمن وراء التحول الذي طرأ على الفكر الاقتصادي هو نمو الراسمالية الصناعية فتحول الاهتمام من التجارة الى الانتاج. كما ظهرت افكار دينية في هذا العصر تؤمن بان الخالق قد أعطى لكل شيء خلقه قانونه الخاص الذي يسير به، وانه لذلك يتركه يتحرك حركة ذاتية [3].

2.5 مدرسة الطبيعيين:

ظهرت مدرسة الطبيعيين (الفيزيوقراط) في فرنسا، في القرن الثامن عشر وهي اول مدرسة حديثة من المفكرين الذين اعتبروا انفسهم اقتصاديين أو أول مدرسة حديثة في الفكر الاقتصادي. وقد عرفوا باسم انصار المذهب الطبيعي، وعلى رأسهم الدكتور فرانسوا كيناي (Francois Quensay). وقد مثلت آراء وكتابات هذه المجموعة بداية ظهور علم الاقتصاد السياسي. وجوهر فلسفتهم هو

النظام الطبيعي (Natural Order)، بمعنى ان المجتمع البشري تحكمه قوانين طبيعية لا يمكن ان تغيرها القوانين الوضعية. ويعتقدون ان هذه القوانين قدّرها الله من أجل سعادة البشر- وان اي انحراف عنها يسبب الاضطراب والمشكلات، وان مثل هذه القوانين، في نظر الطبيعيين، تحكم جميع مناحي الحياة، بما فيها الحياة الاقتصادية وتسيرها بانتظام بالغ بالضبط كما ان هناك قوانين طبيعية تحكم المجموعة الشمسية أو الدورة الدموية.

ويعتبر الطبيعيون ان الطبيعة هي المصدر الوحيد للثروة الاقتصادية وقد ترتب على ذلك ان النشاط الاقتصادي المنتج هو استغلال الموارد الطبيعية فقط. في حين ان نواحي النشاط الاقتصادي الاخرى (مثل الصناعة والتجارة والخدمات) تعتبر نشاطات غير منتجة. وهذا يعتبر تحولاً مهماً عن الفكر التجاري (المركنتالي)[4]. كما ان احوال المزارعين كانت سيئة وذلك بسبب انخفاض دخولهم من جراء تطبيق سياسات التجاريين والتي كان من مقتضاها جعل اثمان المنتجات الزراعية منخفضة من أجل دعم الصناعة. لهذا ساد شعور بضرورة إصلاح تلك الاوضاع، لان القيود التي فرضت على النشاط الاقتصادي كانت كثيرة واصبحت عائقاً امام نمو الانتاج الزراعي وتصديره، فتضرر المزارعون الى حد كبير. لهذا فقد جاءت آراء الطبيعيين كرد فعل لهذا الوضع ومحاولة للتخلص من العيوب التي رافقت تطبيق افكار التجاريين. لهذا السبب فقد تم التركيز على اهمية الزراعة والمزارعين[5].

3.5   التحليل الاقتصادي لفكر مدرسة الطبيعيين:

نادت مدرسة الطبيعيين بالحرية الاقتصادية وعدم تدخل الدولة في الحياة الاقتصادية. واستند التحليل الاقتصادي للمدرسة على ثلاث اسس او اركان، والتي اعتبرت فيما بعد اركان النظام الراسمالي وهي:

الركن الاول: مبدأ المنفعة الشخصية، والتي تقوم على فكرة ان كـل شخص يهتدي في تصرفاته الاقتصادية الى ما يحقق منافعه الشخصية.

الركن الثاني: مبدأ المنافسة الحرة، وهو يقوم على ان كـل فـرد حينمـا يسعى لتحقيق منافعه الشخصية يدخل في تنافس مشروع مع بقية الافراد في المجتمع.

الركن الثالث: الايمان بوجود قوانين طبيعية، تتولى الحياة الاقتصادية عن طريـق مبـدأي المنفعة الشخصية والمنافسة الحرة.

وتتميز هذه القوانين الطبيعية بخصائص أربعة رئيسية:

1. القوانين الطبيعية هي مطلقة، لا استثناء لها.

2. القوانين الطبيعية عالمية تنطبق على جميع البلدان.

3. القوانين الطبيعية أزلية لا تتغير عبر الزمن.

4. القوانين الطبيعية قوانين إلهية اي بمعنى ان الله هو الذي فرضها ولذلك لا يجوز معارضتها⁽⁶⁾.

وتبين من ذلك ان الطبيعيين كانوا متفائلين في نظرتهم لسير الحياة الاقتصادية، ومن مظاهر هذا التفاؤل هو اعتقادهم بان كل فـرد عنـدما يسعى لتحقيق مصلحته الشخصية يسعى في نفس الوقت لتحقيق مصلحة الجماعة ايضاً. وقد قسم الطبيعيون النشاطات الاقتصادية الى مجمـوعتين: الاولى تخص النشاطات التحويليـة التـي تقوم بتحويل المواد الخام الى سلع تامة الصنع، وهذه النشاطات مفيـدة لكنهـا لا تساهم في زيادة الثروة. والثانية تخص النشاطات المنتجـة، التي تعتمـد علـى الارض مثل الزراعـة والصيد والتعدين. وبالنسـبة للافراد تـم تقسيمهم الى قسمين: الاول الطبقـة المنتجـة العاملة في الارض، والثانية بقية السكان وهم طبقة الملاك، وكذلك الطبقة الفقيرة وهـم الذين يمارسون أعمال خدمية⁽⁷⁾.

أهم الأفكار الاقتصادية لدى هذه المدرسة:

اهتمت المدرسة الطبيعية بتحديد مفهوم الثروة، وتوزيعها عن طريق الدورة الاقتصادية وحصرها في الانتاج الزارعي. ولذلك فقد أكدوا على:

1. الثروة لدى الطبيعيين هي الانتاج الزراعي وليس جمع المعادن الثمينة كما يقول التجاريون

وقد عرف الطبيعيون الانتاج بانه " كل عمل يخلق ناتجاً صافياً جديداً " ويضيف مقداراً من المواد اكثر من تلك التي بذلت في الانتاج. واستنتجوا من ذلك ان الزراعة هي وحدها النشاط الاقتصادي الذي يعتبر نشاطاً منتجاً. أما التجارة والصناعة فليستا من النشاطات المنتجة لانهما يقتصران على تحوير او تحويل أو نقل المواد التي كانت موجودة من قبل، رغم ان الطبيعيين يقرون بان التجارة والصناعة نافعتان.

2. اكتشاف الدورة الاقتصادية من الزراعة واليها

ويعتبر (فرانسوا كيناي) أول من تكلم عن دورة الناتج الصافي في الاقتصاد القومي. وقد شبه (كيناي) تداول المنتجات في الجسد الاقتصادي كتداول الدم في الجسد الانساني.

ويمكن تلخيص مفهوم الدورة الاقتصادية كما يراها (كيناي) كما يأتي:

أ. يتم تحقيق الناتج الصافي بواسطة المزارعين فيقدمون جزءاً من الناتج الى ملاك الاراضي الزراعية مقابل استخدامهم لأراضيهم ويحتفظون بالباقي.

ب. ينفق الملاك ما آل اليهم من أجل الحصول على ما يلزمهم من منتجات المزارعين فيعطون بعض نقودهم للمزارعين، ولشراء ما يلزمهم من التجار.

ج. يتلقى التجار والصناع من المزارعين جزءاً من دخولهم مقابل ما يشتريه المزارعون من هؤلاء التجار والصناع. وهكذا يؤول الى التجار والصناع دخل من مصدرين هما الملاك والمزارعون.

د. ينفق التجار والصناع هذا الدخل الذي اكتسبوه لدى المزارعين للحصول على ما يلزمهم من المنتجات الغذائية والمواد الاولية اللازمة لنشاطهم الاقتصادي.

وهكذا فأن كل الدخل يؤول في النهاية الى المزارعين، ولهذا فان المنتجات والدخول تمر بدوره تبدأ من الزراع وتنتهي بهم. وهكذا تتبين أهمية الزراعة في النشاط الاقتصادي.

3. توحيد الضريبة وفرضها على الناتج الزراعي فقط

لان مثل هذا النشاط في نظرهم هو النشاط الانتاجي الوحيد، وان الفائض الوحيد مصدره الارض، فيجب فرض الضريبة على الناتج الزراعي ويجب ان لا تكون الضرائب متعددة، لأننا لو فرضنا الضريبة ايضاً على الصناع والتجار فانهم يدفعونها، ولكنهم ينقلون بعد ذلك عبئها الى الزراع مما يرفع من ثمن المنتجات التي يبيعونها بمقدار الضريبة.

4.5 السياسات الاقتصادية والمالية لمدرسة الطبيعيين[8]

نادى الطبيعيون بسياسة الحرية الاقتصادية وعدم تدخل الدولة في الحياة الاقتصادية، أي ان يترك النشاط الاقتصادي حراً، مخالفين بذلك سياسة التجاريين، ونادوا أيضاً بتطبيق تلك الحرية الاقتصادية في الداخل، والتي انعكست بالشعار (دعه يعمل) Laisses - faire وفي مجال العلاقات الاقتصادية مع الخارج انعكست

بالشعار (دعه يمر) Laissez – Passer وهذا معناه اترك الناس يعملون بحرية واترك السلع وعناصر الانتاج تمر بحرية عبر الحدود. وحجتهم في ذلك هي ان هذه السياسة وحدها تمكن من انطباق القوانين الطبيعية وتؤدي بذلك الى تحقيق الخير الـذي تكفله هذه القوانين.

أما بخصوص عدم تدخل الدولة في الحياة الاقتصادية فانه لا يعني الغاء الدولة، بل يعني الحد الادنى من التشريعات الاقتصادية والتدخلات، وان يقتصر عمل الدولة على مهمة الكشف عن القوانين الطبيعية واصدار التشريعات الناجمة عنها، وكذلك تحقيق الامن الداخلي والخارجي وحماية الملكية الفردية من الاعتداء عليها وتنفيذ الاشغال العامة من طرق وترع وغيرها.

5.5   تقييم مذهب الطبيعيين

في معرض تقييم مذهب مدرسة الطبيعيين سوف تستعرض الجوانب الايجابية للمدرسة وكذلك الجوانب السلبية والمآخذ كما يأتي:

1. مزايا ومساهمات الفكر الاقتصادي للطبيعيين [9]

أ. قدم الطبيعيون مساهمات كثيرة تعتبر خطوات مهمة في تطور الفكر الاقتصادي، وفتح الباب لبلورة علم الاقتصاد المستقل والذي اعتبروه علماً اجتماعياً. كما أشاعوا فكرة الحرية الاقتصادية والمذهب الحر. وبذلك فان الطبيعيين يمثلون اول مدرسة للاقتصاديين.

ب. الطبيعيون جعلوا الاقتصاد السياسي علماً مستقلاً بين العلوم، وذلك على يد (فرانسوا كيناي) الذي يعتبر أبو الاقتصاد السياسي، وخلصوه من التبعية للفلسفة والدين والاخلاق.

ج. لم يعد ينظر الاقتصاديون الى النقود على انها هي الثروة الحقيقية، بل ان الانتاج في نظرهم يمثل الثروة الحقيقية.

د. الطبيعيون اول من اعطى صورة عن الدورة الاقتصادية، اي دورة الناتج داخل البلد وتوزيعه بين الطبقات الاجتماعية المختلفة.

هـ. عمل الطبيعيون على تشجيع الصناعة، وذلك من خلال تأييد حرية التجارة، رغم انها لم تكن من مقصدهم.

2. سلبيات ومآخذ الفكر الاقتصادي للطبيعيين[10]

أ. يؤكد البعض على ان معظم آراء الطبيعيين غير صحيحة، وخاصة افكارهم بخصوص عقم النشاط الصناعي والتجاري، وجعل النشاط الزراعي نشاطاً منتجاً، وهذا هو مجافاة للصواب. إذ ان الصناعة والتجارة هي اعمال منتجة أيضاً، كما ان الاعمال الاخرى (كالخدمات الصحية والتعليمية) هي الاخرى اعمال منتجة حسب المفهوم الحقيقي لمصطلح الانتاج، والذي يعني خلق منفعة جديدة أو زيادتها. ان هذه الفكرة، في نظر البعض، هي اهم ما يعاب على الطبيعيين.

ب. وقد ترتب على خطأهم في تحديد مفهوم الانتاج، وقصره على الانتاج الزراعي، انهم نادوا بان تكون الضريبة مقتصرة على الناتج الزارعي فقط لان الزراعة في نظرهم هي التي تنتج الفائض في حين ان الصناعة والتجارة يخلقان ناتجاً صافياً ايضاً. ويعتبر هذا الراي مجافياً للعدالة ويتعين فرض الضرائب على جميع النشاطات.

ج. لا يمكن القول ان للقوانين الاقتصادية ما للقوانين الطبيعية من دقة وشمول في التطبيق، كما يزعم الطبيعيون.

د. ان الاقتصـاد السـياسي لا يخضـع لقوانيـن طبيعيـة ثابتـة ومطلقـة، كـما تخيلهـا الطبيعيون. فالظواهر الاقتصادية تتغير وتتغير تبعاً لها القوانين التي تحكمها.

هـ. يرى البعض بان اهتمام الطبيعيين اهتماماً بالغـاً بالزراعـة ووضعهم الصناعة في مرتبة أدنى ساعد على خلق جو يساعد على اهمال الصناعة مـما يترتب عليه اثار سيئة تؤدي الى حرمان البلدان من التقدم الصناعي.

و. يؤخذ على الطبيعيين تفاؤلهم الكبير واعتقادهم بان القوانين الطبيعية ما دامت مـن خلق الله فلا يمكن ان يسـبب تطبيقهـا آلامـاً ومتاعب اقتصادية للنـاس او لـبعض الناس. وقد أثبتت الوقائع مدى سذاجة هذا التفاؤل الشـديد. فقد تـرك الاقتصاد حـراً دون رقابـة او توجيـه مـن الدولـة لفتـرات معينـة ومـع ذلك لم تسرـ الحيـاة الاقتصادية بما يحقق رفاهية الكثير من الافراد، وبما يحقق اكبر مصلحة للمجتمـع ولا سيما للطبقات الفقيرة من العمال وغيرهم.

وخلاصة الامر ان مدرسة الطبيعيين تعتبر بمثابة مدرسة الحريـة بـين المنتجـين لتحقيـق المصالـح الشخصية، وانها مدرسة تـدعو الى عـدم تـدخل الدولة في الحيـاة الاقتصادية، وبذلك فان هذه المدرسة تعتبر هي المؤسس للنظام الراسمالي الحر.

ويمكن القول بإن المستفيد الاكبر من افكـار هـذه المدرسـة هـو المـزارع، رغـم استفادة الصناعة بشكل عرضي من حرية التجارة.

6.5 رواد مدرسة الطبيعيين [11]

1. فرانسوا كيناي (Francois Quesnay) (1694 – 1774)

يعتبر كينـاي مؤسس مدرسة الطبيعيين وقائدها. ويعتقد كينـاي بـان القوانين التي يصنعها الناس يجب ان تكون منسجمة مع القوانين الطبيعية. وقد لاحظ كينـاي

بان المزارع الصغيرة ليست مؤهلة لاستخدام الطرق والاساليب الانتاجيـة الاكـثر كفـاءة، وعليه فقد فضل المزارع كبيرة الحجم.

ويعود الفضل الى (كيناي) في بناء ما يسمى بالجدول الاقتصادي Economic) (Tableau والذي يبين التدفق الدائري للسلع والنقود في الاقصاد الحر التنافسيـ والتـي استند عليه الاخرون فيما بعد لبناء الاقتصاد الكلي. وقـد فضل (كيناي) الزراعـة عـلى غيرهـا مـن النشاطات الاقتصادية، حيث يقـول بـان الارض يملكها المـالكون ويزرعهـا المزارعون، ولهذا فهم الطبقة المنتجة. وقد أيد كيناي فكرة الـثمن العـادل لكنـه يعتقـد بان السوق الحرة وليس التدخل الحكومي هو الذي يحقق ذلك بالشكل الافضل.

وقد قسم (كيناي) النشاطات الاقتصادية الى مجموعتين:

أ. النشاطات التحويليـة، والتـي تقـوم بتحويـل المـواد الخـام الى سـلع تامـة الصنع ومعدة للاستهلاك النهائي. ان مثل هذه النشاطات يعتبرهـا مفيـدة وضرورية الا انها لا تساهم في زيادة الثروة القومية لعدم تحقيقهـا نـاتج صـافي، ولـذلك اطلـق عليها الفيزيوقراط الفرنسيون النشاطات العقيمة.

ب. النشاطات المنتجـة والتـي تعتمـد عـلى الارض مثل الزراعـة والصيد والتعـدين. وبالنسبة للافراد فقد قسمهم (كيناي) الى:

(1) الطبقة المنتجـة، وتتكون مـن جميـع الافراد (والوحـدات الاقتصـادية) الـذين يعملون في الارض.

(2) أما بقية السكان فيقسمون الى : (1) طبقة الملاك (والتي تشمل الحكـام وملاك الارض ورجال الدين) وكذلك (2) الطبقة الفقيرة والتي تتكون من

جميع الذين يمارسون اعمال خدمية او حرف ومهن صناعية بعيدة عن الانتاج الزارعي.

وأخيراً قسم (كيناي) راس المال الى ثلاث أجزاء:

(1) رأس المال المادي (السلع الانتاجية).

(2) راس المـال المسـتخدم في الاعـمال الضـرورية السـابقة لعملـية الانتـاج مثل مشروعات الري واصلاح الاراضي أو ما يسـمى راس المـال الاجتماعـي (Social Overhead Capital) .

(3) راس المال المتداول، اي ما ينفـق مـن راس المـال للحصـول عـلى المـواد الاولية ومستلزمات الانتاج.

2. تورغوت (Anne Robert Jacques Turgot)

اصبح (تورغـوت) وزيراً للماليـة في فرنسا وقدم تشريعات مضادة للاقطاع وللأفكار التجارية (الميركنتالية)، وامر بضمان تجارة القمح الداخلية وألغى الشركات التي كانت تتمتع بالامتيازات. وقد ايد (تورغوت) فرض الضرائب على النبلاء، وضـمن حريـة الافراد في اختيار مهنهم وكذلك الحريات الدينية.

وقد اعتقد (تورغوت) بان المزارعين الراسماليين اكثر كفاءة في الانتاج لان لديهم راس المال الكافي للاستثمار في الارض. ويقول بان المنظمين الصناعيين يعيدون استثمار معظم أرباحهم ومدخراتهم بينما ان ملاك الاراضي لا يفعلون ذلك، ولهـذا فهو يفضل الضرائب على ملاك الاراضي بدلاً من الضرائب غير المباشرة، والتي يتم تحويلها من خلال رفع الاسعار.

وقد طور (تورغوت) نظرية الاجور التي تنص على ان المنافسة فيما بين العـمال تخفض الاجر الى الحد الادنى أو مستوى الكفاف، والتي تطورت فيما بعد الى مـا يسـمى بنظرية القانون الحديدي للاجور (Iron Law of Wages).

هوامش الفصل الخامس

(1) قارن في ذلك: Slanley L. Brue, op. cit. P 37-47 .

- د. راشد البراوي، مرجع سابق، ص 55 – 76.

- د. عبد الرحمن يسري احمد، مرجع سابق، ص 173 – 175.

- د. احمد فريد مصطفى، مرجع سابق، ص 100 – 108.

- د. عبد الحسين وداي العطية، مرجع سابق، ص 59 – 68.

(2) Stanley L. Brue, Ibid., P 37.

(3) د. عبد الرحمن يسري احمد، مرجع سابق، ص 174.

(4) نفس المرجع، ص 174 – 175.

(5) لمزيد من التفاصيل راجع:

د. عبد الحسين وداي العطية، مرجع سابق، ص 60.

(6) نفس المرجع، ص 60 – 61.

(7) د. احمد فريد مصطفى و د. سهير محمد السيد حسن، مرجع سابق، ص 103 – 107.

(8) د. عبد الحسين وداي العطية، مرجع سابق، ص 63.

(9) قارن في ذلك:

- Stanley L. Brue, op. cit., P 40 – 41.

- د. عبد الحسين وداي العطية، مرجع سابق، ص 65 – 66.

- د. راشد البراوي، مرجع سابق، ص 71.

- د. احمد فريد مصطفى و د. سهير محمد السيد حسن، مرجع سابق، ص 107.

(10) قارن:

- د. عبد الحسين وداي العطية، مرجع سابق، ص 67 – 68.

- د. راشد البراوي، مرجع سابق، ص 72 – 76.

-Stanly L. Brue, op. cit., P 41.

(11) للمزيد من التفاصيل انظر:

- Stanley L. Brue., op. cit., P 41 – 45.

وكذلك د. احمد فريد مصطفى و د. سهير محمد السيد حسن، مرجع سابق، ص 103 – 108.

الفصل السادس

الفكر الاقتصادي للمدرسة الكلاسيكية
(عصر الراسمالية الصناعية)

(*Economic Thought of the Classical School*)

الفصل السادس

الفكر الاقتصادي للمدرسة الكلاسيكية

(عصر الراسمالية الصناعية)

1.6 ظهور المدرسة الكلاسيكية والعوامل التي رافقتها

ظهرت المدرسة الكلاسيكية خلال الفترة (1776 – 1871) كنتيجة للتطورات التي حدثت في الحياة الاقتصادية والاجتماعية الاوربية: فقد رأينا كيف تطور الاقتصاد الاوربي من اقتصاد اقطاعي الى الراسمالية التجارية. لكن الراسمالية هذه لم تقف عند هذا الحد بل تطورت في القرن الثامن عشر الى الراسمالية الصناعية.

وقد رافق ظهور هذه المدرسة ثورتان اساسيتان هما الثورة العلمية والثورة الصناعية، واللتان كانتا عاملين في دعم الافكار الاقتصادية لهذه المدرسة[1]، الى جانب عوامل اخرى نتناولها تباعاً:

1. **الثورة العلمية**، والتي بدأت مع كتابات اسحق نيوتن وغاليلو بخصوص قوانين حركة الاجرام والجاذبية. وانعكست هذه الافكار في آراء المدرسة الكلاسيكية مما جعل المؤسسات الاقطاعية والقيود المركنتالية غير ضرورية. فاذا كانت الارادة الالهية قد خلقت آلية تعمل بتناغم وبشكل آلي دون الحاجة الى تدخل فان سياسة عدم التدخل في الحياة الاقتصادية هي أعلى شكل من أشكال الحكمة في القضايا الاجتماعية. حيث ان القوانين الطبيعية سوف تقود النظام

الاقتصادي وتصرفات الناس، وان خدمة المجتمع تتم من خلال حرية الافراد في اتباع القانون الطبيعي للمنفعة الشخصية.

2. **الثورة الصناعية،** والتي بدأت في عام 1776 وتصاعدت مع الزمن، وسارت مع افكار المدرسة الكلاسيكية في انجلترا، وان نمو الصناعة قاد الى زيادة التأكيد على الجانب الصناعي في الحياة الاقتصادية. واصبحت انجلترا اكثر الدول من حيث التقدم الصناعي واستفادت من التجارة الحرة واصبح المنظمون (Entrepreneurs) اقوياء وليسوا بحاجة الى الاعانات والامتيازات والحماية الجمركية، وسادت المنافسة والاسعار المعتدلة والنوعية والجودة المقبولتين. وهكذا أخذت الممارسات المركنتالية بالتلاشي. وظهرت القوة العاملة ذات الاجور المنخفضة وتلاشت السيطرة والرقابة على العمالة والاجور. وفقد الحرفيون مركزهم مع تطور نظام المصانع مما دفعهم الى العمل في المصانع. وأدت الاختراعات والاكتشافات الى تغيير الفن الأنتاجي باحلال الالات محل الادوات البسيطة والى استخدام قوة البخار(Steam) في ادارة الالات والمكائن.

3. **تركز عوامل الانتاج وتضخم الجهاز الانتاجي،** وترتب على انتشار واستعمال الالات والمكائن تركز عوامل الانتاج في الصناعة ولهذا سميت هذه المرحلة بمرحلة الراسمالية الصناعية. وقد جاءت رؤوس الاموال من جهات عديدة من التجار والبنوك ومن الفوائض المالية الناتجة عن الزراعة. أما الايدي العاملة فقد هجرت الريف الى مراكز المدن الصناعية وتحول عدد من سكان المدن الى العمل في الصناعات الناشئة. ونتيجة لزيادة حجم الاستثمارات في القطاع الصناعي فقد تضخم الجهاز الانتاجي في الصناعة وظهر الميل نحو اقامة المشروعات الانتاجية الكبيرة لتحل محل الصناعات الصغيرة.

4. تغير طبيعة النظام الاقتصادي، ونتيجة للتطورات المذكورة آنفاً فقد تغيرت طبيعة النظام الاقتصادي. فبعد ان كانت التجارة في ظل الراسمالية التجارية هي مركز النشاط الاقتصادي وكانت الصناعة قائمة لخدمة التجارة، أصبحت الآن الصناعة تحتل المركز الرئيسي واصبحت التجارة تعمل لخدمة الصناعة. ونظراً لتوسع حجم الانتاج الصناعي كان لابد من البحث عن اسواق لتصريفها في الداخل والخارج، وهذا ما كانت تقوم به التجارة.

5. الانفصال التام بين طبقة الراسماليين وطبقة العمال، ومن أهم نتائج ظهور الثورة الصناعية وظهور الراسمالية الصناعية هو الانفصال التام بين طبقة اصحاب رؤوس الاموال والمشروعات الانتاجية من جهة وبين طبقة العمال الذين يعيشون على بيع مجهودهم كسلعة من السلع من جهة اخرى.

ونظراً لقوة الراسمالية الصناعية في فترة نشأتها في القرنين الثامن عشر والتاسع عشر وما حققه الفن الانتاجي الجديد من انخفاض في تكاليف الانتاج فقد ساد شعور بان النظام الجديد فيه من القوة والحيوية ما يمكنه من ان يدوم ويعتمد على نفسه دون الحاجة لتدخل الدولة لحمايته، كما كان الامر في ظل الراسمالية التجارية. كما ان المنتجين قد بينوا بان تدخل الدولة ووضعها القيود والعوائق على النشاط الاقتصادي يعرقل من تصريفهم لمنتجاتهم في الداخل والخارج، ومن ثم يضعف من فرص الربح أمامهم. لهذا تمثلت مصلحة المنتجين الصناعيين في تحقيق أمرين هما:

الاول، الغاء كافة القيود التي تفرضها الدولة على النشاط الاقتصادي في المبادلات الداخلية والخارجية، وحصر مهمة الدولة في حفظ الامن الداخلي والدفاع عن الوطن وضمان العدالة.

الثاني، عدم ايجاد تكتلات اقتصادية لا بين المنتجين ولا بين العمال، وترك الانتاج والمبادلات جميعاً لنظام المنافسة الكاملة (Perfect Competition) .

2.6 الفلسفة العامة للمدرسة الكلاسيكية

يعتبر آدم سميث (Adam Smith) مؤسس المدرسة الكلاسيكية الحقيقي، والذي تأثر كثيراً بآراء الطبيعيين، وهدّم تعاليم التجاريين. ذلك الفيلسوف الاقتصادي الاسكتلندي، مؤلف الكتاب الشهير (ثروة الامم) والذي أعتبر بداية لمرحلة جديدة في التحليل الاقتصادي. وقد اكتسبت المدرسة الكلاسيكية قوة كبيرة على يد (David Ricordo) و (Robert Malthus) ثم روج هذه التعاليم في انجلترا (John Stewart Mill). أما في فرنسا فقد عرض ووضح الافكار الكلاسيكية (Jean B. Say). وقد سيطرت هذه المدرسة على تدريس الاقتصاد في الجامعات ولا سيما في انجلترا، وخاصة على يد الاقتصادي (Alfred Marshall). ونستعرض في ادناه أبرز الافكار العامة لآدم سميث.

آدم سميث (Adam Smith) 1723 - 1790

ورغم الاختلاف في آراء الكتاب في هذه المدرسة الا انه يمكن وضع المبادىء العامة لهذه الافكار بالاستناد الى مؤسس المدرسة الكلاسيكية من خلال كتابه الشهير (ثروة الامم). كان سميث معنياً بتنمية ثروة الشعوب والتي تتكون عنده من السلع التي يستهلكها جميع افراد المجتمع، حيث انتهت فكرة الذهب.

وهناك مشكلتان استأثرتا باهتمام سميث هما[2]:

الاولى، هي الكشف عن الجهاز الذي يحفظ تماسك المجتمع، وكيف يمكن لكل فرد في الجماعة ان يسعى لتحقيق مصلحته الذاتية دون التسبب في تفكك المجتمع.

الثانية، ما هو الشيء الذي يسترشد به كل فرد في العمل الخاص الذي يزاوله بحيث يكون متفقاً مع حاجات المجموعة؟

وللاجابة على هذه الاسئلة صاغ سميث قوانين السوق التي بمقتضاها تسير مصالح الناس الخاصة، والتي سماها باليد الخفية (Hidden Hand) وأكد ان دافع المصلحة الذاتية الفردية في بيئة من أفراد يحركهم هذا الدافع يؤدي الى المنافسة، وتؤدي المنافسة الى توفير السلع التي يحتاج اليها المجتمع بالكميات المرغوبة وبالاثمان المناسبة. ويفسر سميث ذلك بالقول بان المصلحة الذاتية تقوم بدور القوة المحركة التي توجه الناس الى أي عمل يريد المجتمع ان يدفع ثمنه.

لكن المصلحة الذاتية لا تمثل سوى نصف الصورة، انها تدفع الناس الى العمل، والنصف الآخر من الصورة يتمثل في العامل المنظم للمصالح الذاتية وهو المنافسة.

وهنا يتدخل نظام السوق للقيام بالموازنة بين هذه المصالح المتضاربة. وتحرص قوانين السوق أيضاً ان يراعي المنتجون مطالب المجتمع بشأن مقادير السلع التي يريدها، كما ينظم السوق الاثمان ومقادير السلع، وكذلك ينظم دخول الذين يتعاونون في انتاج تلك السلع. فاذا كانت الارباح في قطاع الاعمال كبيرة فسوف يهجم رجال الاعمال الاخرون على هذا الميدان الى ان تخفض المنافسة من هذا الفائض. ويرى سميث بان تراكم راس المال يمثل منفعة كبيرة للمجتمع بأكمله، لان راس المال اذا استخدم في الالات فانه يهيء ذلك التقسيم المدهش للعمل والذي يضاعف أيضاً من طاقة الانسان الانتاجية.

والعمال عند سميث، شأنهم شأن اي سلعة اخرى، يمكن انتاجهم حسب الطلب. فاذا كانت الاجور مرتفعة يتضاعف عدد العمال. ويعترض سميث على تدخل الدولة في جهاز السوق، فهو ضد القيود على الايرادات ومنح الاعانات

على الصادرات وسن القوانين لحماية الصناعة من المنافسة وضد الانفاق الحكومي على غايات ليست ذات طبيعة انتاجية.

والفلسفة العامة للمدرسة الكلاسيكية تعتمد على ثلاثة اركان هي⁽³⁾:

الركن الاول: هو ان الفرد هو الوحدة الرئيسية للنشاط الاقتصادي، ويخضع في ذلك لدافع المصلحة الخاصة التي تمثل المحرك الاساسي لهذا النشاط.

الركن الثاني: هو ان كل فرد يسعى لتحقيق مصالحه الخاصة في الحصول على اكبر نفع شخصي، وفي هذا تطبيق لمبدأ المنفعية (Utilitarianism) في نطاق النشاط الاقتصادي الذي نادي به الفيلسوف البريطاني (Jeremy Bentham) والذي يؤكد بان الفرد هو أحسن من يقدر مصالح نفسه. ويقوم التنافس بين الافراد الا انه لا يوجد أي تعارض بين المصالح الخاصة والمصلحة العامة لسببين:

الاول، ان المصلحة العامة ليست سواء مجموع المصالح الخاصة.

والثاني، ان المبادلات تحصل في النظام الاقتصادي مقابل أثمان، وهذه الاثمان تتغير طبقاً للطلب والعرض.

وهكذا تؤدي تغيرات الثمن الى ان تجعل كل فرد لا ينتج الا اذا كان ذلك موافقاً لرغبات الجمهور. فجهاز الثمن (Price System) يلعب دوراً مهماً في النظام الاقتصادي الراسمالي، وهناك يد خفية توجه المصالح الخاصة الوجهة التي تحقق المصلحة العامة.

الركن الثالث: هو ان الكلاسيك اعتقدوا بوجود قوانين طبيعية تحكم النشاط الاقتصادي وهذا ناتج عن تأثير افكار المدرسة الطبيعية. ويرى الكلاسيك بان مهمة الاقتصاديين انما تنحصر في البحث عن هذه القوانين.

3.6 التحليل الاقتصادي في الفكر الكلاسيكي[4]

اشتمل التحليل الاقتصادي للمدرسة الكلاسيكية على عدد من النظريات الاقتصادية المختلفة وهي كما يأتي :

(1) نظرية الكلاسيك في الانتاج (2) نظرية الكلاسيك في السكان (3) نظرية الكلاسيك في القيمة (4) نظرية الكلاسيك في التشغيل (5) نظرية الكلاسيك في التوزيع (6) نظرية الكلاسيك في النقود (7) نظرية الكلاسيك في التجارة الخارجية.

وفيما يأتي شرح موجز لكل من النظريات المذكورة:

1. نظرية الكلاسيك في الانتاج: (The Classical Theory of Production)

عرف الكلاسيك الانتاج بانه خلق المنافع أو زيادتها، وبذلك خرجوا عن آراء التجاريين وعن آراء الطبيعيين معاً في تحديد مفهوم الثروة والانتاج.

فالثروة لدى الكلاسيك هي انتاج السلع والخدمات. اما عناصر الانتاج لدى الكلاسيك فهي الطبيعة والعمل. وراس المال. والتنظيم. لكن العمل، في رأيهم هو العنصر الرئيسي. (وهنا يلتقي الكلاسيك مع مفكري الاشتراكية الماركسية).

وقد اهتمت المدرسة الكلاسيكية في نظرية الانتاج بناحيتين:

الاولى، ظاهرة تقسيم العمل واثرها في زيادة حجم الانتاج وتحسين نوعيته وكذلك زيادة انتاجية العمل. أن فكرة تقسيم العمل تكاد تحمل اسم آدم سميث، رغم وجود اصول عند بعض المفكرين الذين سبقوه مثل آراء ابن خلدون، وذلك بسبب اهتمامه الكبير بشرحها وابداء أهميتها. وقد أرجع سميث سبب زيادة الانتاج والانتاجية، الى ما يترتب على تقسيم العمل من زيادة إتقان العامل للعمل، وتعزيز قدرته على الابتكار وعلى استخدام الالات والمكائن. كما بين سميث بان مدى تقسيم العمل يتوقف على حجم السوق.

الثانيـة، قانون تناقص الغلة: ويعـود الفضـل في اكتشـاف هـذا القانون الى ريكاردو. ويوضح هذا القانون العلاقة الفنية الاقتصادية بين عناصر الانتاج المشاركة في انتاج السلعة وبين الناتج من تلك السلعة. وكان الكلاسيك يظنـون بـان هـذا القانون يقتصرـ على الزراعة وحدها، لكن البحث الحديث أكد بانه قانون عـام ينطبـق علـى الزراعـة والصناعة والتجارة.

2. نظرية الكلاسيك في السكان [5] (The Classical Theory of Population)

كان آدم سميث قد رسـم صـورة جميلـة لمجتمـع يسـوده التجانس ونـزوع الى التقدم لتحقيق رفاهية البشر وذلك بفعل يد خفية تحركهم وتحفظ تماسك المجتمع. ولكن راح بعض الاقتصاديين يعلنون ان المجتمع المثالي لا يعدو ان يكون سراباً، وهـؤلاء هم روبرت مالثوس وديفيد ريكاردو. فقد ظهر في انجلترا ان الفقر والبؤس الناشئان عن الزيادة السريعة في السكان كانا واضحين للعيان وكان الـرأي هـو وجوب خفض حجم السكان حتى يتناسب مع مستوى المعيشة. وقد تاثر مـالثوس بالمذاهب التي دمغـت الثورة الصناعية بانها لم تحقق للطبقة العاملة خيراً كما تصور سميث. كما تأثر مـالثوس بفكرة تناقص الغلة التي تطورت من قبل على يد سميث وريكاردو.

وقـد أخـذ الكلاسـيك بنظريـة مـالثوس في السكان والتـي تعتمـد علـى ثلاثـة اسس:

1. ان حجم السكان محكوم بكمية المواد الغذائية الموجودة.

2. ان تزايد السكان يحصل بدرجة تفوق درجة الزيادة في المـواد الغذائية، فزيادة السكان تتم على وفق متوالية هندسية (2، 4، 8، 16) بينما تـتم زيادة المـواد الغذائية عـلى وفق متوالية عددية (1، 2، 3، 4). ونتيجـة لـذلك يحدث خلال

التطور اختلال بين تزايد السكان وتزايد المواد الغذائية بحيث يكون عدد السكان اكبر بكثير من حجم المواد الغذائية المتاحة.

3. ان هذا الاختلال في التوازن لا يمكن ان يستمر، لان الطبيعة نفسها لا تسمح بذلك، اذ انها توجد الموانع التي تغير هذا الاختلال وتعيد التوازن. فعندما يزيد السكان ولا تكفيهم المواد الغذائية تحدث المجاعات وتنتشر الاوبئة أو تنشب الحروب بين الدول، مما يقضي على جزء من السكان ويعود التوازن مرة أخرى وتسمى هذه الموانع بالموانع الايجابية أمام نمو السكان.

لكن مالثوس بيّن ان الانسان يستطيع بارادته الذاتية ان يطبق موانع وقائيه وذلك بان يمتنع الافراد عن الزواج أو يأخروا فترة الزواج.

وقد طور مالثوس نظريته الخاصة بعدم كفاية الطلب الفعال، حيث يفترض هنا ان العمال يستلمون اجور الكفاف مما يدفع الرأسماليين الى عدم توسيع الاستثمار وتكوين راس المال وذلك بسبب فائض الانتاج[6].

الانتقادات الموجهة الى مالثوس:

اولاً: اعتبرت نظريته في السكان مسرفة في التشاؤم بخصوص مستقبل الجنس البشري. كما انه لم يتوقع ابداً ان التقدم التكنولوجي سوف يؤدي الى زيادة النشاط الزراعي بصورة ملموسة. لكن هذا ما حدث فيما بعد مالثوس في اواخر القرن التاسع عشر. كما كان لاستخدام المخصبات الصناعية (مثل نترات الصودا والسوبر فوسفات) بصورة اقتصادية وبطريقة مستمرة ومتزايدة أثر ملموس في تطوير الانتاج الزراعي. كما ادى التقدم العلمي الى تحسين نوعية الحبوب المنتجة عن طريق انتقاء البذور الجيدة وزراعتها، وكذلك الوسائل العلمية لمكافحة الأوبئة وتحسين انتاج الحيوانات واستخدام الالات الميكانيكية في الزراعة ووسائل الري والصرف. كل هذه الأمور أدت الى تحسن الغلة، اضافة الى تأثير ثورة المواصلات

البحرية التي حدثت في الربع الاخير من القرن التاسع عشر والتي يسَّرت عمليات نقل البضائع على المستوى الدولي وخفضت نفقاتها، وكل ذلك أدى الى زيادة الانتاج زيادة كبيرة [7].

ثانياً: إفترض مالثوس بان النمو السكاني دالة لمستوى المعيشة، فاذا ارتفع مستوى الاجور عن مستوى الكفاف ازداد حجم السكان، وبذلك فان مالثوس أهمل العوامل الاجتماعية في تحديد حجم العائلة. ان الذي حدث في بريطانيا واوربا وامريكا في النصف الاول من القرن العشرين لم يؤيد فكرة ان زيادة اجور العمال تؤدي الى زيادة انجاب الاطفال بل العكس هو الصحيح.

وعليه فان نظرية مالثوس في السكان تأثرت بالبيئة والظروف الواقعية التي عاصرها مالثوس، لكن الظروف قد تغيرت فيما بعد[8].

ويلاحظ البعض بانه حينما نستعرض ظروف العديد من البلدان النامية حالياً نجد انها تتشابه كثيراً مع تلك الظروف التي أثرت في آراء مالثوس. فالنمو السكاني يتم بمعدلات مرتفعة، والناس يتكاثفون على الرقعة الزراعية الثابتة. والنتيجة الحتمية هي سريان قانون تناقص الغلة مما يؤدي الى تزايد الانتاج الزارعي بمعدل متناقص. ونجد ان التقدم التكنولوجي في النشاط الزراعي، في اغلبية البلدان النامية، ليس له أهمية كبرى. وان البلدان النامية عاجزة عن الانتفاع من التقدم التكنولوجي في النشاط الزراعي[9].

3. نظرية الكلاسيك في القيمة[10] (The Classical Theory of Value)

فرَّق الكلاسيك بين القيمة الاستعمالية والقيمة التبادلية، والتي تمثل السعر الطبيعي. وركز سميث اهتمامه على القيمة التبادلية. ان قيمة الاستعمال تمثل المنفعة التي يحصل عليها الفرد من استعماله لسلعة ما، وقيمة المبادلة تمثل النسبة التي تتحدد على اساس كمية العمل الذي تحتويه، أو العمل المبذول في انتاجها. فالعمل

في رأي سميث هو مصدر الثروات القومية وان تنمية قدرات العمل وزيادة فاعليته يمكن ان يتحقق عن طريق اتساع مبدأ التخصص وتقسيم العمل. وهنا فقد سار سميث على نفس الخط الاقتصادي الذي بدأه ابن خلدون، الذي نادى بضرورة تقسيم العمل والاهتمام بالعمل لانه مصدر القيمة. الا ان سميث قد وضع الاسس والاطار المتكامل لنظرية تقسيم العمل، حيث أشار الى ان تقسيم العمل وتعدد المهن ووضوح التخصصات سوف يؤدي الى زيادة عدد السلع المنتجة وتحسين جودتها[11].

وليس المقصود بالعمل هنا هو العمل المباشر فقط، بل ان راس المال والمواد الاولية تمثل عملاً انسانياً مخزوناً في راس المال وفي المادة الاولية. وقد عرفت هذه النظرية بنظرية القيمة في العمل. وقد أدرك سميث بان نمو راس المال سوف يبطل نظرية القيمة المستندة الى العمل ويجعل قيمة السلعة تساوي الاجور والارباح والريع[12].

وقد فرَّق سميث بين السعر الطبيعي وسعر السوق في الأمد القصير فطبقاً الى سميث هناك معدلات للاجور والريع والارباح في كل مجتمع، وتسمى هذه المعدلات المعدلات الطبيعية. وعندما تباع السلعة عند السعر الطبيعي سوف يكون هناك عوائد كافية لتدفع الى عناصر الانتاج تعادل المعدلات الطبيعية للاجور والريع والارباح. وهكذا فان السعر الطبيعي هو السعر طويل الامد الذي اذا انخفض عن هذا المستوى يتوقف المنظم عن بيع السلع. اما السعر الفعلي الذي تباع به السلعة فيسمى سعر السوق (Market Price)، وقد يكون أعلى او مساوياً للسعر الطبيعي. والسعر الفعلي يتقلب حول السعر الطبيعي ويعتمد على تقلبات العرض والطلب[13].

4. نظرية الكلاسيك في التشغيل [14]

(The Classical Theory of Employment)

اعتقد الكلاسيك ان حجم التشغيل لابد ان يتحدد عنـد مسـتوى التشـغيل الكامل (Full Employment) وان كل بطاله بين العمال لا يمكن أن تكون الا ظاهرة عابرة وحجتهم في ذلك انه اذا وجدت لاي سـبب فسـوف يتنـافس العمال فيما بيـنهم للاشتغال لدى المنظمين فيترتب على ذلك انخفاض أجر العمال ممـا يـدفع المنظمين الى تشغيل العمـال العـاطلين، وتنتهي البطالـة. وقد ترتب عـلى هـذه الفكرة أن اعتـبر الكلاسيك ان حجم الانتاج الكلي يبقـى ثابتاً دائمـاً عنـد مسـتوى واحـد وهـو مسـتوى التشغيل الكامل، وعند ذلك لا يتغير حجم الناتج القومي في رأيهم الا في الاجـل الطويـل تحت تأثير العوامل التي تغير من حجم السكان ومن الفن الانتاجي أو مـن مقـدار راس المال، اي تحت تأثير العوامل التي تغير من القدرة الانتاجية للبلد.

5. نظرية الكلاسيك في التوزيع [15]

(The Classical Theory of Distribution)

اهتم الكلاسيك كثيراً بنظرية التوزيع باعتبار ان توزيع مكافأت عوامل الانتـاج هو المشكلة الرئيسية في علم الاقتصاد وليس الانتاج. والواقع ان ذلك كان نتيجة طبيعية لموقفهم تجاه نظرية التشـغيل. فما دام ان مسـتوى الانتاج دائمـاً هـو عند التشـغيل الكامل، وما دام حجم الانتاج الكلي يبقى ثابتاً فان المشكلة الرئيسية تنحصر ـ في معرفـة القوانين التي يخضع لها توزيع هـذا النـاتج الكلي بـين عوامـل الانتاج المختلفـة التـي اسهمت في انتاجه.

ويرتبط تحليل التوزيع عند سميث، والكلاسيك عمومـاً، بالمنهـاج الطبقـي بـدلاً مـن المنهـاج الـوظيفي (الـذي ارتبطـت بـه المدرسـة الكلاسـيكية المحدثـة (Neoclassical) فيما بعد. والمنهاج الطبقي يتضمن توزيع الـدخل تبعـاً للطبقـات الاجتماعية التي كانت سائدة في ذلك العصر، وهي طبقة العمال وطبقة ملاك

الاراضي وطبقة اصحاب راس المال. فالاجور تدفع الى العمال والارباح يحصل عليها الراسماليون (أو مالكو الاصول الثابتة) والريع يحصل عليه ملاك الاراضي. ونستعرض في أدناه تحديد كل من الاجور والارباح والريع.

الاجور: يعتقد الكلاسيك بان العمل هو سلعة كباقي السلع، وان ثمن العمل هو الاجر، ويتحدد طبقاً لنظريتهم في القيمة على اساس عدد ساعات العمل اللازمة لانتاج تلك السلعة. وساعات العمل اللازمة لانتاج سلعة العمل هي الساعات اللازمة لانتاج كمية المواد الغذائية الضرورية لحفظ حياة العامل وتمكينه من الاستمرار في العمل وهو ما يعرف بمستوى الكفاف. ولا يمكن ان يرتفع الاجر او ينخفض لمدة طويلة عن هذا المستوى لانه لو ارتفع الاجر يزداد حجم السكان ومن ثم حجم العمالة، وينخفض تبعاً لذلك الاجر. ولو انخفض الاجر عن حد الكفاف يتقلص حجم السكان وبالتالي حجم العمالة ويرتفع الاجر . وعليه فان الاجر محكوم بقانون طبيعي ولذلك سمي بالقانون الحديدي للاجور.

وتتمثل نظرية الاجور عند الكلاسيك في فكرة رصيد الاجور (Wage Fund) ان هذه الفكرة تعني ان هناك رصيداً من راس المال الذي تدفع منه الاجور. ويتكون هذا الرصيد من الادخارات، والتي تعتمد على الايرادات السابقة والمبيعات. وعليه فان المخصص يكون ثابتاً في الامد القصير ولكنه يمكن ان يزداد من سنة الى اخرى. ومعنى ذلك ان الطلب على العمل ثابت ولا يزيد الا اذا زاد رصيد راس المال المخصص للانتاج. ويؤكد ريكاردو (صاحب نظرية التوزيع) بان الاجور لا يمكن ان ترتفع الا على حساب الفائدة، ولا ترتفع الفائدة الا على حساب الاجور، ولهذا فان ريكاردو يوجه ضربة الى فكرة انسجام المصالح (بفضل اليد الخفية) التي جاء بها سميث، أو بفضل النظام الطبيعي الذي شدد عليه

الفيزيوقراط. بل ان ريكاردو وضَّح تعارض مصلحة مالك الارض مع كل من مصلحة الصناعي ومصلحة العامل[16].

الربح والفائدة:

كان الكلاسيك الاوائل من أمثال ريكاردو لا يميزون بين المنظم وهو الذي يشرف على ادارة المشروع ويتحمل مخاطرة وبين الراسمالي الذي يقرض نقوده. لكن الاقتصادي الفرنسي (Say) ميَّز بوضوح بينهما. فالربح هو دخل المنظم، والفائدة هي مردود صاحب راس المال. وتتحدد الفائدة على اساس العرض والطلب على المدخرات، فهي ثمن الادخار، واذا زاد عرض المدخرات عن الطلب انخفض سعر الفائدة والعكس صحيح.

اما الربح فهو مكافأة عنصر التنظيم، وهو الادارة والمخاطرة. ويرى الكلاسيك ان التطور الاقتصادي يؤدي الى تناقص معدل الربح بسبب زيادة حجم الاستثمارات وتوسع قاعدة الانتاج وارتفاع شدة المنافسة، مما يجعل من الصعوبة بمكان ان يجد رجال الاعمال فرصاً جديدة لاستثمار اموالهم بصورة مربحة. كما ان المنافسة بين رجال الاعمال تزداد حدةً كلما ازداد راس المال والرغبة في خلق المشروعات، مما يؤدي الى زيادة التنافس بين اصحاب الاعمال للحصول على العمل وبالتالي ترتفع اجور هؤلاء على حساب نقص الارباح. لهذا اعتقد سميث بان هناك علاقة عكسية بين الارباح والاجور. ويصور الكلاسيك بان هذا التطور سوف يؤدي بالاقتصاد الى حالة ركود وثبات، وهي حالة لا يزيد فيها مقدار راس المال المنتج بل يبقى ثابتاً. ان أحد المبررات التي اعطاها سميث للعلاقة العكسية هي ان نمو راس المال في اي اقتصاد يسبب تناقص الارباح.

الريع: ينظر سميث الى الارض على انها هبة ثابتة من الطبيعة، لذلك رأى ان النمو الاقتصادي سوف يستتبع زيادة في اسعار السلع الزراعية بسبب زيادة طلب العمال

على المواد الغذائية، وبالتالي يضطر اصحاب راس المال دفع اجور متزايدة الى عمالهم مما يؤدي الى تقليص ارباحهم.

وقد عرف ريكاردو الريع بانه ما يحصل عليه ملاك الاراضي نظير سماحهم لغيرهم باستخدامها او استغلالها. والريع لم ينشأ لو لم تكن الارض محدودة ومملوكة ملكية خاصة، فهو ثمن احتكاري. اما كيفية نشوء الريع، فانه نظراً لتزايد السكان المستمر يزداد الطلب على المنتجات الزارعية، وبالتالي ترتفع الاسعار، فيلجأ الافراد الى زراعة اراضي جديدة أقل خصوبة من الاراضي الاولى. ولما كان ثمن المواد الغذائية يتحدد على اساس اعلى نفقة انفقت للحصول على الكميات اللازمة لسد حاجات الطلب فان هذا الثمن سيتحدد على اساس النفقة التي انفقت في الاراضي الاقل خصوبة، وهي نفقة مرتفعة. وبذلك يستفيد ملاك الاراضي الاكثر خصوبة ويحصلون على الفائض وهو الريع. ويتضح مما سبق بان الريع يرجع الى عاملين:

الاول، تكاثر السكان وزيادة الطلب وارتفاع الاسعار من جهة، والثاني، اللجوء الى زراعة اراضي اقل خصوبة مما يؤدي الى ارتفاع التكاليف وزيادة الاسعار فيظهر الريع. وعليه فان نظرية الريع اعتمدت على فكرة الندرة والتفاوت بين الاراضي الزراعية من حيث الجودة [17].

6. نظرية الكلاسيك في النقود [18] (The Classical Theory of Money)

يعتبر الكلاسيك ان دور النقود في الحياة الاقتصادية دور ثانوي، حيث يعتبرونها مجرد وسيط للمبادلة (Medium of Exchange) واداة لقياس القيم (Unit of Account). ولم يعطوا اهمية لوظيفتها كمخزن للقيم (Store of Value) وأداة لحفظ المدخرات. لهذا فقد تصوروا ان النقود هي مجرد تسهل سير الاقتصاد وتيسر مبادلاته. ولذلك فقد استطاعوا ان يقيموا تحليلهم كله كما لو كانوا في

اقتصاد عيني لا نقود فيه، وانهم نظروا للنقـود عـلى انهـا مجـرد سـتار يخفـي الطبيعـة العينية للاقتصاد.

اما بخصوص تقلبات المستوى العام للاسعار (اي قيمة النقود) فقد فسروها من خلال نظرية كمية النقـود (Quantity Theory of Money) اي ان التغـيرات في كميـة النقود هي وحدها التي تؤدي الى حدوث تقلبات في مستوى الاسعار في المـدى القصـير، فيرتفع هذا المستوى عند زيادة كمية النقود وينخفض عنـد نقصـانها. وهـذا مـا يـذكرنا بنظرية (جون بودان) من مدرسة التجاريين في تفسير تقلبات الاسعار، ومن قبلـه بفـترة طويلة المقريزي.

7. نظرية الكلاسيك في التجارة الخارجية[19]

(The Classical Theory of Foreign Trade)

دافع الكلاسيك عن الحرية الاقتصادية في نطاق التجارة الدوليـة، واهتمـوا بهـا، ولكن ليس على نفس الاسس المركنتالية. فقـد بنـوا دفـاعهم ذلـك عـلى اسـاس ان اتبـاع سياسة تجارية حرة يؤدي بكل بلد الى ان يتخصص في انتاج السلع التي يتمتع بها بـأكبر ميزة نسبية Comparative Advantage ، مما يؤدي الى الاستفادة من مبـدأ التخصـص وتقسيم العمل على النطاق الـدولي، ومـن ثـم يـتمكن كـل بلـد مـن اسـتخدام مـوارده الاقتصادية باكبر كفاءة ممكنة ويتحقق النمو الاقتصادي بمعدلات اكبر مما لو لم يحـدث التخصص.

وبموجب نظرية الميزة النسـبية لريكاردو فانه حتى لو تفوقت بعض البلـدان في جميع السلع الا انها يتعين ان تختص بانتاج وتصدير السـلع التـي تكـون ميزتهـا النسبية فيها اكبر من غيرها من السلع الاخرى، واستيراد السـلع التـي تكـون الميـزة النسبية لديها أقل من غيرها من السلع، الامر الذي يدفع البلدان المختلفة الى

التخصص والتبادل لما فيه مصلحة جميع الاطراف وبما يؤدي الى زيادة مستوى الرفاهية الاقتصادية للشعوب، في رأي المدرسة الكلاسيكية.

8. نظرية الكلاسيك في التنمية الاقتصادية[20]

(The Classical Theory of Economic Development)

أكد ممثل المدرسة الكلاسيكية، آدم سميث، في كتابه ثروة الامم، على النمو والتنمية الاقتصادية. ويتمثل النمو في ان تقسيم العمل وتراكم راس المال هما العاملان الرئيسيان اللذان يشجعان ويحفزان على زيادة الثروة. ذلك لان تقسيم العمل يمكّن من انتاج المكائن التي تحفز على زيادة الانتاجية، وان ذلك يؤدي بدوره الى زيادة الانتاج وبالتالي زيادة ثرورة البلد. ومعلوم ان زيادة الانتاج تساهم في توسيع حجم السوق وتسمح بالمزيد من التخصص، كما ان المستوى الاعلى من الانتاج يسمح بمقدار اكبر من تراكم راس المال الذي يعمل على توسيع مخصص الاجور. واذا كانت نسبة الزيادة هذه تفوق نسبة الزيادة الحاصلة في عدد العاملين فانه يؤدي إلى رفع مستوى الاجر، وهذا ما يتضح من المخطط البياني أدناه الذي يبين العلاقة بين تقسيم العمل وبين كل من تراكم راس المال من جهة وزيادة الانتاج والثروة من جهة اخرى.

ويتضح من تسلسل حركة المخطط أدناه بان تقسيم العمل يؤدي من جهة الى زيادة الانتاجية، وهذه تؤدي الى زيادة الانتاج والثروة. ومن جهة اخرى يؤدي تقسيم العمل الى زيادة تراكم راس المال، الذي بدوره يؤدي الى زيادة الانتاجية من جهة والى زيادة مخصص الاجور وارتفاع معدلات الاجر من جهة اخرى. كما يلاحظ من المخطط بان زيادة الانتاج تساهم في زيادة تراكم راس المال، وان ارتفاع معدلات الاجر يؤدي الى زيادة معدلات الانتاجية.

مخطط يبين نظرية آدم سميث في التنمية الاقتصادية

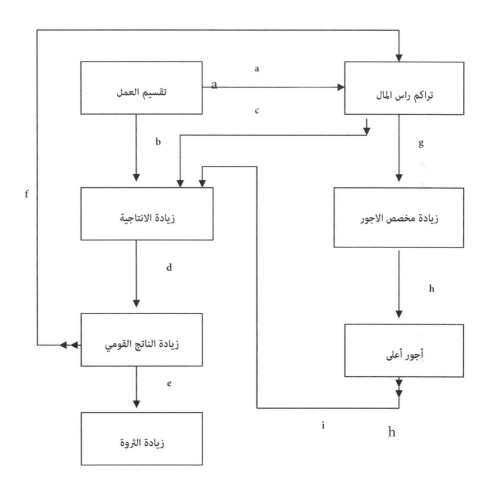

المصدر:

S. Brue, op. cit., P 90.

4.6 السياسة الاقتصادية للمدرسة الكلاسيكية[21]

(Economic Policy of the Classical School)

1. سياسة الحرية الاقتصادية

اعتبر (Smith) بان الهدف الاساسي هو تحقيق النمو الاقتصادي. وان مدى ملائمة آية سياسة اقتصادية يجب ان تقاس من خلال تأثيرها على تراكم راس المال وتخصص العمل. وان نمط المدرسة التجارية في التدخل الحكومي غير مقبول بالنسبة الى (Smith) لانه يعيق توسع السوق ويحرف النشاط الاقتصادي عن وجهته الطبيعية، ويعمل على معاقبة البلد المعني من خلال التضحية بمنافع التخصص الدولي وتقسيم العمل. وان فكرة (Smith) المعارضة للمدرسة التجارية استندت الى الفرضية القائلة بان المنافسة تعظم النمو[22].. ولهذا نادى الكلاسيك بسياسة الحرية الاقتصادية في العلاقات الاقتصادية الداخلية والدولية وذلك استناداً الى الفلسفة التي تبنتها هذه المدرسة.

ويمكن تلخيص سياستهم في العبارة المشهورة، والتي ظهرت ابتداء لدى مدرسة الطبيعيين من قبل، وهي دعه يعمل دعه يمر. ويبرر الكلاسيك سياستهم هذه على اساس ان الحرية وحدها هي الكفيلة بحل المشكلات الاقتصادية واعادة التوازن وتحقيق اكبر قدر ممكن من الانتاج القومي طبقاً لرغبات المستهلكين. فاذا تركت الحياة الاقتصادية حرة فان هناك من القوى ما يكفل تصحيح جميع صور الاختلال التي قد تصيب الاقتصاد حسب اعتقادهم. ولهذا فان الكلاسيك لا يبيحون للدولة التدخل لحماية الطبقات الضعيفة، أو لاعانة العمال في وقت البطالة، لان مثل هذا التدخل يترتب عليه في نظرهم إعاقة الجهاز التلقائي (الذي يؤدي الى حدوث التوازن والى القضاء على البطالة من خلال انخفاض الاجر

وزيادة طلب المنتجين على العمال، طبقاً لما ورد في التحليل الاقتصادي للكلاسيك في نظريتي التشغيل وتحديد الاجور).

أما ما يسمح به الكلاسيك للدولة ان تقوم به فهو القيام ببعض الوظائف المحددة التي لا يقوى الافراد عليها أو لا يرغبون القيام بها كالخدمات العامة مثل حماية الامن في الداخل والخارج، والزام الجميع باحترام العقود التي يبرمونها وحماية الملكية الخاصة، والقيام بالمشروعات التي لا يستطيع الافراد القيام بها نظراً لكثرة ما تتطلبه من رؤوس اموال وضئالة ما تدره من أرباح.

ونظراً لما تقدم سمي مذهب الكلاسيك بالمذهب الحر او المذهب الفردي، لانه ينادي بترك النشاط الاقتصادي ليباشره الافراد بحرية تامة دون تدخل من قبل الدولة.

2. دعم النظام الراسمالي:

نشأت المدرسة الكلاسيكية، كما رأينا سابقاً، في الوقت الذي ازدهرت فيه الراسمالية الصناعية. ولهذا فقد حبذ الكلاسيك الأخذ بالنظام الراسمالي، اي النظام الذي يقوم على الملكية الخاصة للاموال وعلى حرية التعاقد والاستهلاك والانتاج بدافع الربح النقدي. والنظام الراسمالي نظام ينتج لمواجهة طلب السوق.

ويستند تأييد الكلاسيك للنظام الراسمالي على حجتين هما:

الاولى، انه نظام طبيعي، لانه يستجيب للخصائص الطبيعية الموجودة في النفس البشرية، من حب الانسان للتملك ومن تفضيله للحرية والسعي وراء مصلحته الشخصية.

والثانية، انه افضل الانظمة لان الانتاج فيه انما يتقرر ويتحدد على وفق رغبات المستهلكين، وذلك عن طريق جهاز الاسعار الذي يوصل هذه الرغبات الى المنتجين.

وهو افضل الانظمة، في رأي الكلاسيك، لان المنافسة فيما بين المنتجين تؤدي الى تنمية الجهاز الانتاجي والى تخفيض تكاليف الانتاج وبالتالي انخفاض الاسعار. كما ان المنافسة تؤدي الى تحسين نوعية السلع والاكثار من عرضها، مما يخفض من سعرها فتزيد بذلك الرفاهية الاقتصادية للمستهلكين [23].

5.6 تقييم الأفكار الاقتصادية للمدرسة الكلاسيكية [24]

للمدرسة الكلاسيكية، كغيرها من المدارس الفكرية، مزاياها وعليها مآخذ وعيوب. ونستعرض في ادناه اهم المزايا والانتقادات الموجهة لأفكار المدرسة الكلاسيكية.

أولا: مزايا المدرسة الكلاسيكية:

1. لقد دفعت افكار المدسة الكلاسيكية الفكر الاقتصادي دفعةً كبيرة نحو الامام، فهي المدرسة التي قام عليها الاقتصاد كعلم مستقل. فالجميع يسلم بان الاقتصاد السياسي قد بدا مع آدم سميث. ورغم ما يشوب كتاب ثروة الامم من تناقضات، فقد رسم سميث ميدان البحث الاقتصادي بطريقة جعلت جميع المفكرين الذين جاءوا بعده يسترشدون بتلك المعالم وهي نظرية الانتاج ونظرية القيمة ونظرية التوزيع الخ. وقد عارض فكرة الفيزيوقراط بخصوص كون الزراعة هي مصدر الثروة الوحيد، وأكد بالمقابل بان العمل هو مصدر الثروة.

وحتى عندما انهارت افكار المدرسة الكلاسيكية، بعد ظهور (Keynes) الا انهـا عـادت هـذه الافكار في فتـرات لاحقـة مـع بعـض التعديلات عليهـا، كـما حـدث مـع الكلاسيكية الجديدة (New Classics) ، ومع المدرسة النقدية(Monetarist School) والمسماة أيضاً بمدرسة شيكاغو، وذلك في الربع الاخير من القرن العشرين.

2. فوائد دراسة الفكر الكلاسيكي للبلدان النامية المعاصرة:

يلاحـظ البعـض بـان هنـاك تشـابهاً فيـما بـين الظـروف التـي عاشـتها المدرسـة الكلاسيكية وبين ظروف البلدان النامية في عصرنا الحاضر. ولهذا يمكن للبلدان النامية ان تستفيد من جوانب معينة من نظرية النمو الكلاسيكية، وخصوصاً في مجال تـراكم راس المال. فالكلاسيك يؤكدون على الحاجة الى تـراكم راس المـال في الصناعة بمعدلات مرتفعة وذلك بسبب تناقص الغلة في الزراعة، الامر الـذي لا يجعلها محركاً للنمو وبالتالي تبرز الحاجة الى اعتماد النشاط الصناعي كمحرك للنمو. وقد ظهرت بعد الحرب العالمية الثانية آراء لـدى البلدان الناميـة تـدافع عـن التصنيع وتستخدم العديد مـن الحجج لهذا الغرض والتي تتشابه مـع الحجج الكلاسيكية التي استخدمت لـدعم الصناعة، ومنها ظاهرة تزايد الغلـة في الصناعة. كـما ان نسبة متزايدة مـن الاربـاح الصناعية يمكن اعادة استثمارها في مشروعات جديدة بما يكفل استمرار النمو. هذا الى جانب حجج اخرى تتعلق بالوفورات الخارجية وتدهور نسب التبادل التجاري [25].

ثانياً: الانتقادات التي وجهت للمدرسة الكلاسيكية

تعرضت المدرسة الكلاسيكية للعديد من الانتقادات في مختلف جوانبها، منذ ظهور هـذه المدرسـة حتـى الوقـت الحـاضر، ومـن مختلـف الاتجاهـات الفكريـة مثـل الاشـتركيين والاحرار وحتـى مـن المـؤمنين بمزايا الراسمالية المعدلـة وهـم الكينزيـون

وقد توزعت هذه الانتقادات على اسس التفكير الكلاسيكي وفلسفته العامة وعلى تحليلاته الاقتصادية وسياساته التي طبقت تحت توجيه مفكري هذه المدرسة. ويمكن اجمال اهم هذه الانتقادات بالآتي:

1. من حيث طريقة البحث:

انتقد كتاب المدرسة التاريخية الالمانية، بزعامة (Roscher) و (Kines) في منتصف القرن التاسع عشر، وآخرين في فترة لاحقة، طريقة البحث الكلاسيكية بما يأتي:

أ- اعتقدت المدرسة الكلاسيكية بوجود قوانين عامة مطلقة تنطبق على الاقتصاد في شتى الاماكن والازمان دون تمييز.

ب- اتبعت المدرسة المذكورة في تحليلها طريقة الاستنتاج التجريدي، ولم تهتم بدراسة التاريخ الاقتصادي ولا باستخلاص ما يمكن ان يؤدي اليه من نتائج. وفي معرض الرد على هاتين النقطتين أكد انصار المدرسة التاريخية بان كل مرحلة من مراحل التطور الاقتصادي للامم تخضع لقوانين خاصة بها. ولما كان المجتمع في تغير مستمر فان القوانين الاقتصادية هي الاخرى تتغير تبعاً للمراحل التي يمر بها المجتمع. ولهذا لا يمكن الاعتماد في البحث على الطريقة الاستنتاجية التجريدية التي طبقها الكلاسيك. ومن أجل الكشف عن القوانين الاقتصادية المتغيرة ينبغي ان تبدأ دراسة التاريخ الاقتصادي للامم واستخلاص القوانين الاقتصادية منها.

2. من حيث التحليل الاقتصادي

أ. انتقاد نظرية القيمة: وجهت انتقادات لنظرية القيمة، المستندة الى العمل، على اعتبار ان العمل ليس هو العنصر الانتاجي الوحيد، بل هناك الطبيعة وراس

المال. كما انه لا يمكن رد بقية هذه العناصر الانتاجية الى عنصر العمل او قياسها به. كذلك أهملت هذه النظرية الجانب الشخصي في القيمة وهو المنفعة التي يحصل عليها المستهلك.

ب. **انتقاد نظرية التوزيع:** وجهت انتقادات لهذه النظرية بانها قاصرة ومحدودة في مفهومها. فقد اتجه الفكر الاقتصادي الحديث الى النظر للتوزيع على انه يتحدد طبقاً للنظرية الحدية. فالاجر يتحدد على اساس الانتاجية الحدية للعمل، وسعر الفائدة يتحدد على اساس الانتاجية الحدية لراس المال وهكذا.

ج. **انتقاد نظرية النقود:** وجهت العديد من المدارس الاقتصادية انتقاداتها بخصوص مسألة إهمال الكلاسيك لوظيفة النقود كمخزن للقيم، ولا سيما المدرسة الكينزية. حيث يرى كينز بان وظيفة النقود كمخزن للقيم لا تقل في اهميتها عن وظيفتها كوسيط للمبادلة. كما انتقدوا موقف الكلاسيك لاهمالهم للنقود في تحليلهم للظواهر الاقتصادية، وفي اعتبارها مجرد ستار لا يؤثر على سير هذه الظواهر.

وقد بيَّن كينز ان ميل الافراد للاحتفاظ بالنقود دون انفاقها قد يزيد عبر الزمن فيقل الانفاق النقدي على السلع ويقل الطلب الكلي، وتنشأ البطالة.

وقد وضح الفكر الحديث الاخطاء التي تنطوي عليها نظرية كمية النقود. والنظرية الكلاسيكية تقوم على فروض خاطئة، ومنها افتراض ثبات حجم الانتاج والسلع المعروضة، في حين ان كمية الانتاج والسلع المعروضة تتغير من فترة لاخرى، وتبعاً لذلك يجب ان تتغير كمية النقود الموجودة في الاقتصاد الوطني. وقد أحلَّ الفكر الاقتصادي الحديث نظريات اخرى محل النظرية الكمية، كنظرية سرعة

دوران النقود ونظرية التوازن بين حجم الانتاج وكمية النقد المتداول وذلك لتفسير التقلبات في مستوى الاسعار في الاسواق.

د. **انتقاد نظرية التجارة الخارجية:** تركز الانتقاد لنظرية التجارة الخارجية في انها لا تدخل النقود والاسعار في بحثها للتجارة الخارجية، كما انها لا تهتم بالآثار السلبية التي تحدث لاقتصاديات البلدان المتخلفة صناعياً اذا ما تركت الحرية كاملة للتجارة الدولية. ان نظرية الكلاسيك في التجارة الخارجية عملت في خدمة الاقتصاد البريطاني في حينها، الذي كان اقتصاداً صناعياً متقدماً، بينما كانت باقي اقتصادات العالم متخلفة صناعياً.

هـ. **انتقاد نظرية الكلاسيك في التشغيل:** ان أهم واخطر ما وجه الى الكلاسيك من نقد انما كان بخصوص نظريتهم في التشغيل، وخاصة من اتباع المدرسة الكينزية. فقد أوضح كينز بانه بدلاً من ان يؤدي انخفاض الاجر الى القضاء على البطالة، كما يعتقد الكلاسيك، فان هناك احتمالاً لان يؤدي الى زيادتها. فانخفاض الاجر يترتب عليه انخفاض دخل العمال ومن ثم انخفاض طلبهم على السلع، مما يدفع المنتجين الى تخفيض الانتاج والتخلص من جزء من العمال فتزيد البطالة.

كذلك اوضح كينز بانه ليس من الضروري ان تتحقق دائماً حالة التشغيل الكامل لكل العمال، بل قد يبقى مستوى التشغيل لمدة طويلة عند مستوى أقل من مستوى التشغيل الكامل، فتكون هناك بطالة شبه مستمرة، وخاصة في البلدان الراسمالية المتطورة.

3. في السياسة الاقتصادية التي طبقتها المدرسة الكلاسيكية

وجهت انتقادات للسياسة الاقتصادية الكلاسيكية المبنية على فكرة الحرية الاقتصادية المطلقة وذلك لما فيها من هدر لانسانية الطبقات العاملة والفقيرة

واستغلالها استغلالاً بشعاً. وقد انعكس هذا الاستغلال على شكل آثار سيئة على مسيرة النمو الاقتصادي والتوازن بين الانتاج والاستهلاك، وادى الى انقسام المجتمع الى طبقتين، طبقة تملك كل شيء وطبقة لا تملك غير قواها التي تبيعها باجور لا تكفي لسد الرمق.

ولقد توزع هذا النقد على نواحي عديدة اهمها:

أ. **ظهور الاحتكارات**: ادى تبني الحرية الاقتصادية تحت تأثير آراء الكلاسيك الى ظهور الاحتكارات الضخمة التي قضت على المشروعات المتنافسة واستأثرت بالسوق وحددت الاسعار عند مستويات مرتفعة استغلت بها المستهلكين وارهقتهم لصالح المحتكرين. وقد نادى الذين وجهوا هذا النقد بان تتدخل الدولة للقضاء على الاحتكارات. فمنهم من نادى بوضع تشريعات تتضمن عدم قيام الاحتكارات وتعزيز المنافسة في الحياة الاقتصادية. ومنهم من نادى بتأميم الدولة للمشروعات الاحتكارية. وقد أثرت الفكرة الاخيرة في سياسة الدول الراسمالية كفرنسا وانجترا بعد الحرب العالمية الثانية، فقامت بتأميم المشروعات الكبرى ذات الطابع الاحتكاري.

ب. **تتابع الازمات الاقتصادية**: والتي اقلقت المفكرين الاقتصاديين ورجال الاعمال والسياسيين منذ بداية القرن التاسع عشر. ومن اول من اهتم بهذه الظاهرة الكاتب السويسري (Sismondi) الذي بيّن ان هذه الازمات انما تنشأ من زيادة الانتاج زيادة عامة تفوق حجم الطلب. وقد ارجع (Sismondi) تلك الحالة الى عاملين:

(1) فيض الانتاج وانتشار البطالة. حيث ان الالات التي تنشأ من الاختراعات الحديثة تؤدي الى زيادة كبيرة من ناحية والى الاستغناء ولو

(2) مؤقتاً عن بعض العمال من ناحية اخرى، مما يؤدي الى انتشار البطالة وانخفاض مستوى الاجور.

(3) ان المنافسة الكاملة انما تقوم في المجتمع الراسمالي على تقسيم المجتمع الى راسماليين وعمال، والعمال يُرغمون على قبول اجور منخفضة لا تساعد على شراء الجزء الاكبر من المنتجات.

وقد استخلص (Sismondi) من فكرة استغلال ارباب الاعمال للعمال فكرة اخرى مؤداها ان التوافق الذي يزعمه الكلاسيك بين المصالح الخاصة والمصلحة العامة غير متحقق فعلاً. لهذا نادى بتدخل الدولة بسن تشريعات اجتماعية عديدة لاعطاء اعانات للعمال المتعطلين ومعالجة المرضى وعلى حساب أرباب العمل لا على حساب الدولة.

ج. **التفاوت في توزيع الثروة والدخل:** وهذا يؤدي الى زيادة الادخار ومن ثم الاستثمار وزيادة الانتاج. وقد انتقد بعض الكتاب سياسة الحرية الاقتصادية على اساس انها أدت الى سوء توزيع الدخل والثروة مما يتجافى والعدالة الاجتماعية. كذلك بيّن بعض الكتاب من امثال (Lauderdale) بان سوء توزيع الثروة والدخول هو الذي يؤدي الى زيادة الادخار، ومن ثم الى عدم وجود طلب كافي على السلع مما يؤدي الى ظهور الازمات والبطالة.

د. **مخاطر حرية التجارة الدولية على البلدان التي تأخرت تنميتها الصناعية:** انتُقدت سياسة الحرية التجارية المطلقة التي نادى بتطبيقها الكلاسيك على النطاق الدولي. ومن أول واهم من وجهوا النقد لهذه الناحية الكاتب الالماني (Friedric List). وقد أخذ (List) على الكلاسيك أنهم نادوا بان تكون سياسة الحرية التجارية الدولية مطبقة في جميع بلدان العالم دون النظر الى الظروف الخاصة بكل بلد. فحرية التجارة الدولية تتلائم مع حالة بلد كانجلترا

في القرن التاسع عشر، حيث كانت الصناعة قد تقدمت واستقرت، ولم يعد يخشى عليها من منافسة من اي بلد آخر. لكن هذه الحرية لا تتلائم مع حالة بعض البلدان الاخرى التي تأخرت في البدء بنهضتها الصناعية مثل المانيا. فلو طبقت المانيا مبدأ الحرية التجارية في القرن التاسع عشر لما أمكن لصناعتها ان تنشا لان السلع الانجليزية المتقنة الصنع والمتدنية السعر والمنخفضة التكاليف ستغمر اسواق المانيا وما شابهها من بلدان وتمنع صناعتها من النشوء. لذلك يكون من مصلحة مثل هذه البلدان حماية صناعتها حماية مؤقتة.

ولقد طبقت البلدان الاوربية في الماضي وكذلك الولايات المتحدة الامريكية واليابان هذه السياسة، وما زالت تطبقها البلدان المتخلفة صناعياً من خلال فرض الرسوم الجمركية والقيود الادارية على المستوردات من الخارج. كما لا تزال بعض البلدان المتقدمة حتى الان تطبق سياسات الحماية بحق بعض السلع ذات الاهمية بالنسبة لها كالسلع الزراعية وغيرها.

والخلاصة هي ان تلك الانتقادات قد بيَّنت بان الحرية الاقتصادية يجب ان لا تكون مطلقة وشاملة لانها تؤدي الى آثار اقتصادية واجتماعية سلبية. وقد جاءت الانتقادات للمدرسة الكلاسيكية، تحليلاً وسياسة ومذهباً من فريقين مختلفين في أهدافهما:

الاول، يدعو الى اصلاح الراسمالية وتنقيتها من العيوب، عن طريق الحد من الحرية الاقتصادية المطلقة ولا يريدون القضاء على النظام الراسمالي. ومن اوضح الامثلة على هذا الفريق هو كينز ومدرسته.

والثاني، الاشتراكيون الذين يريدون القضاء على النظام الراسمالي نفسه واحلال نظام جديد محله. وقد نسبوا الى النظام الراسمالي العيوب الاتية:

(1) ان النظام الراسمالي ليس خير الانظمة، لانه يترك جزءاً كبيراً من الحاجات الانسانية دون اشباع.

(2) النظام الراسمالي قائم على استغلال ارباب الاعمال للطبقة العاملة.

(3) النظام الراسمالي يؤدي الى زيادة الانتاج في الدول الراسمالية بما يزيد عن الحاجات الداخلية لتلك الدول، لا سيما وان الدخل في البلدان الراسمالية يوزع بطريقة غير متساوية ويترتب على ذلك وجود طبقات فقيرة لا تستطيع طلب السلع، مما يجعل الطلب الداخلي ليس كافياً لاستيعاب كل الانتاج في تلك البلدان. ولذلك تتجه الدول الراسمالية الى البحث عن اسواق لها في الخارج وتعمل على اخضاع بلدان اخرى كمستعمرات لتضمن تصريف انتاجها الفائض وتأمين حاجتها من المواد الاولية اللازمة لصناعتها.

(4) ان النظام الراسمالي يؤدي بطبيعته الى تتابع الدورات الاقتصادية وينتج عنها بطالة واسعة وقاسية.

6.6 رواد المدرسة الكلاسيكية

قبل التطرق الى الرود الكبار للمدرسة الكلاسيكية، أمثال (Smith) و (Ricardo) و (Malthus)، هناك عدد من الرواد الاوائل (Forerunners) الذين كان لهم الفضل في بلورة العديد من الافكار التي اصبحت فيما بعد جزءاً من افكار المدرسة الكلاسيكية. ومن بين هؤلاء (Dudley North) و (Richard Cantilon) و (David Hume) وسوف نستعرض ابتداء أبرز افكار هؤلاء بايجاز شديد[26].

1. Sir Dudley North (1641 - 1691)

يعتبر (North) من اوائل المدافعين عن حرية التجارة. فقد أكد بان التجارة تنفع الطرفين، وان تقسيم العمل والتجارة الدولية سوف تعملان على زيادة الثروة

حتى بدون وجود الذهب والفضة. واكد أيضاً بان حرية التجارة وعدم التدخل الحكومي في النشاط الاقتصادي هما الطريق لتحقيق أقصى المنافع من التجارة، كما اكد (North) على الحاجة الى تراكم راس المال، لكنه لم يضمِّن الصناعة مع النشاطات الانتاجية.

2. Richard Cantillon (1680 - 1734)

ان (Cantillon) من اوائل من استخدام مصطلح المنظم (entrepreneur) وأكد على دوره في الحياة الاقتصادية وفي تحمله المخاطر في قرارات الاستثمار. وقد طور نظرية القيمة والسعر وسعر الفائدة.

3. David Hume (1711 - 1776)

بيَّن (Hume) بان مستوى الاسعار يعتمد على كمية النقود. ويؤكد بانه حالما يتحرك الاقتصاد بعيداً عن التوازن تحدث تغيرات تعيد التوازن مرة أخرى بشكل اوتوماتيكي وذلك عبر التغيرات التي تحدث في الاسعار. وكان (Hume) من المتفائلين، فقد تعامل مع العديد من المواضيع مثل مفهوم مرونة الطلب. وكان داعياً لنظرية الريع (Rent) التي بلورها فيما بعد ريكاردو.

أما المفكرون الاخرون من رواد المدرسة الكلاسيكية وهم سميث وريكاردو ومالثوس فقد تم التطرق الى بعض افكارهم ضمن استعراض التحليل الاقتصادي للمدرسة الكلاسيكية ومن خلال نظرياتهم. ولكننا سوف نقدم أبرز الافكار والمساهمات الاخرى الخاصة بهم في أدناه.

4. آدم سميث (1723 - 1790)

يعتبر آدم سميث مؤسس المدرسة الكلاسيكية وابو الاقتصاد، وان كتابه (ثروة الامم) يمثل بداية جديدة في التحليل الاقتصادي. فقد تميزت تلك المرحلة

بالبعد عن الدوافع الشخصية والاخلاقية والاعتماد على أدوات التحليل المنطقي. وقد قامت على اساس كتاب ثروة الامم مدرسة اقتصادية في بريطانيا عاشت حوالي مائة عام وهي المدرسة الكلاسيكية، ومن أهم محتويات كتاب ثروة الامم، التي تعكس افكار وآراء سميث ما يأتي [27]:

1. **تقسيم العمل:** لقد تم شرح هذه النظرية في معرض الحديث عن التحليل الاقتصادي لدى المدرسة الكلاسيكية في بداية الفصل، ولا داعي لتكرار ذلك هنا. ويكفي ان نشير هنا بان تقسيم العمل يؤدي الى زيادة كمية الانتاج وارتفاع مستوى الانتاجية.

2. **توافق المصالح ومحدودية دور الحكومة:** لقد تم شرح هذه الفكرة في الفصل السابق، حيث أكد سميث بان الاشخاص يميلون الى تحقيق مصالحهم بطريقة تحقق المصلحة الاجتماعية من خلال نظام المنافسة الحرة. وقد وسع سميث فكرته عن انسجام وتوافق المصالح وسياسة عدم التدخل لتشمل التجارة الدولية. ودعى سميث الى عدم تدخل الدولة في التجارة الخارجية.

3. **توزيع الدخل:** انصب تحليل سميث على العوامل المحددة للمستويات الطبيعية للاجر والربح والريع. وما يميز تحليل سميث، وكذلك الكلاسيك ككل، هو ارتباطه بالعامل الطبقي بدلاً من العامل الوظيفي.

فبالنسبة للاجر يعتبر سميث ان المستوى الطبيعي للاجر في المدى الطويل هو حد الكفاف. ويؤكد سميث على فكرة مخصص الاجور والتي تتكون من الادخارات المعتمدة على الايرادات السابقة والمبيعات. ويكون المخصص ثابتاً في الامد القصير ولكنه يزداد من سنة الى اخرى. ويخرج سميث بفكرة ان الاجور ترتبط بالظروف العامة للنمو الاقتصادي. فالاقتصاد الذي ينمو يكون مصحوباً بارتفاع معدلات الاجور وفي وقت الركود تبقى الاجور ثابتة. وبسبب العلاقة بين

مستوى الاجور وحجم السكان تميل الاجور الى الاستقرار عند مستوى الكفاف. لهذا فقد أكد سميث على اهمية تراكم راس المال والنمو الاقتصادي.

وبالنسبة للارباح اعتقد سميث بوجود علاقة عكسية بين الاجور والارباح، فازدياد الاجور ينعكس سلباً على ايرادات اصحاب راس المال (الارباح) كما ان المنافسة بين المستثمرين تخفض معدلات الارباح.

وبخصوص الريع ينظر سميث الى الارض على انها هبة ثابتة من الطبيعة. وان النمو الاقتصادي يؤدي الى زيادة الطلب على الغذاء وبالتالي ارتفاع اسعار المواد الغذائية وزيادة الريع لمالكي الارض، وكذلك ارتفاع اجور العمال وانخفاض ارباح الراسماليين. لهذا فان اسعار المنتجات الزراعية تحدد مستوى الريع الذي يستلمه ملاك الأراضي.

دور النقود: يقول سميث ان النقود وسيلة للمبادلة لكنها لا تضيف الى انتاج البلد وان ما يضيف الى الثروة هو الانتاج. وعليه فان النقود ليست منتجة.

نظرية النمو: يؤكد سميث على النمو والتنمية، ويعتمد النمو، طبقاً الى سميث، على تقسيم العمل وتراكم راس المال. وان النمو لدى سميث يحدث بطريقة تراكمية وان التنمية عملية تدريجية وذاتية. لكن سميث يشير الى ان نمو الانتاج سوف يصل في النهاية الى مرحلة تتميز بانخفاض الارباح واقتراب الاجور من حد الكفاف وارتفاع الريع نتيجة ارتفاع اسعار السلع الزراعية، مما يؤدي في النهاية الى الوصول الى حالة من السكون والركود.

روبرت مالثوس (1766 – 1834):

ان العديد من افكار مالثوس تختلف عن افكار الرواد الاخرين من المدرسة الكلاسيكية، ومن ابرز افكاره هي نظريته في السكان والتي تم استعراضها وتقييمها

أعلاه، والتي تؤكد بان حجم السكان يتزايد بمعدلات تفوق معدلات زيادة انتاج الغذاء، واذا لم يتم تحديد السكان فان المجاعة والفقر تمثل العقاب الطبيعي لهم. ولهذا يستنتج مالثوس بانه يتعين ان لا يكون هناك معونة حكومية للفقراء. وعليه فان نظرية مالثوس في السكان قد اعفت الاغنياء من المسؤولية عن الفقر والحرمان[28]. وقد تأثر مالثوس في نظريته بفكرة تناقص الغلة التي تطورت من قبل على يد سميث وريكاردو، ثم قام مالثوس بتطوير نظرية تناقص العوائد في الزراعة.

وفي مضمار النمو الاقتصادي فقد رفض مالثوس قانون (Say) والذي ينص على ان العرض يخلق الطلب المساوي له، والذي ترتب عليه فكرة التوازن التلقائي بين عرض الاموال المدخرة والاستثمارات. واشار مالثوس الى ان هناك احتمال لحدوث افراط في المدخرات ومن ثم قصور في الطلب الفعال واتجاه الدخل للانخفاض مما يجعل الزيادة المفرطة في الادخار عبئاً على النمو الاقتصادي. ان هذا التحليل لا يختلف عن تحليل (Keynes) في القرن العشرين[29].

وربما من اهم الافكار التي توصل اليها مالثوس هي فكرة الثنائية الاقتصادية (Economic Dualism) حيث تصور ان الاقتصاد يتكون من قطاعين اساسيين: أحدهما صناعي والاخر زراعي، وقد بيّن مالثوس ان التنمية الاقتصادية لا بد ان تتضمن تغيراً هيكلياً بطريقة تتضمن تناقص الاهمية النسبية للنشاط الزراعي والزيادة النسبية للنشاط الصناعي[30].

ديفيد ركاردو (1772 - 1823)[31]

يعتبر ريكاردو من اعظم من يمثل المدرسة الكلاسيكية بعد آدم سميث، حيث سار ريكاردو بالعمل الذي بدأه سميث الى حدود بعيدة. ولهذا عمل ريكاردو على تطوير الافكار لدى المدرسة الكلاسيكية، وفي الوقت الذي كان

الاقتصاديون الذين تقدموا ريكاردو مشغولين بموضوع الانتاج فان ريكاردو كان مشغولاً بموضوع التوزيع بصفة خاصة وكذلك بنظرية القيمة.

نظرية ريكاردو في القيمة: حاول ريكاردو ان يخلّص نظرية القيمة من العيوب التي وقع فيها سميث وعمل على تفسير ما عرف بـ لغز القيمة (Paradox of Value) والذي فسرّه من خلال مفهوم الندرة (Scarcity). ويؤكد ريكاردو بان التباين بين القيمة الاستعمالية والقيمة الاستبدالية يرجع الى الندرة في السلع المختلفة. فبعض السلع لها قيمة استعمالية مرتفعة ومع ذلك تنخفض قيمتها التبادلية لوفرتها، مثل الهواء. لكن هذا التفسير اهمل جانب الطلب، فبعض السلع لها قيمة استعمالية مرتفعة وقد تكون نادرة لكن حجم الطلب الكلي عليها ضئيل، لذلك فان ثمنها يكون منخفضاً[32].

نظرية تناقص العوائد والريع: قام ريكاردو بتطوير فكرة تناقص العوائد بشكل كامل. ففي الزراعة وعند اضافة وحدات متتالية من العمل وراس المال الى قطعة معينة من الارض (مع ثبات حالة التكنولوجيا) فان كل وحدة اضافية من الاستثمار سوف تضيف وحدات أقل من الانتاج بالمقارنة مع الوحدات السابقة. وطبقاً لريكاردو فان الريع هو جزء من الانتاج الذي يدفع الى مالك الارض مقابل استخدام الارض. وقد وسَّع ريكاردو مفهوم الريع ليشمل عائد الاستثمار طويل الاجل الذي يدمج مع الارض ويعمل على زيادة انتاجيتها. ويؤكد ريكاردو بانه لا يوجد ريع في ارض جديدة تستوطن لاول مرة والتي هي أراضي خصبة ووفيرة. ولكن مع تقدم المجتمع تتم زراعة أراضي من الدرجة الثانية وعندها يبدأ الريع على الارض ذات الدرجة الاولى. وان مقدار الريع يعتمد على الفرق في النوعية بين القطعتين من الارض. وعندما يتم استخدام أراضي ذات نوعية من الدرجة الثالثة يظهر الريع في الارض ذات النوعية من الدرجة الثانية، وان قيمة المنتجات الزراعية

تعتمد على العمل المطلوب لكل وحدة من الانتاج في الارض ذات الانتاجية الادنى. اما الارض الافضل من حيث النوعية فانها تنتج فائضاً يحصل عليه مالك الارض وهو الريع.

وعليه فان الريع يتحدد بحالة الطلب على المنتجات الزراعية على اساس ان عرض الارض ثابت، فاذا ازداد الطلب على السلع الزراعية فان ذلك يؤدي الى ظهور فائض يحصل عليه ملاك الاراضي. وهكذا فان نظرية الريع اعتمدت على فكرة الندرة والتفاوت فيما بين الاراضي الزراعية من حيث الجودة[33].

نظرية ريكاردو في توزيع الدخل: تمت مناقشة هذه النظرية عند الحديث عن التحليل الاقتصادي للمدرسة الكلاسيكية في بداية الفصل ولذلك لا داعي لتكرارها. ولكننا سنتطرق بايجاز الى بعض النقاط. فقد اهتم ريكاردو بتوزيع الدخل بين الاجور والارباح والريع (أما الفائدة فقد اعتبرها ريكاردو متضمنة في الارباح). فبالنسبة للاجور فانها تتحدد بمستوى الكفاف، وان علاقتها مع الارباح علاقة عكسية، حيث عند ارتفاع اجور العمال، نتيجة لارتفاع اسعار المواد الغذائية، تنخفض الارباح في الصناعة بسبب ارتفاع الاجور، وكذلك بسبب ارتفاع اسعار الخامات الصناعية التي يأتي معظمها من القطاع الزراعي.

نظرية التكاليف النسبية في التجارة الخارجية[34]: ان هذه النظرية ايضاً تمت مناقشتها عند التعرض الى التحليل الاقتصادي للمدرسة الكلاسيكية في الفصل السابق. وكان آدم سميث قد أكد بان التجارة الخارجية تستند على الاختلافات في التكاليف المطلقة (Absolute Costs) فيما بين البلدان. اما ريكاردو فقد اسهم في تطوير الفكر الاقتصادي في هذا المجال من خلال اثبات انه حتى اذا كان البلد المعني اكثر كفاءة في انتاج كلا السلعتين فان التجارة بين البلدين تكون مفيدة لكليهما استناداً الى الاختلافات في التكاليف النسبية (Comparative Costs) وليس المطلقة.

ان مثل هذه الحالة تؤدي الى الاستفادة من مبدأ التخصص وتقسيم العمل على النطاق الدولي، ويتحقق النمو الاقتصادي. والشرط الاساسي لـذلك هـو تحقـق سـيادة الحريـة الاقتصادية والمنافسة.

هوامش الفصل السادس

(1) قارن: د. عبد الحسين وداي العطية، مرجع سابق، ص (70 – 72).

وكذلك: .Stanley L. Brue, op. cit., PP 51 – 53

(2) قارن: د. عبد الحسين وداي العطية، نفس المرجع ، ص (74 – 76)

وكذلك د. راشد البراوي، مرجع سابق، ص (81 – 839).

(3) د. عبد الحسين وداي العطية، نفس المرجع، ص (77 – 79).

(4) للمزيد من التفاصيل راجع:

- د. عبد الرحمن يسري احمد، مرجع سابق، ص 190 – 201.

- د. عبد الحسين وداي العطية، نفس المرجع، ص (79 – 91).

- د. راشد البراوي، مرجع سابق، ص 91 – 93.

وكذلك :

- William J. Barber, A history of Economic Thought, Perguin Books, 1970, pp 30-51 .

- Stanley L. Brue, op. cit., p 53 – 54.

(5) د. عبد الرحمن يسري احمد، مرجع سابق، ص 204 – 211.

و : S. Brue, op.cit., p98 - 106

و : William Barber, op. cit., pp 58 – 72

و : د. عبد الحسين وداي العطية، مرجع سابق، ص 81 – 82.

(6) قارن: Stanley L. Brue, op., cit., p 103.

(7) د. عبد الرحمن يسري احمد، مرجع سابق، ص 206.

(8) نفس المرجع، ص 208.

(9) نفس المرجع، ص 208.

(10) قارن في ذلك:

- Stanley L. Brue, op. cit., pp 80 – 82.

- William Barber, op. cit., p 30 – 38.

- د. عبد الرحمن يسري أحمد، مرجع سابق، ص 190 – 193.

(11) قارن: د. احمد فريد مصطفى و د. سهير محمد السيد حسن، مرجع سابق، ص 111 – 112.

(12) Stanley :. Brue, op. cit., p 82.

(13) Ibid., P 82.

(14) قارن: د. عبد الحسين وداي العطية، مرجع سابق، ص 83 – 84.

(15) للمزيد من التفاصيل راجع: نفس المرجع، ص 84 – 88.

ود. عبد الرحمن يسري احمد، مرجع سابق، ص 195 – 2000.

و : Stanley L. Brue, op. cit., PP 83 – 87

و : William Barber, op. cit. PP 38 – 45

و د. راشد البراوي، مرجع سابق، ص 116 – 117.

(16) د. راشد البراوي، نفس المرجع، ص 116 – 117.

152

(17) د. عبد الحسين وداي العطية، مرجع سابق، ص 85 – 86.

(18) نفس المرجع، ص 87 – 88.

(19) د. عبد الرحمن يسري احمد، مرجع سابق، ص 216 0 221.

وكذلك د. عبد الحسين وداي العطية، نفس المرجع، ص 88 – 89.

(20) Stanley L. Brue, op. cit, P 89 – 90.

(21) قارن: د. عبد الحسين وداي العطية، مرجع سابق، ص 89 – 90.

وكذلك: William Barber., op. cit., p 48 – 51

(22) للمزيد من التفاصيل راجع:

William Barber, ibid., p 48 – 49.

(23) قارن: د. عبد الحسين وداي العطية، مرجع سابق، ص 90 – 91.

(24) نفس المرجع، ص 91 – 100.

(25) د. عبد الرحمن يسري احمد، مرجع سابق، ص 229 – 230.

(26) Stanley L. Brue., op. cit., P 56 – 65.

(27) للمزيد من التفاصيل انظر:

- د. عبد الرحمن يسري احمد، مرجع سابق، ص 187 – 201.

- و د. راشد البراوي، مرجع سابق.

وكذلك :

- Stanley L. Brue, op. cit., PP 63 – 90

- William Barber, op. cit., PP 23 – 54.

(28) Stanley L. Brue, op. cit., P 100.

(29) قارن: د. عبد الرحمن يسري احمد، مرجع سابق، ص 210.

(30) نفس المرجع، ص 211.

(31) Stanley L. Brue., op. cit., pp 114 - 116.

(32) قارن: د. عبد الرحمن يسري أحمد، مرجع سابق، ص 214.

(33) نفس المرجع، ص 216.

(34) نفس المرجع، ص 217.

وكذلك د. عبد الحسين وداي العطية، مرجع سابق، ص 88 - 89.

الفصل السابع

الفكر الاقتصادي للمدارس الاشتراكية

(Economic Thought of the Socialist)
Schools

الفصل السابع

المـدارس الاشـتراكيـة

(Socialist Schools)

1.7 مقدمة:

يستخدم تعبير الاشتراكية للتعبير عـن معـاني مختلفـة، فهـو يطلـق أحيانـاً علـى مجرد تدخل الدولة في الحيـاة الاقتصادية، او مجرد تملك الدولة لـبعض المشـروعات الاقتصادية. أما المعنى العام والعلمي للاشتراكية فهو ذلك النظام الـذي يتميـز بحصر ـ ملكية وسائل الانتاج بالدولة من ناحية، وحصر ادارة النشاط الاقتصادي بالدولة مـن ناحية اخرى وذلك بممارسـة الادارة المبـاشرة للمشـروعات والتخطيـط المركزي للانتاج والاستثمار والتوزيع.

والاشتراكية بشكل عام تستند على النزعة الجماعية، وبـذلك فهـي تتنـاقض مـع مضمون فكرة النزعة الفردية التي تستند اليهـا الراسمالية. ففـي الوقـت الـذي تستند الراسمالية على مبدأ حرية التملك للافراد وحرية العمل والمبادرة الفردية في المجـال الاقتصادي وحرية التعاقد ضمن اطار المصلحة الفردية، فان الاشتراكية نقيض للراسمالية حيث لا وجود لنظام السوق ولا دور لـه في تحديد حجم ونوع السلع والخدمة، لان كل هذه الامور تحددها اجهزة التخطيط المركزي.

وتجدر الاشارة الى ان الفكر الاشتراكي لا يشكل مدرسة واحدة، بل عـدة مـدارس اشتراكية لها مفاهيم مختلفة ومتنوعـة ولـذلك فمـن الصـعوبة بمكان ان نجـد تعريفـاً للاشتراكية محددا وشاملاً ومقبولاً من الجميع. فمنها ما يندرج ضمن مفهوم الاشتراكية الخيالية أو الطوبائيـة (Utopian) ومنهـا مـا يعـرف بالاشـتراكية الديمقراطيـة ومنهـا اشـتراكية الدولـة ومنها مفهـوم الاشـتراكية الشـعبية الـخ. واخـيراً هنـاك المفهـوم

العام والشائع وهو مفهوم الاشتراكية العلمية أو الماركسية، وذلك نسبة الى الفيلسوف والاقتصادي الالماني كارل ماركس، مؤسس الاشتراكية العلمية.

ورغم اختلاف المفاهيم الاشتراكية فيما بينها فاننا نجد بان المفكرين الاشتراكيين على اختلافهم قد اتفقوا جميعاً على نقطة واحدة الا وهي نقد النظام الراسمالي الحر، حيث ينطوي على عدم المساواة الصارخة في توزيع الناتج القومي، الا انهم اختلفوا على الوسيلة التي يمكن ان توصلهم الى هدفهم الا وهو تحقيق العدالة في توزيع الناتج القومي وتحقيق السعادة والكرامة الانسانية.

ومعلوم ان الرسمالية الصناعية كانت تمثل مرحلة متقدمة في تاريخ تطور المجتمع البشري في استغلال الموارد الطبيعية على نطاق واسع، وانتاج السلع والخدمات المختلفة على نطاق كبير جداً بسبب الاختراعات العلمية واستخدام المكائن والمعدات الانتاجية. لكن هذه التغيرات التي رافقت الثورة الصناعية لم تجلب الا القليل من المنافع الى الغالبية الساحقة من السكان، بل العكس حيث تركزت ادوات الانتاج في ايدي فئة صغيرة من الراسماليين، وحولت الملايين الى عمال فقراء. فالاجور المنخفضة وساعات العمل الطويلة وظروف المعيشة المزرية والامراض والحرمان هي اسلوب الحياة الذي ارتبط بالنظام الراسمالي، وخصوصاً في بدايته .

كما ان تطور النظام الراسمالي الذي يعتمد على آلية السوق والمنافسة الكاملة قد أدى وبالتدريج الى اختفاء المنافسة لتحل محلها المنافسة الاحتكارية أو احتكار القلة. لذلك بدأ المفكرون والاقتصاديون يطالبون بتدخل الدولة من اجل حماية المسار الاقتصادي ومن أجل رعاية مصالح الطبقة العاملة والتي تعرضت للاضرار من جراء هذا النظام. ولهذا ظهرت الافكار الاشتراكية التي حاولت الوقوف بوجه مثل هذا النظام الراسمالي وممارساته الاستغلالية.

2.7. الانماط المختلفة للاشتراكية:

ان الذين أيدوا الاشتراكية بمفهومها العام اختلفوا بشكل كبير، سواء حول مفهوم الاشتراكية او حول السبل الكفيلة للوصول اليها. ويقسم البعض الفكر الاشتراكي بوجه عام الى قسمين اساسيين:

الاول، ويمثل الاشتراكية الخيالية او الطوبائية (Utopian Socialism) .

والثاني، يمثل الاشتراكية الماركسية او العلمية (Marxian Socialism).

وهناك انواع اخرى للاشتراكية طبقت في بعض الاماكن وفي بعض المجالات ومنها

- الاشتراكية الديمقراطية (Democratic Socialism).
- الاشتراكية الشعبية (Popular Socialism).
- اشتراكية الدولة (State Socialism).

ونستعرض في ادناه هذه الأنواع المختلفة من المفاهيم الاشتراكية.

1.2.7. الاشتراكية الخيالية (الطوبائية) [1]

نتيجة للاثار السلبية التي ولدتها الراسمالية الصناعية، والمذكورة اعلاه، فقد رفع العديد من المفكرين والكتاب أصواتهم منددين بالراسمالية وداعين الى خلق نظام اجتماعي جديد يكون اكثر انسجاماً واقرب الى العدالة والروح الانسانية. وهؤلاءهم رواد الاشتراكية الاوائل من أمثال (سان سيمون) و (فورييه) و (سيسموندي) و (روبرت أوين) و (ليون بلانك) وغيرهم. وقد ظهر هؤلاء في النصف الاول من القرن التاسع عشر في اوربا، والذين عرفوا بالاشتراكيين الخياليين (او المثاليين). وقد صاغ هؤلاء كلمة اشتراكية من كلمة (Social) أي الاجتماعي لتقابل لفظة فردي (Individual) وذلك لابراز المسألة الاجتماعية

ومقاومين ظاهرة التركيز على دور الفرد كعنصر ـ اجتماعي في العلاقات البشرية. وقد اعتبرت هذه الجماعات ان المسألة الاجتماعية أهم المسائل، وان واجب الناس الاخيار يدفعهم للعمل على تعزيز السعادة والخير للجميع.

كما نادوا بضرورة الغاء التنافس والصراع التنافسي ـ بين البشر ـ في سبيل توفير اسباب العيش. كما نادوا بالغاء المجتمعات القديمة القائمة على الفردية واستبدالها بالجماعية. وقد هاجم هؤلاء الاشتراكيون التفاوت المفرط وغير المشروع في الملكية والدخل وطالبوا بتحديد الملكية.

ويرى البعض بان مذهب الاشتراكية المثالية هو في حقيقة الامر، تيار فكري فرنسي استمد جذوره من الفلسفة اليونانية واستمر من القرن السادس عشر ـ الى القرن الثامن عشر. فقد تصور افلاطون حالة الدولة المثالية التي تستند على مشاعية استعمال السلع. وقد دفع هذا الاتجاه الى ظهور العديد من المؤلفات والمقالات التي تنطوي على الافكار الاشتراكية. وقد أعيد تجديد هذا الفكر الاشتراكي المثالي في القرن التاسع عشر ـ والذي يستند على فكرة العقلانية الاقتصادية وامكانية تحقيقها على المستوى الاقتصادي العام.

والاشتراكية الخيالية تعني تنظيماً جماعياً لشؤون الناس على اساس تعاوني يهدف الى سعادة الجميع ورفاهيتهم، ويضع التأكيد على الانتاج وتوزيع الثروة، وعلى تعزيز العوامل المشتركة في تربية الناس.

ويقسم البعض هذا التيار الاشتراكي الى قسمين[2]، احدهما تحكمي والاخر تعاوني.

التيار التحكمي: ان هذا التيار يعود الى (سان سيمون) الذي كان يؤيد الاتجاه الاشتراكي، مع عدم ادانة الملكية الخاصة، بهدف الوصول الى النظام الصناعي الجديد الكفء الذي يضمن تنمية الانتاج وتحسين ظروف العمل. ان مثل هذه

الاشتراكية تعتبر الشكل الاول للاقتصاد الموجه المنظم. وقد سار على هذا الخط كل من (Augustin Thierry) و (August Conte) وغيرهم، الذين حاولوا تعميق فكر (سان سيمون). وقد كان فكرهم بمثابة المبادأة بالجماعية، حيث نظروا الى الملكية الخاصة نظرة عدائية واعتبروها بمثابة امتياز يجب الغاؤه. لذلك اعتقدوا ان الدولة هي المستحقة لان تكون الوارث الوحيد لجميع وسائل الانتاج التي يجب توجيهها نحو النفع العام.

والتيار التعاوني : الذي يُعتبر فوريير (Fourier) مؤسس هذا التيار الفكري. ويعتبر هذا التيار، في نظر البعض، اسلوب اكثر ديمقراطية للتطبيق الاشتراكي. ويهدف هذا النوع من الفكر الى احداث تحولات في النظام القائم عن طريق ارساء النظام التعاوني الجديد الهادف الى تحقيق النفع العام بدلاً من هدف الربحية.

وكان روبرت أوين (Robert Owen) من اشد المتحمسين لهذه الاراء وكان من الرواد الاوائل للاشتراكية الخيالية (التعاونية) رغم انه كان يملك العديد من الشركات الخاصة بالغزل والنسيج. وقد انشأ العديد من المنشآت لصالح عماله. وقد بدأ تجربته التعاونية في أسكتلندة (بريطانيا) ثم في الولايات المتحدة الامريكية فيما بعد، وذلك بانشاء مستعمرات تعاونية. الا ان هذه التجربة قد منيت بالفشل. ويقوم هذا النظام التعاوني على اساس تجميع العاملين في شركة واحدة للاقامة في منزل مشترك. وهنا يتحقق وجود تجمع انتاجي يعيش فيه العمال عيشه مشتركة. الا ان هذا النموذج لم ينجح. ولو نظرنا الى هذا التيار لوجدناه عبارة عن افكار نظرية بحته يصعب تطبيقها في الواقع العملي.

2.2.7. الاشتراكية الديمقراطية:

تمثل الاشتراكية الديمقراطية تياراً ظهر في الحركة العمالية بعد الحرب العالمية الثانية والذي يتبنى نوعاً مـن الاشـتراكية الاصلاحية. واهـم مـا يميـز هـذا النـوع مـن الاشتراكية ما يأتي:

1. الاقرار بالطرائق السلمية الاصلاحية والتدريجية للتحول.

2. احلال التعاون الطبقي محل النضال والصراع الطبقي.

3. وبالتالي فان الاشتراكية الديمقراطية تتعارض مع الافكار الاشتراكية الماركسية.

3.2.7. الاشتراكية الشعبية:

وهي نوع من الاشتراكية المرتبطة بافكار " البرجوازية الصغيرة " حسب التعبير الماركسي، والتي تتميز بكونها تجمع ما بين الديمقراطيـة والاحـلام الاشـتراكية، والأمـل في تجنب الراسمالية. وهنا ان نضال الجماهير الشعبية (وبشكل خاص نضـال الفلاحين) يسعى مـن أجـل القضاء عـلى اشـكال الاستغلال الاقطاعيـة. ويمثل هـذا النـوع مـن الاشتراكية ينبوع الاشتراكية الشعبية. وقد طبقت هـذه الاشتراكية في العديد مـن دول اسيا وافريقيا.

4.2.7. اشتراكية الدولة [3]: (State Socialism)

تشتمل اشتراكيـة الدولـة عـلى ملكيـة الدولـة لكـل أو بعـض القطاعـات الاقتصادية، وادارتها وذلك بهدف تحقيق اهداف اجتماعيـة عامـة وليس لتحقيـق الربح. ان مثل هذا النموذج يمكن ان يطبق ضمن الاطار الراسمالي. والمؤيدون لهذا التيار اعتقدوا بان الدولة هي كيان محايد والتي يمكن التأثير عليها لكي تفضل

الطبقة العاملة او الجماهير الواسعة وبالتالي يمكن لها ان تسيطر على المنشأت الانتاجية وتديرها بنفسها أو أنها يمكن ان تدعم وتقدم الاعانات للحركة التعاونية (الانتاجية والاستهلاكية). وان (Louis Blanc) كان من اوائل المدافعين عن هذا التيار.

وتجدر الاشارة الى ان ما يجمع كل اشكال الاشتراكيات الخيالية وغيرها، والمذكورة اعلاه، هو انها طرحت حلولاً لاستبدال نظام عادل جديد بدل النظام الراسمالي. ولكن هذه الحلول لا تستند الى مرتكزات فلسفية متكاملة أو تحليل علمي للوقائع، كما هو الحال مع الاشتراكية الماركسية، وبذلك لم تستطع الاشتراكية الخيالية ان تكتشف قوانين المجتمع الراسمالي او توضح جوهر الاستغلال في ظل الراسمالية، وان هذا ما فعلته الاشتراكية الماركسية.

3.7 الاشتراكية الماركسية

وصف كارل ماركس نظريته في الاشتراكية بانها نظرية علمية لكي يبين بانها تقوم على تحليل علمي بخلاف الاشتراكية الخيالية. وتستند الاشتراكية الماركسية على نظرية القيمة في العمل (Labour Theory of Value) ونظرية استغلال العمال من قبل الرأسماليين. ورغم احتقار ماركس ورفيقه إنجلز (Engels) للراسمالية لكنهما قدّرا عالياً الزيادة الكبيرة في الانتاج والانتاجية التي جاءت بها الراسمالية. لكن الراسمالية تواجه صراعاً طبقياً وتناقضات تؤدي بالنهاية الى القضاء عليها واستبدالها بالاشتراكية، حيث تسيطر الطبقة العاملة على الحكم وتقييم ما أسماها دكتاتورية البروليتاريا وتحطم الطبقة البرجوازية الحاكمة. وتحت هذا النظام الجديد فان ملكية السلع الاستهلاكية مسموح بها لكن راس المال

والارض تمتلكها الدولة حصراً، ويتم تخطيط الانتاج والاستثمار ويتم إلغاء السـوق الحـر ودافع الربح كقوة محركة وموجهة للاقتصاد.

وقد تـأثر مـاركس بعـدد مـن المفكـرين أهمهـم إنجلـز، وريكـاردو، وداروين، وهيجل، ثم فيورباخ. فقد تاثر ماركس بنظرية القيمة في العمـل لريكـاردو، ثـم طورهـا ليعطيها مضامين ثورية. كما تأثر ماركس بنظرية التطـور لــ دارويـن مـن خـلال شرحـة لفكرة تطور الاجناس، واستخدام افكاره في مجال الاقتصاد السياسي. أما تـاثر مـاركس بــ هيجل فقد تم شرحه آنفاً. واخيراً تأثر ماركس بفكـرة فيوربـاخ عـن الماديـة. ان مفهـوم المادية عند ماركس يشير الى التاكيد على المـادة (Matter) أو الاشـياء الحقيقيـة أو عـالم الحقيقة الذي يناقض عالم الخيال.

1.3.7 الاسس الفلسفية للتحليلات الماركسية [4]:

استـند مـاركس (Marx) عـلى تحلـيلات وافكـار الفيلسـوف الالمـاني هيجـل (Hegel) حول الديالكتيك أو الجدلية (Dialectic) لكنه بعد ذلك اختلف معـه. حيـث يؤكد هيجل بان عملية التقدم لا تتم بهدوء وانما تتحقق نتيجة تصادم قوة معينـة مـع قوة اخرى معارضة لها، وتنتهي عملية التصادم عندما تنشأ قوة ثالثـة تختلـف خواصـها عـن القـوتين السـابقتين المتعارضـتين. فـالقوة الاولى تـدعى (Thesis) والقـوة الثانيـة المعارضة تدعى (Antithesis) والقوة الثالثة التي تنشأ عن التصادم تدعى (Synthesis) اي التركيبة الجديدة. وهـذه هـي فكـرة مـا يعـرف بالنظريـة الديالكتيكيـة. ورغـم ان ماركس اتفق مع فكرة الديالكتيكية لهيجل لكنه عمـل عـلى تطويرهـا اعـتماداً عـلى الفلسـفة الماديـة لتصبح الفكـرة الماركسـية التـي عرفـت بالماديـة الديالكتيكيـة (Dialectical Materialism) والتـي اعتمـدها مـاركس كقـانون يفسر بـه تطـور التاريخ. ويؤكد ماركس بان التاريخ البشري يعكس الصراع بين قوتين وان

التصادم فيما بين القوتين المتعارضتين هو أمر حتمي، ومع التصادم تنتهي مرحلة من مراحل التاريخ وتظهر مرحلة تالية جديدة بمواصفات مختلفة. وان القوة الجديدة، بدورها تخلق قوة مضادة لها وهكذا تتكرر نفس الظروف السابقة.

ويستند التحليل الفلسفي الماركسي على مبدأين:

1. نظرية التطور الديالكتيكي للفيلسوف هيجل.

2. نظرية التفسير المادي أو الاقتصادي للتاريخ.

1. نظرية التطور الديالكتيكي:

تأثر ماركس في تكوينه الفلسفي، في شبابه، باراء الفيلسوف الالماني هيجل في نظريته للتطور الديالكتيكي والتي فسر بها تطور الفكر الانساني. فقد جعل هيجل من الفكر الحقيقة المطلقة والتجربة. وفي رأي هيجل فان اي فكرة عندما توجد تحمل في طياتها بذور فنائها، لانها لا تتسم بالكمال المطلق فتنشأ فكرة اخرى نقيضة لها وتسمى هذه الظاهرة التناقض (Contradiction) ومن تصادم النقيض مع الفكرة الاولى تنشأ فكرة جديدة هي نقيض النقيض. وعندما توجد هذه الأخيرة تصبح فكرة جديدة. وتنشأ من تصادمها مع نقيض جديد لها، فكرة جديدة. وهكذا يصبح الفكر الانساني في تطور مستمر. ويؤكد هيجل ان الفكرة شيء مطلق له وجوده المستقل المتولد من العقل البشري، وان الفكرة حين تتولد بهذه الصورة تؤثر على الحياة وعلى الواقع المادي. فالنظم السياسية والاجتماعية اذن هي تشكيلات مادية انعكاساً لفكرة او افكار.

اما ماركس فقد أخذ هذه النظرية عن هيجل ولكنه خرج عليها لانه لم يسلم بان الفكر هو الذي يحرك التطور الانساني، بل يقول ان القوة المحركة في

التاريخ ليست الفكر بل الانسان الثوري، ويستطرد ماركس بالقول بان الانتاج الاقتصادي هو الاساس والذي يتشكل بموجبه البناء السياسي والفكري. وبذلك يصل ماركس الى ما اسماه التفسير المادي او الاقتصادي للتاريخ. ويؤكد العالم الانجليزي فريدريك إنجلز (Fredric Engels) وهو زميل ورفيق ماركس، بان الطبيعة دائمة الحركة والتغير، وان الوجود يسمح باجتماع الاضداد، وهذا المنطق هو ما يعبر عنه بالديالكتيك.

وبالنسبة الى ماركس فان المحرك الرئيسي للتاريخ البشري هو قوى الانتاج (Production Forces) وليس الفكر، كما يقول هيجل، وكلما تتطور قوى الانتاج يمر التاريخ بمراحل تطور تتماشى مع نمو وتطور قوى الانتاج. والقوانين العامة التي تفسر احداث التاريخ، في نظر ماركس، هي اولاً نقض النقيض، اي ان كل مرحلة تنقض سابقتها، وهذه الاخيرة تجد ما يناقضها وهكذا، والثاني هو تداخل الاضداد والثالث هو العلاقة بين المتغيرات الكمية والمتغيرات النوعية (فالمتغيرات الكمية تقود الى متغيرات نوعية).

ورغم ذلك فان ماركس لم ينكر أثر النواحي الفكرية او الفنية على الحياة الانسانية، ولكنه بيّن بان هذه النواحي تخضع لاوضاع الانتاج القائمة. فمجموع روابط الانتاج تكوّن الهيكل الاقتصادي للجماعة (والتي تعرف بالقاعدة Base)، اي انها الاساس الحقيقي الذي يقوم عليه الهيكل القانوني والسياسي والأخلاقي الذي يتصل به أو ما يعرف بالبناء الفوقي (Superstructure) . وعليه ليس الوعي الانساني هو الذي يحدد للانسان طريقة معيشته (كما يقول هيجل) بل ان طريقة معيشته هي التي تحدد للانسان وعيه وفكره. وباختصار فان العامل الاقتصادي هو العامل الرئيسي والحاسم عند ماركس والذي يشكل كافة العوامل الاخرى بما فيه الفكر.

2. نظرية التفسير المادي أو الاقتصادي للتاريخ

طبق ماركس فكرة التطور الديالكتيكي على النظم الاجتماعية. حيث يقول ان كل نظام اجتماعي يحمل في ثناياه عوامل فنائه، وبذلك ينتقل التاريخ من نظام اجتماعي الى آخر نتيجة لعوامل التطور. ويشرح ذلك بالقول انه عندما تتطور قوى الانتاج (التي هي علاقات تعاونية) وتصل الى مرحلة معينة، تصطدم مع علاقات الانتاج (Production Relations) القائمة، اي علاقات الملكية التي هي خاصة وفردية، تتحول هذه العلاقات الى اغلال تعيق تطور قوى الانتاج. وهنا تبدأ الثورة الاجتماعية لتحل هذا التناقض بين قوى الانتاج الاجتماعية وعلاقات الانتاج الفردية. وبذلك يؤكد ماركس بان تاريخ المجتمع البشري لم يكن الا تاريخ لصراع الطبقات الاجتماعية.

هذان هما الاساسان الفلسفيان اللذان تقوم عليهما نظرية ماركس، وهما يقودان الى فكرة الحتمية (Determinism) في التطور التاريخي. ولهذا ادعى ماركس بانه اكتشف القوانين التي تحكم تطور التاريخ، وان الظروف الاقتصادية هي المحددات الاساسية لكل العلاقات الاجتماعية، وحتى الوعي الانساني، بالنسبة الى ماركس. ويؤكد ماركس بان الصراع متاصل في الراسمالية وان الازمات هي محرك التغيير التاريخي، ويمكن استئصالها فقط من خلال تحطيم النظام نفسه.

2.3.7 التحليل الاقتصادي للمدرسة الماركسية [(5)]:

ان الاشتراكية، في نظر المدرسة الماركسية، هي نظام اقتصادي اجتماعي يتميز بالملكية الجماعية لوسائل الانتاج، وغياب استغلال الانسان لاخيه الانسان، وان الانتاج الاجتماعي يخضع للتخطيط على نطاق المجتمع بأسره. وبدلاً من أن

يكون هدف الانتاج هو الربح لمالكي وسائل الانتاج فان الهدف هنا هـو تلبيـة حاجـات الناس وانهاء الاستغلال.

والسمة العامة للاشتراكية هي:

1. في الميدان الاقتصادي، اسلوب الانتاج الاشتراكي.

2. في الميدان الاجتماعي انعدام التناحرات الطبقية.

وقد هـاجم مـاركس الفكـر الاقتصادي الكلاسـيكي، رغـم اعتمـاده في تحليلاتـه الاقتصادية على بعض النظريات والطروحات الكلاسيكية.

ويتمحور التحليـل الاقتصادي للمدرسـة الماركسـية حـول الافكـار والنظريـات الاتية:

1. نظرية قيمة العمل وفائض القيمة

أخذ ماركس هذه النظريـة عـن المدرسـة الكلاسـيكية الانجليزيـة، حيـث تحـدد قيمة اي سلعة بعـدد سـاعات العمـل المبذولـة في صنعها. فالعامل يبيع قـوة عملـه، ويشتريها منه الراسمالي طبقاً لنظرية القيمة. وتتحدد قيمة العمل بعـدد السـاعات من العمل اللازمة لانتاجها، اي السـاعات الضـرورية لانتاج مـا يلـزم العامـل مـن ضروريات الحياة. ويضيف ماركس بان الراسمالي، بعد ان يشتري من العامـل قوتـه العاملة، فانه يقوم بتشغيل هذه القوة عدداً من السـاعات اكبر من السـاعات التـي دفع قيمتها فعلاً، والفرق بين الاثنين يمثل فائض القيمـة (Surplus Value) الـذي يحصل عليه الراسمالي. وعليه فان الفرق بين الحد الادنى اللازم لابقاء العامـل عـلى قيد الحياة وبين قدرة العامل الانتاجيـة الفعليـة يظهـر عـلى شـكل فائض القيمـة (وهذا هو سر تكوين راس المال عند ماركس). ومن وجهة نظر الراسمالي فان

قدرة العامل على خلق قيمة اكبر من تلك التي تمنح له على شكل أجور هي شرط مسبق لتشغيل العمال.

2. قانون تراكم راس المال

يقر ماركس بان التراكم (Accumulation) يظهر من حصص الدخول التي يحصل عليها مالكوا وسائل الانتاج. ويؤكد ماركس بان الراسماليين يستثمرون الجزء الاكبر من ارباحهم في اقامة رؤوس اموال منتجة من الالات والمكائن والمصانع الجديدة. ويعزو ماركس ذلك الى ما ياتي:

أ-   ان نفسية الراسماليين تدفعهم الى ذلك لكي يشبعوا ميلهم لزيادة الانتاج.

ب- بهدف تحقيق المنافسة، لان المنتج يعلم ان بقاءه في السوق يعتمد على بيعه السلع باقل ثمن مما يبيع به الاخرون. لهذا فهو يسعى لتخفيض نفقة الانتاج وذلك من خلال زيادة انتاجية عماله، المتأتية من زيادة استخدام الالات والمكائن، وهكذا تتراكم رؤوس الاموال.

الا ان تراكمات رؤوس الاموال تؤدي الى زيادة انتاج السلع والخدمات وبالتالي زيادة العرض من السلع دون ان يقابلها زيادة في الطلب.

ويؤكد ماركس بان فائض القيمة يتجه نحو الارتفاع، لان انخفاض اسعار السلع سوف يقلل من عدد ساعات العمل المطلوبة لانتاج كميات السلع اللازمة لحد الكفاف.

كما ان استخدام تكنولوجيات متقدمة يعني ان قيمة السلع (مقاسة بمقدار العمل اللازم). سوف تتناقص، وان اسعار هذه السلع سوف تنخفض وهكذا تتزايد هذه العملية لان الراسماليين مضطرون للبقاء في منافسة تقليل الاسعار. ولهذا فان النظام يجبر الراسماليين على الاستمرار في التراكم واستخدام الابتكارات

الموفرة للعمل (Labour Saving) ، وهكذا فان الطلب المتزايد على المكائن سوف يعمل على تقليص فرص العمل للذين يعملون بتقنيات متخلفة. كما ان الحرفيين سوف يكونون من الاوائل الذين يعانون من توسع التصنيع، لان معظم وقت عملهم سوف يكون غير ضروري اجتماعياً. كما ان الراسماليين الصغار سوف يتم تحطيمهم وازاحتهم من السوق. وهكذا فان احلال المكائن محل العمل سوف يؤدي بالنهاية الى توسيع حجم الجيش الاحتياطي للعاطلين (Reserved Army of Unemployed) مما يدفع بمستوى الاجور الى الانخفاض الى حد الكفاف.

3. تركز رؤوس الاموال

يؤكد ماركس على ان النظام الراسمالي يميل الى تركيز رؤوس الاموال عن طريق المنافسة غير العادلة مما يؤدي بالمشروعات الكبيرة الى اخراج المشروعات الصغيرة من السوق نهائياً، وبذلك تنفرد المشروعات الكبيرة (قليلة العدد) في السوق. وعليه فالنظام الراسمالي يتجه في تطوره تحو تركيز رؤوس الاموال في ايدي فئة قليلة وتحويل عدد كبير من صغار المنتجين والتجار الى مجرد عمال.

4. تحليلات توزيع الدخل

يقسم ماركس المجتمع الى طبقتين هما الراسماليون والعمال، وليس ثلاثة كما يرى الاقتصاديون الكلاسيك. وان بقاء الاجور عند مستوى الكفاف يستمد من آلية النظام الراسمالي نفسه، وبتأثير الجيش الاحتياطي للعاطلين. لكن هذا لا يعني ان الاجر الحقيقي لن ينحرف عن مستوى الكفاف. ولفترات قصيرة يمكن تصور ان اشتداد الطلب على العمل ربما يرفع معدلات الاجور فوق الحد الادنى.

5. نظرية ماركس في الازمة (مصير الراسمالية الى الفناء)

يشار هنا الى ان كلاً من المدرسة الكلاسيكية والمدرسة الماركسية تتضمن تفسيراً منطقياً للازمة. فكلاهما يرى بان القوانين الطبيعية للديناميكية الاقتصادية تدفع النظام نحو مصيره المحتوم. ولكن بالنسبة الى ماركس فان النهاية تأتي بشكل عنيف ومن خلال النضال الانساني. ويشار هنا الى ان تفسير ماركس للازمة يستند للطروحات الفلسفية وليس للتحليل الاقتصادي، حيث يؤكد ان الرسمالية تولد تراكم راس المال الثابت ومع التراكم يزداد الجيش الاحتياطي للعاطلين ويتفاقم الفقر والتعاسة للعمال. ومن جهة اخرى يتنامى حجم الطبقة البروليتارية من القادمين من الطبقة الراسمالية، وخاصة المنظمين الراسماليين الصغار الذين سحقتهم المنافسة غير المتكافأة. وهكذا فان التازم الاجتماعي المتولد من الراسمالية يكون شديداً بحيث لا يمكن للتحول ان يُنجز سلمياً. فالثورة هي الجزء الرئيسي من النظرية الماركسية للازمة. فالثورة الاشتراكية تنشأ لوجود التناقض بين طريقة الانتاج التي تجعل القوة العاملة تمثل المجتمع كله تقريباً، وبين ملكية وسائل الانتاج التي تتركز في ايدي فئة قليلة من الافراد. فالتناقض بين جماعية العمل وفردية الملكية هو الذي يحرك الصراع الطبقي ويصل به الى الثورة العنيفة التي تقضي على الرسمالية نفسها[6].

ويرى البعض بان الثورة العنيفة التي تقلب النظام الراسمالي لا يمكن تفسيرها استناداً الى المنطق الاقتصادي لهذا فان فكرة ماركس حول ديناميكية التاريخ هي وسيلة ضرورية واساسية لهذا الاستنتاج.

3.3.7. تقييم افكار الاشتراكية الماركسية [7]:

في معرض تقييم افكار الاشتراكية الماركسية من المناسب ان نذكر الجوانب الايجابية وكذلك الجوانب السلبية.

أولاً: الجوانب الايجابية:

1. ان الاشتراكية الماركسية قدمت نظاماً فكرياً متكاملاً يفسر التطور الاجتماعي في كافة مراحله دون ان يقتصر على الجانب الاقتصادي البحت.

2. وجه ماركس النظر بقوة الى الاهتمام بفكرة التطور وبحث قوانينه واتجاهاته والعوامل التي تؤثر فيه.

3. ان فكرة التفسير المادي أو الاقتصادي للتاريخ تعطي منهجاً للبحث يمكن تطبيقه في نطاق العلوم الاجتماعية المختلفة، حيث طُبق في تفسير الاداب والقانون والسياسة.

4. اظهر الفكر الاقتصادي الماركسي عيوب الراسمالية وهذا ما دفع بالفكر الراسمالي الى التطور ومعالجة العيوب، وبهذا فان الفكر الماركسي قد خدم الفكر الراسمالي والمجتمعات الراسمالية دون ان يقصد او يرغب. كما ان وجود هذا التيار الماركسي وما مثّله من خطر على الراسمالية قد دفع حكومات البلدان الراسمالية الى التدخل لمعالجة المساوىء الموجودة في النظام المذكور.

5. ان تحليل ماركس كان قوياً في اظهار كيفية حدوث التقدم الاقتصادي في المجتمع الراسمالي بالقوى الذاتية الموجودة في داخله.

ثانيا: الجوانب السلبية

1. انتقاد نظرية القيمة وفائض القيمة:

تعرضت نظرية القيمة في العمل وفائض القيمة الى الانتقاد، حيث اشار البعض بانه لا يمكن التسليم بصحة هذه النظرية، لان عنصر العمل ليس هو العنصر الانتاجي الوحيد، ولهذا لا يمكن للعمل ان يفسر لوحده قيمة السلعة. ولا يمكن قياس كميات العمل بساعات العمل. كما ان هذه النظرية تؤسس قيمة أي سلعة بنفقة الانتاج لوحدها (المستندة الى عنصر العمل) وتهمل جانب الطلب. وبتهدم نظرية قيمة العمل تنهدم معها نظرية فائض القيمة وفكرة الاستغلال للعمال.

2. انتقاد نظرية الاجور:

يقرر ماركس ان الاجور في النظام الراسمالي تتحدد عند المستوى اللازم لحصول العمال على ضروريات الحياة، وان اتجاهها خلال التطور يكون نحو الانخفاض. الا ان الوقائع الاقتصادية، ولا سيما في القرن العشرين، لم تؤيد نظرة ماركس في هذه الناحية نظراً للارتفاع الذي حدث في الاجور الحقيقية في العصر الحديث، والذي جعل الاجر الحقيقي أعلى من المستوى اللازم لحصول العامل على ضروريات الحياة.

ويفسر الاقتصاديون هذا الارتفاع في مستوى الاجور الحقيقية بارتفاع انتاجية العمال نتيجة لزيادة استخدام الالات والمعدات المتطورة. فالاجر في النظرية الحديثة يتحدد على اساس انتاجية العمل، وهذه الانتاجية قد ارتفعت في العصر الحديث على اثر استخدام الالات والمكائن المتطورة والناجمة عن تراكم رؤوس الاموال المستخدمة في الانتاج.

وهكذا فانه في الوقت الذي يقرر ماركس ان تراكم رؤوس الاموال يؤدي الى زيادة استغلال العمال واتجاه اجورهم نحو الانخفاض يوصلنا التحليل الحديث الى الاستنتاج بان تراكم رؤوس الاموال على شكل آلات ومعدات يزيد من انتاجية العمل ومن ثم يزيد من مستوى الاجور.

3. الواقع العملي يناقض النظرية:

طبقاً لنظرية ماركس فان جوهر نظرية التطور التاريخي ينص على ان التحول الى الاشتراكية لا يتم الا بعد ان يكون الاقتصاد قد مر بمرحلة النظام الراسمالي الصناعي، وبعد ان تكون تناقضات هذا النظام قد اوصلته الى نقطة الانفصام التام بين طبقة الراسماليين وطبقة العمال.

الا ان الواقع العملي الذي تحقق دفع الكثيرين الى التشكك في صحة هذا التفسير الماركسي للتطور: فالاشتراكية وتطبيقاتها التي تحققت في العديد من البلدان لم تولد في البلدان الراسمالية الصناعية مثل انجلترا وفرنسا والمانيا. فالدولتان الكبيرتان اللتان توطنت فيهما الاشتراكية لاول مرة (وهما الاتحاد السوفيتي (سابقا) والصين الشعبية) كانتا دولتين اقطاعيتين. وهكذا يبين الواقع ان الاشتراكية يمكن ان تظهر من غير ان يكون المجتمع قد مرَّ بمرحلة الراسمالية الصناعية.

وقد حاول بعض الكتاب الماركسيين الرد على هذا الانتقاد من خلال ما عُرف " بنظرية "حرق المراحل" وان بالامكان الانتقال من النظام الاقطاعي الى الاشتراكية دون المرور بالراسمالية، اي اختصار مرحلة النظام الراسمالي. غير ان تفكك الاتحاد السوفيتي وتحول معظم البلدان الاشتراكية الى النظام الراسمالي دفع البعض الى القول بان التحول القسري الى الاشتراكية وعدم السماح للبرجوازية الوطنية من النمو لتعيش فترة النظام الراسمالي قبل الانتقال الى الاشتراكية كان خطأً جسيماً.

ويشار ايضاً بان البلدان الراسمالية استطاعت البقاء وتأجيل الانهيار مـن خـلال الاستثمار في المستعمرات. كما ان الانخفاض المتوقع في الارباح قد تم ايقافه وان ازاحـة العمال من وظائفهم قد تمت بمعدلات منخفضة وان حجم الجيش الاحتياطي للعـاطلين كان اصغر مما كان متوقعاً. وقد ظهر بانه من الممكن حصول تحسن في مستوى دخـول الطبقة البروليتاريا في البلدان المستعمرة مع الانخفاض الحاصل في تكلفة مكونات حيـاة الكفاف. كما ان ادارة الحرب الناجحة تطلبت تدخلاً واسعاً مـن قبـل الـدول في الحيـاة الاقتصادية وبذلك انتهت او تقلصت الفوضى الراسمالية. كل هـذه التطورات الجديـدة قد غيّرت من النتائج السلبية التي توقعتها الماركسية للبلدان الراسمالية[8].

4. انتقادات في الناحية الفلسفية[9]:

انتقد البعض فكرة حتمية التطور التاريخي في اتجاه معين. وهنا يطرح البـعض السؤال بخصوص كون الانسان مسيّر أم مخيّر. والجواب لدى البعض هو ان الانسان وان كان محكوماً الى درجة بالظروف التي تحيط به وبالماضي الذي يكون قد مرّ به يستطيع بارادته ان يؤثر بعض الشيء في التطور الذي يحدث في مستقبله.

ومن ناحية اخرى يذكر البعض بان ماركس لم يطبـق نظريـة التطور التاريخي على المجتمع الاشتراكي او على المجتمع الشيوعي فيمـا بعـد. فاذا كـان التطور قانونـاً اجتماعياً عاماً فلماذا اذن لا ينطبق على الاشتراكية او على الشيوعية نفسها.

5. عدم قدرة النظم الاشتراكية على مواجهة التحديات

يؤكد البـعض بـان التطورات قـد أثبتـت بـان النظـام الاشـتراكي في الاتحـاد السوفيتي السابق لم يفلح في مواجهة التطورات والتحديات العالمية، وان حقيقة الامر كانت تشير الى مشكلات متزايدة نتيجة الغاء الحافز الفـردي او ضـعفه ومحاولـة التاكيد على الفلسفة المادية ومحو الاديان وجميع الفلسفات غير المادية، وكل هذا

كان يتعارض مع طبيعة البشر. فبعد نحو سبعين عاماً من قيام النظام الاشتراكي الماركسي يحدث الانهيار التام ويبدو ان الغالبية العظمى من الناس الذين عاشوا داخل هذا النظام وبالطريقة التي طبق بها لا يريدونه وانما يريدون حريتهم ويريدون ان يعودوا الى النظام الاقتصادي الحر [10].

6. ظاهرة تدخل الحكومات لمعالجة مساوىء الراسمالية

من المعلوم ان ماركس كان قد كتب نظريته في وقت كانت الراسمالية فيه تتبع سياسة الحرية الاقتصادية شبه المطلقة. فلم يكن هناك تدخل من جانب الدولة لاصلاح مساوىء النظام الراسمالي وتناقضاته، لكن الحال قد تغيرت في القرن العشرين، وخاصة بعد الحرب العالمية الثانية، اذ لم تعد البلدان الراسمالية تؤمن بمزايا الحرية الاقتصادية شبه المطلقة، للراسمالية. فقد قامت الحكومات بتحديد ساعات العمل، ووضعت حداً أدنى للاجور بموجب القانون، وتدخلت لمحاربة البطالة، وسنت التشريعات الاجتماعية التي تكفل رعاية المرضى والضعفاء وكبار السن والعاطلين عن العمل. وقد ادت كل هذه الاجراءات والاصلاحات الى ازالة الكثير من مساوىء الراسمالية أو على الاقل قد خففت منها، وبالتالي عالجت الاسباب التي اعتقد ماركس انها ستقضي ـ على النظام الراسمالي، وبذلك فقد قدمت الماركسية خدمة كبيرة للراسمالية دون ان تقصدها.

لكن الحال قد تبدل مرة اخرى وخصوصاً مع بداية مرحلة العولمة الحالية والتي تعارض بشدة تدخل الحكومات في النشاط الاقتصادي وتؤكد على الليبرالية الاقتصادية، الامر الذي قد يضعف من تأثير هذه الانتقادات الموجهة الى الماركسية في هذا المضمار.

7. تأثيرات فرض الضرائب على الدخل وراس المال لمحاربة تركز راس المال:

أوضح ماركس ان قانون تركز راس المال يـؤدي الى تركز رؤوس الامـوال في يـد طبقة قليلة العدد من الراسماليين، وان الغالبيـة العظمـى مـن السـكان سيتحولون الى عمال لا يملكون شيئاً، الا ان الحكومات في البلدان الراسمالية لم تسمح بتحقيق ذلك، اذ انها قامت بحماية صغار المنتجين من الراسماليين والحرفيين عـن طريق الـدعم المـالي والاقتصادي لهم، مع فرض ضرائب تصاعدية على الدخول والتركات ورؤوس الاموال، مما قد يؤدي في اغلب الدول الاوربية الى تخفيض حدة التفاوت في توزيـع الـثروة والـدخل، وخاصة منذ الحرب العالمية الثانية.

8. عدم استفادة النظام الاشتراكي من التجارب:

يشار الى ان النظام الاشتراكي لم يستفد مـن تجربـة الراسماليـة التـي اسـتطاعت تطوير افكارها وسياساتها عبر اكثر من قرن من الزمن. ولذلك بقيت المدرسـة الماركسـية جامدة على مفاهيم وافكار جاءت وليدة وقائع اقتصادية وعلاقات انتاجيـة وظروف اقتصادية واجتماعية سادت حياة المجتمع الاوربي في أعلى مراحـل تطورهـا الاقتصـادي والسياسي.

4.3.7 الاثار التي خلفتها النظرية الماركسية على المجتمعات البشرية [11]

يؤكد الـبعض بـان جميـع الانتقادات التـي وجهت للنظريـة الماركسية مـن الناحيتين الاقتصادية والفلسفية لا تنفي الاثار الكبيرة التي خلفتها علـى المجتمعـات البشرية المتقدمة والنامية. ويظهر ذلك من خلال الحقائق الاتية:

1. هناك فرق كبير بين صحة نظرية ماركس من الناحية العلمية وبين مـدى تأثيرهـا من الناحية الفعلية على تطور المجتمعات في جميع القارات. فرغم الانتقادات

الموجهة لهذه النظرية الا انه يجب التسليم بانها قد تركت تأثيراً ايجابياً كبيراً على الفكر الاقتصادي والسياسي في العصر الحديث. فلا ينكر ان عدداً كبيراً من الافراد يدينون بصحة النظرية الماركسية ويعملون وفقاً لما رسمته من مبادىء وتعاليم. ويكفي ان نذكر لبيان ذلك ان بلدين كبيرين كالاتحاد السوفيتي (السابق) والصين الشعبية وبقية البلدان الاشتراكية قد أخذت بهذه النظرية وعملت بها وحققت الكثير من المنجزات الضخمة خلالها.

2. ان ماركس خلق جواً فكرياً مستمداً من نظريته، وان هذا الجو قد انعكس في التطور الذي حدث بالكيفية التي بينها ماركس أو غيره من انصاره.

3. ان الانتقادات الموجهة للاشتراكية الماركسية لا تعني ان النظام الراسمالي مبرءاً من العيوب والمساوىء، فلهذا النظام الاخير عيوبه الجسيمة والخطيرة ومن أهمها التوزيع غير العادل للثروة والدخل والبطالة المستمرة او المتقطعة والاحتكارات التي تستغل المستهلكين، والاستعمار الذي استخدمته البلدان الراسمالية لاستغلال البلدان الاخرى.

4.7. رواد الاشتراكية الخيالية (الطوبائية) [12]

1. سان سيمون (Saint Simon) (1760 – 1825)

اشتراكي خيالي فرنسي، طور افكاره قبل ظهور الحركة السياسية للعمال في فرنسا. ودعى الى العمل والنشاط الصناعي، واعتبر ان الانتاج وليس الملكية هي الاساس للمجتمع. وقد تركز اهتمام سيمون في كتاباته بالعامل الانساني بالنسبة للطبقة العاملة وقد هاجم العاطلين (idlers) مما دفع اتباعه لمعارضة قوانين الارث وتبني فكرة الملكية الجماعية للثروات. وقد انشأ اتباع سيمون بعد موته مدرسة،

وقد ساعد تحمس سيمون للصناعات كبيرة الحجم ظهور البنوك الكبيرة لكنه لم يدعُ الى مصادرة الملكية الخاصة رغم ان بعض اتباعه فعلوا ذلك.

2. فورييه (Charles Fourier) (1772 – 1837)

كان فورييه اشتراكياً خيالياً وغريب الاطوار (eccentric) وكان ناقداً للراسمالية ولم يؤيد الانتاج الكبير والمكننة والمركزية ولم يؤيد المنافسة. ان الحل الـذي تبناه للمشكلات الاجتماعية هو تنظيم مجتمعات تعاونية يسودها النشاط الزراعي والانتاج الحرفي واعتقد بان الانتاج سوف يزداد بعشرة اضعاف مثيله في جو المنافسة. وقد دعـى الى المساواة التامة بين الجنسين وبعد اعطاء كل فرد الحد الادنى مـن مستوى الكفاف بغض النظر عن مساهمته، ويـوزع البـاقي بنسـب مختلفـة علـى راس المـال والمهارات والعمل.

وقد بقيت افكار فورييه مؤثرة وتركزت علـى المعيشـة التعاونيـة لخلـق الفـرد النبيل. وقد سعى لاعطاء كل فرد تـأمين الحد الادنى مـن احتياجاتـه الضـرورية والامـن والراحة، ورفض المغالاة في التخصص لانه يعيق الابداع الفردي رغم انه يزيد مـن حجـم الانتاج.

3. سيسموندي (Sismonde De Sismondi) (1773 – 1842)

هو اقتصادي سويسري من اصل فرنسي. هاجم الاقتصاد الكلاسيكي ولم يكن اشتراكياً بالمعنى المعاصر لكنه ساعد على تهيئة الفكر الاشـتراكي. وقد كتـب يقـول بان النظام الراسمالي، غير المسيطر عليه، لم يحقق النتائج التي توقعها (Smith) و (Say) بل حقق الفقر والبطالة. وقد اشار الى احتمال توسع الانتاج وظهور الازمات عندما تكون الاجور عند مستوى الكفاف ويزداد عندها حجم راس المال للاستثمار في المكائن والمعدات. ومن خلال الائتمان المصرفي يزداد حجـم الاسـتثمار والانتاج الصناعي بينما يكون الطلب على الاستهلاك محدوداً.

والنتيجة من كل ذلك فائض الانتاج وازمات متكررة مما يدفع نحو الاستعمار. وكان سيسموندي من اوائل الذين تكلموا بالمنطق الماركسي- الذي يقول بان الاستعمار الاقتصادي هو متأصل في الراسمالية.

ويؤكد سيسموندي بانه فقط التدخل الحكومي يؤمن الحد المعقول من الاجور والضمان الاجتماعي. واكد ان المصلحة الشخصية لا تنسجم بالضرورة مع المصلحة العامة. وكان اول من استخدم كلمة بروليتاري (Proletary) للعامل الاجير (ويشير المصطلح بالاصل الى الرجال في جمهورية روما الذين لا يملكون شيئاً ولم يدفعوا الضرائب). وكان سيسموندي ناقداً اجتماعياً اكثر منه اشتراكياً وهو معارض للنظرية الكلاسيكية لكنه لم يهاجم الملكية الخاصة.

4. روبرت أوين (Robert Owen) (1771 - 1858)

كان (أوين) من اشهر الاشتراكيين الخياليين حيث اعتقد بان شخصية الانسان تتكون من البيئة التي يعيش بها. ويرى بان الانسان يجب ان يوضع في البيئة التي يكون بها الشخص من الاخيار. لكن كل نظرياته عبارة عن احلام وبرامج نظرية. ويؤكد أوين بان وضع الناس في ظروف عمل جيدة سوف ينتج عنه اناس جيدون. وقد كان يوصي بالاصلاح الاجتماعي وليس الاصلاح الاخلاقي. وكان لأوين تأثير كبير على الاشتراكية وعلى نقابات العمال، وان كلمة الاشتراكية استخدمت لاول مرة في عام 1827 في مجلة التعاونية لتدلل على اتباع عقيدة التعاونية.

ان انتقادات أوين للراسمالية، وان احلامه للعمل الجماعي لتأليف مجتمعات تعاونية تستند على الصناعات كبيرة الحجم قد الهمت الكثير من الاجيال الاشتراكية. وقد حافظ أوين على توجهه نحو الاصلاح الاجتماعي الى النهاية.

5. ليوي بلانك (Louis Blank) (1811 – 1882)

يعتبر (بلانك) مؤسس اشتراكية الدولة، وهو اصلاحي فرنسي ـ وصحفي ومؤرخ. وفي نظر بلانك فان الحق الانتخابي العام سوف يحول الدولة الى وسيلة للتقدم والرفاهية. وقد هاجم الراسمالية ونظام المنافسة لكنه معارض لفكرة الحرب الطبقية (Class War). وقد ادان بلانك اتحادات العمال لانه كان ضد ممارسة الاضراب. ويعتقد ان تضامن المجتمع ككل سوف يشجع ويدعم التخطيط الاقتصادي لتحقيق التشغيل الكامل والخدمات وتعاونيات العمال التي تشجعها الحكومة.

هوامش الفصل السابع

(1) للمزيد من التفاصيل راجع:

Stanley L. Brue, op. cit, pp. 163 – 183.

- د. عبد الحسين وداي العطية، مرجع سابق، ص 102 – 104 .

- د. احمد فريد مصطفى و د. سهير محمد السيد حسن، مرجع سابق ص 127 – 180.

- د. راشد البراوي، مرجع سابق، ص 136 – 141.

(2) قارن: د. احمد فريد مصطفى ود. سهير محمد السيد حسـن، نفـس المرجـع ، ص 182 – 185.

(3) Stanley L. Brue, op. cit., P 164.

(4) قارن في ذلك:

- William Barber, op. cit., PP 116 – 122

- Stanley L. Brue, op. cit., PP 189 – 191.

- د. عبد الحسين وداي العطية، مرجع سابق، ص 104 – 106.

- د. عبد الرحمن يسري احمد، مرجع سابق، 257 – 250.

(5) – Stanley L. Brue, op. cit., PP 192 – 201.

- William Barber, op. cit., PP 129 – 151.

وكذلك – د. عبد الحسين وداي العطية، مرجع سابق، ص 107 – 112.

(6) William Barber, op. cit., P 150 – 151.

(7) Ibid., P 154 – 157.

وكذلك د. عبد الحسين وداي العطية، مرجع سابق، ص 113 – 117.

(8) William Barber, op. cit., PP 155 – 157.

(9) قارن: د. عبد الحسن وداي العطية، مرجع سابق، ص 117 – 118.

(10) د. عبد الرحمن يسري احمد، مرجع سابق، ص 265.

(11) قارن: د. عبد الحسين وداي العطية، مرجع سابق، ص 118 – 120.

(12) Stanley L. Brue, op. cit., PP 170 – 180.

الفصل الثامن

الفكر الاقتصادي للمدرسة التاريخية الألمانية

(*Economic Thought of the German Historical School*)

المدرسة التاريخية الألمانية [1]

1.8 مقدمة :

ظهرت هذه المدرسة في عام 1840 مع بداية كتابات (Fredrich List) و (William Roscher) وانتهت في 1917، مع وفاة (Gustav Schmoller). وكما هو الحال مع الاشتراكيين، فإن الاقتصاديين التاريخيين الألمان كانوا ناقدين للاقتصاد الكلاسيكي. ولم يكن غريباً ظهور أيديولوجية اقتصادية مختلفة في ألمانيا، حيث أن بعض المؤسسات الاقتصادية الرئيسية في ألمانيا كانت تختلف في القرن التاسع عشر عما هو موجود في بريطانيا. فالإجراءات التجارية (الميركنتالية) بقيت في ألمانيا حتى تأسيس الإمبراطورية في 1871، أي بعد اختفائها من بريطانيا بفترة طويلة، وأن المنافسة والحرية الاقتصادية التي أخذها الكلاسيك كمسلمة في تحليلاتهم الاقتصادية قد كانت مقيدة بشكل كبير في ألمانيا. وبسبب وجود البيروقراطية في ألمانيا فإن علم الإدارة العامه قد تطور كثيراً .

وقد دافعت المدرسة التاريخية عن أسلوب المعيشة الألمانية وقامت بترشيده من خلال التشكيك أو التساؤل حول مدى الملائمة التاريخية للعقائد الاقتصادية الكلاسيكية البريطانية. فقد كانت ألمانيا، التي نشأت بها المدرسة التاريخية، مجزأةً وضعيفةً وزراعية بالأساس. وأن القومية والوطنية والعسكرية والأبوية (Paternalism) والإخلاص بالواجب والعمل الشاق والتدخل الحكومي الواسع كلها اجتمعت لتغيير نمط النمو الاقتصادي وتشجيع النمو الصناعي. وحيث أن

ألمانيا في منتصف القرن التاسع عشر، متخلفة كثيراً عن انجلترا في تطور الصناعة فإن الاقتصاديين فيها قد قرروا بأن المساعدة الحكومية مطلوبة وضرورية لغرض اللحاق بانجلترا .

2.8 المبادىء الرئيسية للمدرسة التاريخية

تتضمن أفكار المدرسة التاريخية على أربعة مبادىء أساسية هي :

1. المقاربة التطورية للاقتصاد (Evolutionary Approach to Economics)

طبقت المدرسة التاريخية وجهة نظر تطورية ديناميكية في دراستها للمجتمع، حيث ركزت على التطورات التراكمية والنمو. ويعقد التشابه أحياناً مع نظرية التطور لـ (Darwin) في مجال علم الاحياء. ولهذا فإن العقيدة الاقتصادية الملائمة في بلد معين في فترة معينة قد لا تكون كذلك لبلد آخر ولعصر آخر .

2. التأكيد على الدور الايجابي للحكومة

(Emphasis on the Positive Role of Government).

كانت المدرسة التاريخية قومية في حين أن الاقتصاد الكلاسيكي كان فردياً وعالمياً (Cosmopolitan). ففي ألمانيا كانت الحكومة هي التي شجعت ورعت الصناعة والنقل والنمو الاقتصادي. وقد أعطت المدرسة التاريخية أهمية كبيرة للحاجة للتدخل الحكومي في القضايا الاقتصادية، وأكدت على أن المجتمع لديه مصالح خاصة وهي تختلف عن مصالح الفرد.

3. مقاربة تاريخية / استنباطية (Inductive / historical Approach)

أكد الاقتصاديون لدى المدرسة التاريخية على أهمية دراسة الاقتصاد من الناحية التاريخية كجزء من الكل المتكامل. وقد انتقدت المدرسة التاريخية خصائص

الأسلوب الحدي (Marginalist Methodology) التجريدية والاستقرائية والستاتيكيه وغير التاريخية. وادعت المدرسة بأن طريقتها التاريخية سمحت لها لدراسة كل القوى التي تمثل الظاهرة الاقتصادية. وقد عارض بعض الاقتصاديين التاريخيين تقريباً كل أنواع التنظير (Theorizing) وأنكروا بأن يكون هناك أية قوانين اقتصادية واعتقدوا بأن أنماط التنمية يمكن أن تُفهم أو تدرك من خلال التاريخ .

4. المناداة بالإصلاح المحافظ (Advocacy of Conservative Reform)

اعتقد الاقتصاديون التاريخيون بأن الدولة الألمانية يجب أن تتعهد بتحسين الأوضاع للإنسان العادي، وأن مثل هذا سوف يقوي الإخلاص للدولة. وعندما تضمن الدولة صحة ورفاهية وكفاءة عمال المصانع وتنفذ الإصلاحات المختلفة فإنها سوف تبعد الطبقة العاملة عن الايديولوجية الاشتراكية الثورية .

3 .8 تقييم أفكار المدرسة التاريخية

لقد أصبحت الطريقة الاستنباطية التاريخية مقبولة بشكل واسع كطريقة مكملة للطريقة الاستنتاجية التجريدية. وينظر البعض إلى أن هجومها على الحرية الاقتصادية كان مساهمة لهذه المدرسة، حيث أصبح هذا الموقف اتجاهاً للمستقبل. فقد أقر أعضاء هذه المدرسة بأن المنشآت غير الخاضعة للقيود لا تنتج بالضرورة، أفضل النتائج للمجتمع ككل. إلا أن القومية الألمانية التي نادى بها الاقتصاديون التاريخيون قد تجاوزت نفسها كثيراً، حيث تطورت إلى عسكرية هائجة قادت ألمانيا، من خلال حربين عالميتين، إلى دمار شامل .

ويرى البعض بأن أعضاء المدرسة التاريخية الألمانية، في الوقت الذي خدموا أنفسهم، حيث تمتعوا بعلاقات حميمة مع المسؤولين الحكوميين وحصلوا على مواقع راقيه في صلاتهم الأكاديمية، فإنهم خدموا أيضاً الحكومة الألمانية الإمبراطورية، من خلال الدفاع عن دورها في الدولة القومية. كما أنهم خدموا مجموعات رجال الأعمال وملاك الأراضي ، من خلال دعمهم الإصلاحات المعتدلة والتي أعاقت التوجه نحو الديمقراطية المتطرفة للمجتمع .

4.8 أبرز مفكري المدرسة ومساهماتهم

1. فريدريك ليست (Fredrich List) (1789 - 1846)

يعتبر (List) من رواد المدرسة التاريخية. فقد نادى بالتجارة الحرة داخل ألمانيا لكنه دعا إلى الحماية من خلال تعرفه جمركية مرتفعه ضد المستوردات من السلع المصنعة وذلك لحماية الصناعات المحلية الناشئة. إن هذه الفكرة والتي تؤيد الحماية الجمركية قد عرفت فيما بعد بفكرة الصناعة الناشئة (Infant Industry Argument) ، وقد عارض (List) حماية الزراعة لأنها كانت تعتبر صناعة قديمة وناضجة ولأن الصناعة تطلبت مواد خام زراعية رخيصة وأن العمال يحتاجون إلى مواد غذائية رخيصة. وإضافة إلى ما تقدم فإن تطور الصناعات كبيرة الحجم من خلال الحماية سوف يعمل على توسيع السوق المحلي للإنتاج الزراعي. وقد أدان (List) كلاً من (Adam Smith) والاقتصاد الكلاسيكي لكونه ادعى عالمية نظرية حرية التجارة والتي كانت في الواقع ملائمة لانجلترا، لكنها لم تكن كذلك بالنسبة للبلدان المتخلفة . وقد أكد (List) على فكرة مراحل النمو الاقتصادي وحث الحكومة على مساعدة الناس الذين يرغبون المرور من مرحلة أدنى إلى مرحلة

أعلى، ووقف ضد منافسة البلدان المتقدمة. وعندما يصل البلد مرحلة النضوج الصناعي يمكن له أن يعود إلى التجارة الحرة.

2. ويلهلم روشر   (Wilhelm Roscher) (1817-1894)

كان (روشر) واحداً من مؤسسي المدرسة التاريخية الأقدم، ورغم أنه رفض الاقتصاد الكلاسيكي لكنه مع ذلك عمل على البناء على تلك الأفكار. ويقول (روشر) بأن المعرفة التي نحصل عليها من استخدام الطريقة التاريخية تستغني عن الشعور بالاكتفاء الذاتي. وقد أوضح ميله وقربه من النظرية الاقتصادية من خلال تضمين شكل مبسط من نظرية السعر الكلاسيكية الانجليزية في كتابه (مبادئ الاقتصاد السياسي). وبدلاً من إهماله للنظرية المجرده فقد سعى لاكتشاف أساسها التاريخي. وقد أكد بأن دراسة الحقائق المعاصرة والآراء هي ضرورة إضافية إلى الطريقة الكلاسيكية الاستنتاجية

.

3. غوستاف شمولر (Gustav Schmoller) (1838 – 1917)

يعتبر (شمولر) من القياديين في المدرسة التاريخية الأحدث . وكان من المؤسسين(لرابطة السياسة الاجتماعية) وأن مثل هذا التنظيم يؤيد التشريعات الاجتماعية وساعد في تشجيع فكرة توسيع النشاط الحكومي في القضايا الاقتصادية والاجتماعية. ويعتقد (شمولر) بأن تجميع المعلومات الوصفية والواقعية هو أكثر أهمية من التنظير الاستقرائي. ويعتقد أيضاً بأن أصل العمليات الاقتصادية يضيع حالما يتم عزله وتجزأته ولهذا فقد أراد أن يطور الاقتصاد على أساس المقالات التاريخية. وقد أكد بأنه يجب دعم وتشجيع الأحكام القيمية (Value Judgements) وأن تتحقق العدالة في النظام الاقتصادي من خلال الرعاية الأبوية (Paternalistic)والإصلاح الاجتماعي الذي تتبناه الدولة والجماعات الاجتماعية.

إن المبدأ الذي يقود الإصلاح الاجتماعي عند (شمولر) هو توزيع متكافىء للدخل. وقد اتهم (شمولر) المدرسة التاريخية الأقدم بأنها حاولت تطبيق دروس التاريخ بسرعة كبيرة. ودعا إلى عمل دراسات تاريخية أكثر من أجل تأسيس قاعدة تطبيقية للسياسة الاقتصادية القومية، لكنهم فشلوا في الوصول إلى نظرية اقتصادية وأن مساهمتهم الكبيرة انحصرت في حقل التاريخ الاقتصادي.

ويذكر أن (شمولر) قد غيَّر أفكاره فيما بعد بخصوص الحمائية (Protectionism ففي حياته المبكرة كان مدافعاً قوياً عن حرية التجارة لكنه في عام 1901 أخذ يفضل الحماية الجمركية لألمانيا وحيّا كلا من (Alex Hamilton) و (Fredrick List) ، وهم الدعاة الكبار للحماية، كأساتذة له. وقد برر الحماية على أساس الصناعة الناشئة (Infant Industry) التي نادى بها (List) وشعر بأن التعرفة الجمركية هي بمثابة سلاح عالمي الذي قد ينفع البلد إذا ما استخدم بمهارة .

4. ماكس فيبر (Max Waber) (1864 -1920)

لقد أثار (waber) جدلاً حول العلاقة بين البروتستانتيه وظهور الرأسمالية، ويبدو له بأن الرأسمالية كانت نتيجة وليست سبباً لحركة الإصلاح الديني (Reformation) . إلا أن (R.H. Tawney) وآخرين عارضوا تحليلات (Waber)، ذلك لأن الدين، بطبيعة الحال، قد ترك تأثيره على نظرة الناس حول المجتمع. إلا أن التغيرات الاقتصادية والاجتماعية هي الأخرى قد أثرت بقوة على الدين. ويقول متنقدوه بأن (Waber) قد أكد على النقطة الأولى لكنه مرَّ على النقطة الثانية مرور الكرام .

وأخيراً يقول البعض بأن المدرسة التاريخية الألمانية قد انتهت بموت (شمولر) لكن طريقتها في البحث ووجهة نظرها استمرت بعد ذلك التاريخ.

هامش الفصل الثامن

(1) اعتمد هذا الفصل بتصرف على المرجع الآتي .

Stanley L. Brue , op.cit., pp 210- 225 .

الفصل التاسع

الفكر الاقتصادي لمدرسة الكلاسيك المحدثين

Economic Thought of the Neoclassical)
(School

الفصل التاسع

مدرسة الكلاسيك المحدثين

(Neoclassical School)

1.9 ظهور المدرسة الكلاسيكية المحدثة :

في النصف الأخير من القرن التاسع عشر استمر التقدم الصناعي في انجلترا وفرنسا وبقية دول غرب أوربا، وازداد الرخاء بصورة لم تكن متوقعة من قبل. وظهر وكأن النمو الاقتصادي لم يعد يمثل مشكلة تستحق كل هذا الاهتمام الذي أولاه الاقتصاديون الكلاسيك. وأصبح الاعتقاد بأن النمو يمكن أن يتم من تلقاء نفسه بصورة طبيعية. كما أن تنبؤات الكلاسيك قد أخفقت بشأن عدم تمكن العمال من الخروج من دائرة أجور الكفاف. كما أخفقت تنبؤات (كارل ماركس) بصدد زوال النظام الرأسمالي، رغم صحة الكثير من التفسيرات الماركسية لحركة النظام الرأسمالي وبعض الظواهر الاقتصادية مثل حدوث حالات الكساد المتكررة والبطالة وازدياد حجم المشروعات الصناعية. فقد ازداد حجم القوة العاملة وارتفع مستواها المعيشي تدريجياً فوق مستوى الكفاف وتناقص مصدر فائض القيمة، إذ انخفض عدد ساعات العمل عما كانت عليه سابقاً [(1)].

وقد تمثل تأثير البيئة الاقتصادية والثقافية الجديدة في أواخر القرن التاسع عشر وأوائل القرن العشرين في توجيه اهتمام الاقتصاديين إلى تحليل السلوك الاقتصادي، مع التركيز على سلوك الوحدة الاقتصادية (المستهلك والمشروع والصناعة) وكيف يتم لهذه الوحدات اتخاذ قراراتها. وقد اتجه الاقتصاديون الكلاسيكيون المحدثون (النيوكلاسيك) إلى الاعتقاد بأن آلية السوق الحر كفيله

بتوزيع الموارد الاقتصادية وتوجيهها نحو أفضل الاستخدامات. وقد مثل هذا الاتجاه تطوراً في طبيعة التحليل الاقتصادي، حيث أن دراسة السلوك الاقتصادي للوحدات الصغيرة جعل للاقتصاد الجزئي المكانة الرئيسية في العلم، وهذا على عكس ما كان عليه الحال عند الكلاسيك، حينما تركزت اهتماماتهم على المسائل الكبيرة مثل الدخل الوطني وتوزيعه ونموه وكلما يدخل في ميدان الاقتصاد الكلي[2]. وهكذا فقد عكس النيوكلاسيك أولويات التحليل بعيداً عن النمو طويل الأجل وأن مثل هذا التغيير في التوجه في الفكر الاقتصادي يرتبط مع التغيرات الحاصلة في البيئة الاقتصادية للمجتمعات الغربية المشار إليها أعلاه.

ومن وجهة نظر الاقتصاديين النيوكلاسيك فإن المشكلة التي تستحق الدراسة هي مسألة عمل نظام السوق ودورة في توزيع الموارد. وقد تغير الهيكل الاقتصادي عما كان عليه أيام الكلاسيك. فالتركز الصناعي نما بشكل كبير ونقابات العمال بدأت تفرض تأثيرها بشكل واضح وتسمع صوتها. وإضافة إلى التغيرات في البيئة الاقتصادية فإن التيارات الفكرية هي الأخرى تركت آثارها على اختيار القضايا النظرية. فقد استنتج الكتاب النيوكلاسيك وجود بعض مظاهر عدم الكمال (imperfections) في النظام الاقتصادي الذي يدعو إلى سياسات تعالج ذلك. أن كل هذه التأثيرات تجمعت لتوجه اهتمام المنظرين الاقتصاديين لتحليل السلوك الاقتصادي الذي يركز على الوحدات الصغيرة لمتخذي القرارات، والطريقة التي تتخذ بها قراراتها. ومن النتائج المباشرة لهذا الاتجاه هو رفع منزلة نظرية سعر السوق. ولم تعد مناقشة السعر تخضع إلى اهتمامات القيمة الطبيعية ومحدداتها على الأمد الطويل[3].

وقد أصبح التنظير الاقتصادي نشاطاً علمياً وأن أغلبية المساهمين الذين اهتموا بمعالجة مشكلات النيوكلاسيكية هم مواطنون من بلدان مختلفة. فقد ظهرت

مدارس اقتصادية مهمة في فيينا ولوزان والسويد والولايات المتحدة الأمريكية إلى جانب انجلترا (كما سنرى بشيء من التفصيل لاحقاً) . وبتعبير النيوكلاسيكية فإن الاقتصاد أصبح شيئاً عالمياً وأكثر علمية في إدعاءاته وأقل تجهماً وبؤساً في استنتاجاته .

2.9 بداية الفكر الاقتصادي الحدي

أدت التطورات الاقتصادية والاجتماعية المذكورة أعلاه إلى قيام طائفة من الاقتصاديين المفسرين للأساليب التي يعمل بها النظام، من أمثال (Stanley Jevons) و(Karl Menger) و (John Clark) و (Leon Walras) ثم فيما بعد (Alfred Marshall). وكانت مساهماتهم ذات أهمية قصوى في تطوير الفكر الاقتصادي وعلم الاقتصاد الحديث .

وقد ظهرت الأفكار الاقتصادية، والتي عرفت بالأفكار الاقتصادية الحدية، في وقت واحد في انجلترا والنمسا وسويسرا، وعلى يد ثلاثة من الكتاب وبشكل مستقل الواحد عن الآخر وهم Jevons (1835-1882) و Menger (1821-1840) و Walras(1834-1910) .

ويصعب الحديث عن هذا التيار الفكري الذي يمثله هؤلاء الكتاب على أنه يشكل مدرسة فكرية متكاملة كالمدرسة الكلاسيكية أو المدرسة الماركسية، ذلك لأنهم لم يخرجوا في كثير من المسائل والمشكلات الاقتصادية عن النتائج التي كانت معروفة قبلهم. ولكن يلاحظ بأنهم قد جاءوا بطريقة جديدة في التحليل الاقتصادي استخدمت لدراسة المشكلات الاقتصادية المختلفة والتي لازالت تستخدم حتى يومنا هذا. وقد أقامت هذه المجموعة تحليلها على فكرة المنفعة الحدية (Marginal Utility)، أي منفعة الوحدة الأخيرة ، ولهذا أطلق البعض عليها المدرسة الحديه

(Marginalist School). كما أطلق آخرون عليها المدرسة الرياضية لأن (Walras) و ( ) Jevons طبَّقاً طريقة رياضية في البحث [4].

أن فحوى التحليل الاقتصادي لرواد الاتجاه الحدي في الفكر الاقتصادي أنه يتركز حول ماهية العوامل التي تحدد قيمة الأشياء، أي نظرية القيمة. وقد أجابوا على هذا السؤال بأن قيمة كل سلعة تتوقف على منفعتها الحدية.

وتتلخص النظرية الحدية في فكرتين رئيسيتين هما:

1. الحاجات المختلفة قابلة للإشباع :

تكون الحاجة إلى السلعة ابتداء ملحة وكلما زاد عدد الوحدات التي تستهلك من تلك السلعة قلت شدة الحاجة إلى تلك السلعة تدريجياً، وكلما تناقص عدد وحدات السلعة المتوفرة زاد مقدار المنفعة التي نحصل عليها من كل وحده من وحدات تلك السلعة. ويعرف هذا القانون بإسم قانون تناقص المنفعة الحدية، الوارد ذكره عند دراسة الاقتصاد الجزئي .

2. تتحدد قيمة أي سلعة، بالنسبة للشخص، بالمنفعة التي يحصل عليها من الوحدة الأخيرة .

ومما سبق، يتبين بأن النظرية الحدية تدخل في تفسيرها للقيمة فكرتين أساسيتين هما: **الأولى**، فكرة الإشباع، **والثانية**، فكرة ندرة السلع القابلة للإشباع. ومن اندماج الفكرتين نخرج بفكرة المنفعة الحدية التي تحدد قيمة السلعة بالنسبة لكل شخص.

وقد حلت هذه النظرية صعوبة كانت قائمة من قبل وهي أن الهواء والشمس بالرغم من نفعهما الكبير للإنسان إلا أنه لا قيمة لهما في السوق. ويرجع ذلك إلى حقيقة أن الهواء والشمس لهما منفعة كلية كبيرة ولكن نظراً لعدم ندرتهما

وتوفرهما بكميات كبيرة جداً، فإن منفعتهما الحدية تساوي صفراً. وعلى هذا فلا تكون لهما قيمة في السوق. ويمكن تطبيق نفس الفكرة لبيان كيف أن بعض السلع الضرورية كالخبز مثلاً أقل قيمة في السوق من بعض السلع الأخرى النادرة كالماس والذهب.

وقد ثار سؤال في هذا الصدد مفاده أن الوحدات الأولى من السلعة تعطي منفعة أعلى من منفعة الوحدة الأخيرة، فكيف تتحدد قيمة كل الوحدات على أساس منفعة الوحدة الأخيرة ؟ وهنا يجيب الاقتصاديون الحديون بأن قانون الإحلال هو الذي يفسر ذلك، وينص على أن الوحدات المتجانسة من السلعة يمكن أن يحل بعضها محل البعض الآخر وتكون لها جميعاً نفس القيمة التي تتحدد على أساس منفعة الوحدة الأخيرة .

وفي مجال السياسة الاقتصادية يؤمن الحديون بالحرية الاقتصادية شبه المطلقة كأسلافهم الكلاسيك، ولذلك فقد نادوا بعدم تدخل الدول في الحياة الاقتصادية، إلا في بعض المسائل الاستثنائية. كما أن الحديين يفترضون وجود مجتمع رأسمالي لأن تحليلهم يستند على افتراض وجود سيادة الملكية الخاصة والمنافسة الكاملة، وتولي الأفراد النشاط الاقتصادي،وما على الدولة إلا أن تتولى حماية هذا المجتمع وتقيم العدل بين أبناءه واحترام العقود التي يبرمونها فيما بينهم [5].

ومن الملامح العامة للفكر الحدي ما يأتي:

1. الاعتماد على المفهوم الحدي.

2.التركيز على الوحدة الاقتصادية.

3. الارتكاز على نظام اقتصادي يتميز بالمنافسة الكاملة.

4.أصبح الاقتصاد شيئاً غير موضوعي (non-positive) ويخضع للأحكام الذاتية . (Normative)

5. الطلب هو المحدد الرئيسي للسعر وليس تكاليف الانتاج.

6. آلية السوق تحقق دائماً التوازن في الاقتصاد.

7. افترضت السلوك الرشيد للفرد واعتمدت الحرية الاقتصادية.

8. جعلت الاقتصاد علماً قابلاً للقياس.

3.9 تقييم افكار الاقتصاديين الحديين [6]

رغم ان الافكار الاقتصادية في معظمها لا تزال مقبولة في دراسة علم الاقتصاد لحد الآن، حيث ما زالت طريقتها في التحليل الجزئي مطبقة الا أنها تعرضت الى العديد من الانتقادات وأهمها:

1. إيمانها بالرجل الاقتصادي (Economic Man) الذي يسعى لتحقيق اكبر نفع. ومعلوم ان الانسان غالباً ما يتصرف تصرفات لا تعكس العامل الاقتصادي فقط بل عوامل وتأثيرات أخرى اجتماعية ونفسية.

2. دفاعها عن الحرية الاقتصادية، وانها تهمل الفئات الفقيرة وتترك المجتمع الرأسمالي نهباً لآلام البطالة والفقر والجوع.

3. أقامت الافكار الحدية تحليلها على الوحدات الاقتصادية الصغيرة وأهملت الوحدات الكلية الكبيرة مثل الدخل القومي والاستهلاك والادخار. ان مثل هذا التفكير خاطئ كما بين الاقتصادي (Keynes) فيما بعد، ذلك لان الاحجام الكلية قد لا يمكن الحصول عليها من مجرد اضافة الاحجام الجزئية. واوضح مثال على ذلك حالة الادخار. فعندما يعمل الافراد على زيادة

ادخاراتهم فان حجم الادخار لهؤلاء يزداد ولكن قد لا يؤدي ذلك الى زيادة الادخار الكلي في الاقتصاد، لان زيادة الادخار لدى هؤلاء يعني نقص الطلب على السلع لديهم مما يؤدي الى انخفاض دخول المنظمين وانخفاض ادخاراتهم. وقد يكون نقص ادخار المنظمين اكبر من زيادة ادخار الأفراد المشار اليهم وبذلك ينقص حجم الادخار الكلي عما كان عليه سابقاً.

4.9 أبرز رواد الفكر الاقتصادي الحدي [7]

رغم ان التحليلات الاقتصادية الحدية الأولى قد جاءت من Von Thuner و Dupuit و Cournot و Gossen ، الا ان الحدية، كمدرسة للفكر الاقتصادي، تعود الى (Stanley Jevons) في انجلترا و (Carl Menger) في النمسا و (Leon Walras) في لوزان/ سويسرا. وقد ظهرت الافكار الحدية لهؤلاء الثلاثة في وقت واحد وفي اماكن مختلفة وكلها تعبر عن عدم القناعة بالنظريات الاقتصادية القديمة. وسوف نستعرض في ادناه ابرز افكار ومساهمات الاقتصاديين الثلاثة المذكورة اسماؤهم اعلاه.

1. Stanley Jevons (1882-1835)

وهو اقتصادي انجليزي، أكد على اهمية الدراسات التطبيقية في الاقتصاد واعتبر ان القوانين الاقتصادية خاضعة للتعميم (Generalization) . كما أقر بان قيمة السلعة تعتمد على المنفعة الحدية لتلك السلعة. ففي حالة استهلاك السلع تحدث حالة التوازن لدى المستهلك عندما لا يكون هناك أية ميزة لأي شخص في التبادل، أي ان المنفعة الحدية لطرفي التبادل تكون متناسبة مع السعر وكما يأتي :

$$\frac{MUA}{PA} = \frac{MUB}{PB}$$

حيث ان: MUA تمثل المنفعة الحدية للسلعة A

MUB تمثل المنفعة الحدية للسلعة B

و PA و PB يمثلان سعر السلعة A والسلعة B على التوالي.

ان المعادلة أعلاه تعني ان نسبة المنفعة الحدية للسلعة A الى سعرها يساوي نسبة المنفعة الحدية للسلعة B الى سعرها. واعترف (Jevons) بتأثير قيمة العمل في تحديد قيمة السلعة ولكن بشكل غير مباشر، حيث ان العمل يؤثر في العرض وان عرض السلعة يؤثر في درجة المنفعة، وهذه الاخيرة تؤثر في قيمة السلعة. واعترض (Jevons) على نظرية حد الكفاف الكلاسيكية بخصوص الاجور، واعتبر ان الاجور حصة متبقية من اجمالي الانتاج.

2. Carl Manger (1840-1821)

قام (Menger) بمناقشة مطولة حول المفهوم الاقتصادي للسلع، التي يجب ان تكون مهيأة لاشباع حاجة انسانية معينة، وتتميز بالندرة ولها خصائص تجعلها مرتبطة بالسلع الاخرى (علاقات تكامل أو احلال) في اطار اشباع الحاجات. ويقرر (Menger) بان الافراد، وبناء على ما لديهم من معلومات عن العرض والطلب، يختارون السلع والكميات التي تحقق لهم اقصى اشباع، وان قيمة السلعة ترتبط بمنفعتها للأفراد، وان القيمة تعتمد على الاحكام الشخصية ولا علاقة لها بتكاليف الانتاج. وبذلك فقد تناول (Menger) قانون تناقص المنفعة الحدية [8]

3. Leon Walras (1910-1834)

افترض (Walras) سيادة مبدأ المنافسة الكاملة والمساواة بين الاسعار في السوق. ويؤكد بانه لكل فرد منحنى منفعة، ويعظم الفرد منفعته عن طريق التبادل، ويعظم الفرد اشباعه عندما تكون الاسعار المدفوعة تتناسب مع المنافع الحدية للسلع المعنية.

وقد توصل (Walras) الى مفهوم التكاليف في الامد الطويل (أي تكلفة الفرصة البديلة). وقد استطاع (Walras) الوصول الى تحليل التوازن الساكن في ظل المنافسة الكاملة، ويحصل التوازن لدى المستهلك عندما يحقق اكبر اشباع ممكن.

5 .9 ألفرد مارشال والمدرسة الكلاسيكية المحدثة (1842-1924)

(Alfred Marshall and the Neoclassical School)

يعتبر مارشال من اكثر افراد المدرسة الكلاسيكية المحدثة نبوغاً، وان اعماله تعكس التطور الكبير في النظرية الاقتصادية في اطار المدرسة الكلاسيكية المحدثة (النيوكلاسيكية). فقد قام (مارشال) بتطوير الافكار الحدية تطوراً كبيرا وحوّلها الى ما عرف فيما بعد، بالمدرسة الكلاسيكية المحدثة (النيوكلاسيكية). ويعتبر (مارشال) بحق من أبرز المفكرين الاقتصاديين في أواخر القرن التاسع عشر وبداية القرن العشرين، وذلك بسبب مساهماته الكثيرة والتي بقيت حية حتى يومنا هذا. وان تحليلاته الاقتصادية تمثل بمثابة الخصائص الرئيسية للنيوكلاسيكية [9]. إن افكار (مارشال) الأكثر أهمية قد تضمنت في كتابه الشهير (Principles of Economics) المنشور في عام 1890. وقد ادخل مارشال المقاربة الهندسية في التحليل الاقتصادي وحاول دمج الجزء الأفضل من افكار المدرسة الكلاسيكية مع الفكر الحدي وانتج ما عرف بالاقتصاد النيوكلاسيكي.

ومن أبرز مساهمات مارشال ما يأتي: [10]

1. انتقد مارشال فكرة الانسان الاقتصادي وذلك لضيق أفقها.
2. قدم مارشال اسلوب تحليل التوازن الجزئي (Partial Equilibrium Analysis) كآداة للتحليل الاقتصادي وافتراض بقاء الاشياء الاخرى على حالها (Ceteris Paribus)

3. إن معظم ابتكارات مارشال تركزت في نظرية القيمة والأسعار، فقد جمع مارشال في نظريته بين المنفعة والنفقة، ولهذا فإن القيمة تتحدد عنده من خلال العرض والطلب معاً، وبذلك اختلف عن ريكاردو الذي ركز على نفقة العمل في تحديد القيمة، كما اختلف عن الاقتصاديين الحديين الأوائل الذين ركزوا على الطلب فقط (اي المنفعة الحدية) في تحديد القيمة

4. ويرى مارشال بان الاستهلاك هو الأساس وهو الغرض من النشاط الاقتصادي. وقد استحدث مارشال فكرة فائض المستهلك (Consumer's Surplus) الذي يمثل الفرق بين ما يكون المستهلك راغباً في دفعه ثمناً لسلعة وبين الثمن الذي يدفعه فعلاً، وبذلك فقد تعمَّد مارشال قلب عبارة ماركس بخصوص فائض القيمة

5. ادخل مارشال فكرة المرونة (Elasticity) في التحليل الاقتصادي، ويقصد بها مارشال مدى تأثير التغيرات في سعر السلعة على الكمية المطلوبة منها.

6. درس مارشال فكرة التوازن في الاسواق المختلفة: المنافسة التامة وسوق الاحتكار التام.

7. وضح مارشال كيفية توزيع الدخل القومي وظيفياً بين الاجور والريع والأرباح والفائدة بدلاً من التوزيع الطبقي الذي كان سائداً لدى المدرسة الكلاسيكية ولدى المدرسة الماركسية.

8. ادخل مارشال عنصر الزمن في التحليل الاقتصادي عن طريق التمييز بين الفترة القصيرة والفترة المتوسطة والفترة الطويلة.

ويذكر أن الاقتصاديين الكلاسيك المحدثين كانوا حديين، إلا أنه مع ذلك هناك ثلاثة اختلافات فيما بين الحديين الاوائل وبين الاقتصاديين الكلاسيك المحدثين وهي:

1. أكدت الأفكار النيوكلاسيكية على كل من الطلب والعرض في تحديد الاسعار للسلع والخدمات وعناصر الانتاج، بينما اتجه الحديون الى التأكيد على الطلب فقط.

2. اهتم العديد من الاقتصاديين النيوكلاسيك (قبل Fisher و Wicksell) بدور النقود في الاقتصاد مما فعل الحديون الاوائل.

3. وسع النيوكلاسيكيون التحليلات الحدية لتتلائم مع هياكل السوق المختلفة وهي المنافسة التامة والاحتكار التام والمنافسة الاحتكارية والاحتكار الثنائي، وان هذا الاختلاف قد انعكس في اعمال مارشال الذي يعتبر بمثابة الممثل الأكبر للمدرسة النيوكلاسيكية [11].

1.5.9 المبادئ الرئيسية لمارشال

ونستعرض في أدناه الأفكارة الاقتصادية الاساسية والتحليلات التي جاء بها مارشال[12]

1. تحليل السعر:

يبدأ تحليل عمل نظام السوق مع سلوك المستهلكين و المنتجين. فالمستهلكون يبحثون عن أقصى اشباع، والمنتجون يهدفون الى تعظيم عوائدهم. وينعكس هذا الجانب في مفهوم الطلب الذي يمثل، عند مارشال، العلاقة بين الكميات المطلوبة والاسعار. ويمكن تمثيل هذه المجموعات من الكميات والاسعار بيانياً كجدول أو كمنحنى يربط الاسعار بالكميات. وطبقاً لمارشال فإن الطلب يستند إلى قانون تناقص المنفعة الحدية، وكان مارشال مهتماً بالفترة القصيرة وفي نقطة زمنية معينة لا تسمح بتغيير محددات الطلب وهي الاذواق والدخل إلخ... ويهتم مارشال بالسلع

الاستهلاكية القابلة للتجزأة (Divisible). ومع إضافة كل وحدة اضافية من السلعة فان الزيادة في الاشباع الكلي سوف تتناقص. ولهذا فإن المستهلك الرشيد سيكون مستعداً لدفع مبلغ أقل للوحدة الاخير بالمقارنة مع الوحدات السابقة، ولهذا فإن الانخفاض في السعر يكون ضرورياً لتحفيز المستهلك على شراء كميات أكبر من السلعة.

ويشتق مارشال منحنى طلب السوق من حاصل جمع طلب جميع المستهلكين في السوق. ويستند تحليل مارشال هذا الى فرضيات تتعلق ببقاء العوامل الاخرى ذات العلاقة بالطلب ثابتة لا تتغير، مثل اذواق المستهلكين ودخولهم واسعار السلع الاخرى. ذلك لأن التغير في أي من هذه العوامل يؤدي الى تغير وتحرك منحنى الطلب بكامله. ومن الناحية العملية فإن المستهلك يختار من بين عدد السلع، فإذا كان عليه أن يعظم المنفعة التي يحصل عليها من مستوى معين من الدخل، فيجب عليه تعديل انفاقه بحيث يصل الى حد لا يمكنه من زيادة مستوى المنفعة بتغيير نمط انفاقه. وان تعظيم المنفعة يتحقق عندما تحقق الوحدة النقدية الأخيرة المصروفه على جميع السلع نفس القدر من الاشباع.

لكن الطلب لوحدة لا يعطينا الا جزءاً من التفسير في تحديد السعر، والجزء الآخر يعود إلى الشروط التي تلائم المنتجين لتجهيز السلع. إن هيكل التكلفة الحدية يحدد شكل منحنى العرض. وكما ان منحنى الطلب يتحرك عند تغير الشروط التي يخضع لها فإن منحنى العرض هو الاخر يتحرك عند حصول تغير في تكاليف الانتاج. ويتحقق السعر عند مارشال من خلال تقاطع منحنى الطلب مع منحنى العرض.

2. نظرية الانتاج

تبلـورت نظريـة الانتـاج النيوكلاسـيكية علـى يـد مارشال وتركـزت حـول مسـألتين هما:

الأولى، الكيفية التي يقوم المنتج بموجبها مزج عناصر الانتاج.

والثانية، التعديلات في هذا المزيج حينما تتغير ظروف السوق.

فبالنسبة للمسألة الاولى فإن هدف تعظيم الأربـاح لـدى المنتجـين يتمثـل في محـاولتهم تدنيه التكاليف (Cost Minimization)، وإن المنظم الرشيد سوف يختار التشكيلة من الانتاج التي تحقق ادنى تكلفة. أما بالنسبة للمسألة الثانية, فهـي اكـثر تعقيـداً إذ أنهـا تختص بالكيفية التي يتسجيب بها المنتج لتغير ظروف السوق. وفي ظل التمسك بهدف تعظيم الارباح، ولاغراض التحليل قام مارشال بتقسيم الفـترة الزمنيـة الى ثلاثـة أقسـام: الاولى دعاها فترة السوق (Market Period) وعرفها بأنها من القصر بالنسبة الى المنتج بحيث لا يستطيع تغيير حجم الانتاج استجابة للتغير في الاسعار. والثانيـة، دعاهـا فـترة الأمد القصير (Short Run) والتي تسمح لتكيف الانتاج من خلال زيادة عدد العـاملين او زيادة كمية المـواد الخـام. ويشـار الى ان مثـل هـذه التكيفـات قـد تـؤدي الى زيـادة التكاليف الحدية. والثالثـة، دعاهـا فـترة الامـد الطويـل (Long Run) والتي تسـمح بتوسيع الطاقة الانتاجية وخصوصاً عندما تكون الزيادة في الطلب مستمرة لفترة طويلة.

3. نظرية التوزيع

بالنسبة الى مارشال ومن عاصره من الاقتصاديين النيوكلاسيكيين فان تحليل نظريـة التوزيع (Distribution) هـي بالاسـاس تمثـل مشـكلة في مجـال تسـعير الخـدمات الانتاجية والتي تتبع نفس نظام تسعير المنتجات. حيث يتحدد توزيع الدخل في

الاقتصاد التنافسي من خلال تسعير عوامل الانتاج، وعلى المنتجين أن يقارنوا دائماً مستوى الكفاءة لكل عامل من عوامل الانتاج. وعليهم ايضا ان ينظروا في امكانية الاحلال بين العوامل المذكورة. وعلى المنتج ايضاً ان يجد التشكيلة من عناصر الانتاج التي تحقق ادنى التكاليف الانتاجية، وعليه أيضاَ ان يعرف ماذا تضيف الوحدة الاضافية من عوامل الانتاج الى قيمة الانتاج. وسوف يستخدم العنصر الانتاجي الى الحد الذي يكون فيه الناتج الصافي لايزيد على السعر المدفوع لذلك العنصر [13]

وتستند هذه المقاربة (Approach) على تقسيم عناصر الانتاج الثلاثة وهي الارض والعمل ورأس المال، واضاف بعض الكتاب إليها التنظيم. فالأجر هو عائد العمل، والفائدة عائد مالكي رأس المال، والريع عائد الخدمات الانتاجية التي توفرها الارض. وبالنسبة الى الكلاسيك فقد جعلوا الريع خاصاً بالارض الزراعية، في حين ان مارشال والنيوكلاسيك يتكلمون عن ريع الاراضي غير الزراعية أو عناصر الانتاج التي يتميز عرضها بالثبات في الاجل القصير أو شبه الريع (Semi Rent). وفي هذا التعريف فإن مفهوم الربح، والذي علق عليه الكلاسيك اهمية كبيرة، فان اهميته أصبحت محدودة للغاية عند مارشال، حيث أنه يعتقد بأن معظم الدخل الذي كان يعزى في السابق الى الارباح قد توزع بين عائد للادارة وبين الفائدة. ولهذا فإن الارباح الكبيرة عند مارشال اقترنت بظروف غير عادية مثل حالة الاحتكار. وتجدر الاشارة الى ان مثل هذه المقاربة لنظرية التوزيع تمثل رفضاً للنظرة الكلاسيكية وكذلك للنظرة الماركسية، اللتان تستندان الى التوزيع الطبقي لعوائد عوامل الانتاج. فالنظرية النيوكلاسيكية استندت الى التفسير الوظيفي (Functional) لتوزيع الدخل الذي يربط الدخل بمساهمة عناصر الانتاج، ولهذا فإن قوى العرض والطلب هي التي تحدد عوائد عناصر الانتاج.

2.5.9 مارشال والتغيرات الاقتصادية في الاجل الطويل

لم يهتم مارشال بالتغيرات الاقتصادية في الامد الطويل ضمن اطار الفكر النيوكلاسيكي، حيث اعتقد بأن رأي الكلاسيك فيما يخص النمو الاقتصادي كان متشائماً، وان حالة الركود الاقتصادي لم تتحقق، رغم الزيادة المستمرة في السكان. فقد تحسنت الاجور الحقيقية للعمال واستمرت عملية التراكم الرأسمالي دون ان تسبب بإزاحة أعداداً كبيرة من العمال. كما أن نمو الطلب على المواد الغذائية لم يمنح اصحاب الاراضي سيطرة كبيرة على الاقتصاد كما توقع الاقتصاديون الكلاسيك. وفي رأي مارشال فان تزايد الريع لم يحدث بسبب الاضطرار الى زراعة اراضي اقل خصوبة، ولكن بسبب نمو الطلب من جانب القطاع الصناعي ومشروعات الاسكان على اراضي الضواحي.

وبخصوص الاجور فإن معالجة مارشال قد اختلفت عن معالجة الكلاسيك حيث رفض مارشال تبرير نظرية الاجر الحديدي، كما رفض الرأي القائل بان النمو السكاني سوف يمنع أي تحسن في الاجور الحقيقية. وتوقع مارشال بأن يتطور وضع العمال ويتحسن مستوى الخبرة والقدرة على العمل لديهم، وتتزايد انتاجيتهم ودخولهم. ورفض مارشال أيضاً الآراء الراديكالية الماركسية بشأن أثر التراكم الرأسمالي على العمل. ففي رأيه أن التوفير في عدد العمال الناجم عن احلال الالة في الامد القصير سوف يتم تعويضه عن طريق النمو في الطلب على العمل في صناعات السلع الرأسمالية والصناعات الثقيلة. أما الارباح التي توقع الاقتصاديون الكلاسيك هبوط معدلاتها فإن مارشال لم يعطها إلا القليل من الاهتمام، وأن سعر الفائدة هو الذي أصبح محل الاهتمام لأنه يمثل المقياس المناسب لعائد أصحاب رأس المال. فقد أكد مارشال بأن التحسن في فنون الانتاج سوف يستمر بمعدلات اعلى من تلك التي توقعها الكلاسيك.

وأخيراً اعتقد مارشال بأن السوق الذي يقوم على المنافسة التامة كفيل بتخصيص الموارد الاقتصادية بشكل جيد وعادل، لكنه قال، بأنه في بعض الحالات، فإن الاسواق غير المنظمة وغير المسيطر عليها (Unregulated) لا يمكن الاعتماد عليها لتحقيق النتائج المرغوبة اجتماعياً. ففي مثل هذه الحالة فإن المنافسة لا تحقق الكفاءة المطلوبة، لكنه مع ذلك فقد تردد مارشال في أن يوصي بتدخل الدولة في القطاعات الاقتصادية التي تتمتع بتزايد عوائد الحجم لأنها سوف تساعد على ظهور درجة عالية من التركز الصناعي (Industrial Concentration)

3.5.9 الوفورات الداخلية والوفورات الخارجية [14]

إن الوفورات الداخلية (Internal Economies)، طبقاً إلى مارشال، هي الانخفاض الحاصل في التكاليف الانتاجية الناشئة عن نمو المنشأة الانتاجية والناجمة عن التخصص والانتاج الكبير واستخدام المكائن. كما أن البيع والشراء هو الآخر يمثل سبيلاً للوفورات المرافقة لزيادة حجم المنشأة. وإن المنشآت الكبيرة تحصل على الائتمان بشروط أسهل وتستطيع استخدام القدرات الادارية العالية بشكل أكثر كفاءة.

أما الوفورات الخارجية (External Economies) فتأتي من خارج المنشأة وتعتمد على التطور العام للصناعة والتوسع الصناعي في منطقة جغرافية معينة. فمع نمو الصناعة فإن موردي المواد الخام يبنون مصانع بالقرب من الصناعات القائمة والتي تتوسع باستمرار مما يجعل هذه التجهيزات ارخص بسبب انخفاض تكاليف النقل وبسبب الانتاج الواسع. فقد اعتقد مارشال بأن توسع الانتاج في الصناعة سوف يزيد حجم المنشأة الممثلة (Representative Firm) ومن وفوراتها، لذلك تنخفض تكلفة الانتاج للوحدة الواحدة بالنسبة للعمل، وبالنسبة للتكاليف

الاخرى، وذلك مع زيادة الانتاج. والوفورات الخارجية متاحة لكل المنشآت الانتاجية في الصناعة.

4.5.9 المدرسة النيوكلاسيكية والبلدان المتخلفة اقتصادياً

جرت محاولات لتطبيق النظريات النيوكلاسيكية على مشكلات البلدان المتخلفة، لكن البلدان المذكورة لا تمتلك الاسواق الواسعة والمنظمة وان المقايضة مازالت معروفة وقائمة في العديد من البلدان.

وقد بحثت المدرسة النيوكلاسيكية عن الاسباب التي تعرقل تحركات الموارد الاقتصادية في البلدان المتخلفة والتي تؤدي الى عرقلة تحقق التوزيع الأمثل لهذه الموارد. إن القيود على تحركات الموراد تنشأ بفعل عوامل عنصرية وقبلية وطائفية، ويعزي البعض هذه الظاهرة الى التدخل الحكومي في الشؤون الاقتصادية في البلدان المذكورة.

ويشكك الكلاسيكيون المحدثون (النيوكلاسيك) في قدرة الاسواق في هذه البلدان على تهيئة الفرص للنمو الاقتصادي وذلك بسبب العقبات الهيكلية التي تقف في طريق التوزيع الأمثل للموارد، وأن على الحكومة أن تقوم بمهمة تقييم أو تسعير الموارد الاقتصادية بما يعكس وفرتها النسبية وذلك لغرض الاقتراب من وضع التوازن الامثل.

ولهذا يرى البعض بأن اجور العمال في البلدان المتخلفة اعلى من انتاجية العمل، وان اسعار الفائدة منخفضة جدا بسبب ارتباطها بالاسعار العالمية للاقراض اكثر من ارتباطها بالظروف المحلية لهذه البلدان.

5.5.9 مساهمات اخرى في المدرسة النيوكلاسيكية

رغم دور واهمية (ألفرد مارشال) الكبير في تطوير الفكر النيوكلاسيكي، فقد ظهرت مساهمات اخرى في هذه الموضوعات في أماكن اخرى مختلفة. وهناك أربعة طروحات ساهمت في تشكيل افكار المدرسة النيوكلاسيكية. ونستعرض في ادناه بإيجاز أبرز مساهمات كل من (Walras) و (Clark) و (Bawerk) و (Wicksell) [15]

1. ليون والراس (Leon Walras) (1843-1910)

وهو اقتصادي فرنسي وعاش معظم حياته في سويسرا. وقد سار على نهج يختلف عن النهج الذي سار عليه مارشال. فقد اهتم (Walras) بالنظرية البحتة (Pure Theory) التي عرضها بأنها نظرية تحديد الاسعار تحت نظام المنافسة الحرة. وقد حاول اعطاء الاقتصاد منزلة علمية وحاول الوصول الى التوازن في جميع الاسواق في آن واحد، اي التوازن العام (General Equilibrium) الذي يأخذ في الاعتبار الاعتماد المتبادل لكل النشاطات الاقتصادية.

2. جون كلارك (John Bates Clark) (1847-1936)

يعتبر كلارك عملاقاً من بين الاقتصاديين النيوكلاسيكين الامريكان، وان مساهمته الرئيسية في عمله الرائد في نظرية الانتاج والتوزيع واستخدام ادوات التحليل الحدية. فالمنتج الرشيد، في نظر كلارك، سوف يستخدم كلا من عناصر الانتاج الثلاثة الى الحد الذي يتساوى فيه سعر الوحدة الحدية مع ناتجها الحدي.

3. يوجين بويرك Eugen Von Bohm Bawerk (1851-1914)

هو أحد ممثلي المدرسة النمساوية ويعتبر عملاقاً، رغم أن المفاهيم الحدية كان قد بدأها قبله (Carl Menger). وتركزت كتاباته على طبيعة رأس المال والفائدة.

وقد أعطى رأس المال مكانة مستقلة. ويقول (Bawerk) بـأن انتاجيـة رأس المـال هي التي تحدد سعر الفائدة وتنظم قرارات الادخار والاستثمار.

4. كنوت ويكسل Knut Wicksell (1851-1926)

قام (Wicksell) بتنقيح المقاربة الحدية لتحليلات القيمة والتوزيع. وان مسـاهمته التحليلية الرئيسية كانـت في مجـال النظريـة النقديـة. ويؤكـد (Wicksell) بـأن النقـود والإئتمان لهما تأثير حاسم على النشاط الاقتصادي. وان الإئتمان الـذي تقدمـه البنـوك يتحدد بشكل رئيسي من خلال الطلب عـلى حجـم القروض، والـذي بـدوره يشـتق مـن المزايا الصافية التي يتوقعها المقترض من استخدامه لرأس المال.

وباختصار تشير تحليلات (Wicksell) الى احتمال كون سـلوك اسعار الفائـدة بـدلاً من ان تضمن التوازن فإنها تعمل على توليد حركات تراكمية بعيـداً عـن التـوازن. وان الصلة غير المباشرة التي أسسها (Wicksell) بين النظـام النقـدي وبين مسـتوى النشـاط الاقتصادي عبر سعر الفائدة قـد أشرت حصـول ثـورة كـبرى في الفكـر الاقتصادي والتـي هزت أسس الاقتصاد النيوكلاسيكي في الثلاثينات من القرن العشرين .

(1) قارن:

- د. عبد الرحمن يسري احمد، مرجع سابق، ص 267 – 269.

- د. عبد الحسين وداي العطية، مرجع سابق، ص 121 – 122.

وكذلك: William J. Barber, op.cit, pp 163- 167

(2) قارن:

د. عبد الرحمن يسري أحمد، نفس المرجع ص 268.

(3) وقد وصف أحد المعلقين هذا التغيير في التأكيد على أنه إزاحـة القضـايا الكلاسـيكية الكبيرة في موضوعات النمو والتوزيع من قبل قضايا صغيرة مثل لماذا تكلَّف البيضـة اكثر من سعر كوب الشاي؟ وأن مثل هذه الطريقة مكنت من إستخدام الرياضيات في التحليل الإقتصادي وخاصة تطبيقات التفاضل، إنظر:

William J. Barber, op.cit, pp 164- 167

(4) قارن: د. عبد الحسين وداي العطية، مرجع سابق ص 123.

(5) نفس المرجع، ص 127.

(6) نفس المرجع ص 130

(7) Stanley L. Brue, op.cit, pp 249 -262

(8) قارن: د. عبد الرحمن يسري أحمد، مرجع سابق، ص 281 – 282

(9) William J. Barber, op.cit, p 168.

(10) قارن: د. عبد الحسين وداي العطية، مرجع سابق، ص 128 – 130.

(11) Stanley L. Brue, op.cit, p 295.

(12) William J. Baber, op.cit, pp 170- 194.

وكذلك د. عبد الرحمن يسري أحمد، مرجع سابق، ص 292 – 305.

(13) Stanley. Brue, op.cit, pp 170- 194.

(14) Ibid, pp 314 – 315.

(15) William J. Barber, op.cit, pp 198-207.

الفصل العاشر

الفكر الاقتصادي للمدرسة المؤسسيه

(*Economic Thought of the Institutionalist*

School)

الفصل العاشر

المدرسة المؤسسيه [1]

(The Institutionalist School)

تعتبر المدرسة المؤسسية مساهمة امريكية للفكر الاقتصادي. وقد بدأت هذه المدرسة في عام 1900 واستمرت حتى الوقت الحاضر. وأن مؤسسها هو (Thorstein Veblen) وهناك مفكرون آخرون ساهموا في بلورة طروحات هذه المدرسة والتي اعتبرت فيما بعد بالمؤسسية التقليدية. ثم جاء (Douglass North) والذي أجرى تغييرات على توجهات وطروحات هذه المدرسة ولذلك عرفت بعد ذلك بالمؤسسية الجديدة. ولتغطية الموضوع من جوانبه المتعددة سوف نتناول الموضوعات الآتية:

1.10 نظرة عامة عن المدرسة المؤسسية.

2.10 المبادئ الأساسية للمدرسة المؤسسية.

3.10 أبرز رواد ومفكري المدرسة.

4.10 Douglass North والمؤسسية الجديدة

1.10 نظرة عامة عن المدرسة المؤسسية

خلفية تأريخية: ان النمو الاقتصادي السريع الذي حققته الولايات المتحدة الأمريكية بحلول الحرب العالمية الأولى كان باهراً، حيث أصبحت أمريكا أكبر

وأقوى الأنظمة الصناعية في العالم. إلا أن التحسن في الأوضاع المعيشية للكثير من العمال لم يكن في مستوى الطموح أو بمستوى التقدم المحرز. حيث أن ساعات العمل الطويلة، وخدمات الإسكان لم تكن كافية، والضمان في وقت المرض والبطالة وعند الشيخوخة كان ضئيلاً. كما أن التعليم العالي لم يكن بمقدور الكثيرين من ابناء العمال، وأن الوضع الصحي وشروط الأمان لم تكن كافية. ويمكن القول بأن عصر ـ الإحتكار قد بدأ في السبعينات من القرن التاسع عشر (1870s) ثم تسارعت هذه الظاهرة في نهاية القرن المذكور. وقد سيطرت الأصوات المحافظة سواء في المدارس أو في الصحافة أو في الحكومة، والتي تتبنى الحرية الاقتصادية وتستخدم القوة في فرض إرادتها ومصالحها.

إن مثل هذه البيئة السياسية والاقتصادية في نهاية القرن التاسع عشر ـ دفعت العديد من الاقتصاديين الى التشكيك بفرضيات واستنتاجات المدرسة النيو كلاسيكية والتي تنص على أن الحد الأدنى من التدخل الحكومي يحقق الحد الأقصى من الرفاهية. ولهذ فقد تصاعدت الحركة من أجل الإصلاح، وفي مثل هذه البيئة والأوضاع نما الاقتصاد المؤسسي.

وقد ظهر اتجاهان للاصلاح الاجتماعي، الأول أعادة تنظيم المجتمع على أسس اشتراكية، والثاني تحقيق الإصلاح الاجتماعي، اي تحسين الظروف الاجتماعية من خلال التدخل الحكومي في الاقتصاد. ان الهدف من المقاربة الثانية هو انقاذ الرأسمالية من خلال تحسين اوضاع الجماهير. ورغم ان (Veblen) كان منتقداً للحركات الاجتماعية ويفضل اعادة بناء المجتمع على أسس كلية أو جذرية، وان التغيرات التي جاءت بها الاتفاقية الجديد (New Deal) في الثلاثينات من القرن العشرـين في امريكا متأثرة بالأفكارة المؤسسية.

ان تأثير المدرسة التاريخية الألمانية على المدرسة المؤسسية الأمريكية كان واضحا للعيان، وقد كان (Veblen) نفسه متأثراً بمحاضرات الأستاذ (George S. Morris) الذي درَّس الفلسفة الهيجلية في الجامعات الالمانية.

2.10 المبادئ الأساسية للمدرسة المؤسسية

1. وجهة نظر واسعة وكلية (Holistic Broad Perspective)

ترى هذه المدرسة بانه ينبغي ان يتم فحص الاقتصاد ككل، وليس كأجزاء صغيرة ومنعزلة عن الكل. فالعضو المركب لا يمكن فهمه بدراسة كل جزء كما لوكان لا يرتبط بالكيان الأكبر. فالنشاط الاقتصادي هو ليس مجرد مجموع النشاطات للافراد المدفوعين بدوافع شخصية لتحقيق الكسب المادي الاكبر، حيث في النشاط الاقتصادي هناك ايضاً أنماط من العمل الجماعي الذي هو أكبر من مجموع الأجزاء.

2. التركيز على المؤسسات (Focus on Institutions)

أكدت هذه المدرسة على دور المؤسسات في الحياة الإقتصادية. فالمؤسسة ليست مجرد منظمة أو مؤسسة لتطوير وتعزيز هدف معين، بل هي أيضاً نمط منظم للسلوك الجماعي ومؤسس بشكل جيد كجزء أساسي من الثقافة. أنها تشتمل على عادات وأعراف اجتماعية وقوانين وأنماط من التفكير ووسائل للمعيشة. فالحياة الاقتصادية، يقول المؤسسيون (Institutionalists)، تنظم من قبل مؤسسات اقتصادية وليس بقوانين اقتصادية، والسلوك الجماعي والاجتماعي وانماط الفكر التي تؤثر فيها، هي مرتبطة بالتحليل الاقتصادي اكثر مما هي مرتبطة بالفردية، التي تؤكد عليها النظرية الحدية.

3. مقاربة تطورية داروينيه (Darwinian Evolutionary Approach)

ان المقاربة التطورية ينبغي أن تستخدم في التحليل الاقتصادي، لان المجتمع ومؤسساته هي في تغير مستمر. ولا يتفق المؤسسيون مع وجهة النظر الستاتيكية التي تسعى لاكتشاف الحقائق الاقتصادية الداخلية دون الاهتمام بالاختلافات في الزمان والمكان، ودون الاهتمام بالتغيرات التي تحدث باستمرار. وبدلاً من السؤال عن ماهو؟ (What?) فان المؤسسين يسألون كيف يمكن ان نصل الى هنا والى اين نحن ذاهبون؟.

How do we get here? And where are we going?

وينبغي ان يكون التطور والعمل في المؤسسات الاقتصادية هو الموضوع المركزي في الاقتصاد.

4. رفض فكرة التوازن الاعتيادي

(Rejection of the Idea of Normal Equilibrium)

يؤكد المؤسسيون على مبدأ التسبيب الدائري (circular causation) بدلاً من فكرة التوازن، وكذلك بالتغيرات المتراكمة التي يكون لها تأثير مفيد أو مضر في البحث عن الاهداف الاقتصادية والاجتماعية. وذلك لان التكيف الخاطئ (Maladjustment) في الحياة الاقتصادية هو ليس ابتعاداً عن التوازن الاعتيادي بل هو نفسه شيء اعتيادي. فالمؤسسيون مقتنعون بأن الرقابة الجماعية من خلال الحكومة ضرورية للتصحيح والتغلب على القصور وعلى عدم التكيف المناسب في الحياة الاقتصادية.

5. تضارب المصالح (Clashes of Interests)

بدلاً من توافق المصالح, التي نادى بها المعاصرون والسابقون فان المؤسسين يقرون بوجود إختلافات جدية في المصالح. والناس، كما يقول المؤسسيون، هم

مخلوقات جماعية تعاونية بطبعها. وهم ينظمون انفسهم على شكل مجموعات لخدمة مصالح افرادها، والتي تمثل المصلحة العامة لكل المجموعة. ولكن مع ذلك هناك تضارب في المصالح فيما بين المجموعات مثل الشركات الكبيرة ضد الشركات الصغيرة، المستهلكون ضد المنتجين. وهنا فان الحكومة ممثلة، وحيادية، وينبغي ان توفق فيما بين المصالح المتضاربة لفرض تحقيق الصالح العام للأداء الكفؤ للنظام الاقتصادي.

6. الاصلاح الليبرالي الديمقراطي (Liberal Democratic Reform)

لقد رعى المؤسسيون الاصلاح لغرض تحقيق التوزيع الاكثر عدالة للدخل والثروة. وقد أنكروا بأن اسعار السوق هي مؤشرات كافية للرفاهية الفردية والاجتماعية وبان الاسواق غير المنظمة تقود الى التوزيع الكفء للمواد وتوزيع عادل للدخل. وقد أدان المؤسسيون باستمرار فكرة الحرية الاقتصادية وفضلوا دوراً اكبر للحكومة في القضايا الاقتصادية والاجتماعية.

7. رفض سايكولوجية المتعة والالم

(Rejection of Pleasure – Pain Psychology)

يرفض المؤسسيون افكار بنثام (Bentham) في التحليل الاقتصادي وبدلا من ذلك فانهم اقتربوا من دعم أفكار سايكولوجية قريبة من الافكار السلوكية الفرويدية (Freudian).

وقد احتوت المدرسة المؤسسية رغبات الطبقة الوسطى للاصلاح ومثلت رغبات ومصالح المزارعين ورجال الاعمال الصغار وجماعات العمال. ولهذا فقد أعجب بأفكار هذه المدرسة العاملون في الحكومة والمصلحون وجمعيات المستهلكين وأعضاء الإتحادات العمالية. وقد أثنى العديد من الاكاديميين، في حقول غير

اقتصادية، على المؤسسيين اهتمامهم بالعلوم المتعددة ودعوتهم للتغيير الاجتماعي. ومن مزايا هذه المدرسة أنها نجحت في تطوير حركة الاصلاح التي استطاعت ان تزيل وتعالج العيوب الكثيرة الرأسمالية.

3.10 أبرز رواد ومفكري المدرسة المؤسسية

1. ثورستاين فيبلن

يعتبر فيبلن (Thorstien Bunde Veblen) من أوائل الكتاب في هذه المدرسة وأن أول كتاب له واكثرها انتشاراً هو "نظرية الطبقة المترفة الخاملة" (The Theory of Leisure Class) الذي نشر في عام 1899. ومن خصائص هذه الطبقة، التي يدور حولها الكتاب المذكور، هو الاستهلاك البذخي والمظهري، والميل نحو تجنب العمل المفيد، وكذلك تبني الافكار المحافظة.

أ. الاستهلاك المظهري: (Conspicuous Consumption)

ويرى (Veblen) بأن الطبقة غير العاملة هذه مشغولة في الاستئثار بالسلع دون الحاجة الى العمل من أجل ذلك. ويقول ان اولئك الذي يجمعون الثروات ليس لإشباع حاجاتهم المادية، أو حتى الروحية، بل لأنهم يرغبون في الاستهلاك بطريقة تظهر ثروتهم، لان ذلك يعكس قوتهم ومنزلتهم الاجتماعية وشرفهم ونجاحهم في مجتمع الحضارة المادية. وقد كان فيبلن ناقداً ومهاجماً للطبقة الوسطى. ومن أبرز خصائص الطبقة المذكورة هي:

ب. الميل نحو تجنب العمل النافع (Propensity to avoid useful work)

ان اعضاء الطبقة المترفة والخاملة يميلون الى تجنب العمل المنتج والنافع، وان ينغمسوا فقط في اعمال غير مفيدة اذا كان عليهم ان يحافظوا على سمعتهم.

ج. المحافظة على القديم (Conservatism)

ان الطبقة المذكورة في كتاب (Veblen) تحمي نفسها من القوى المؤثرة في البيئة القائمة وتحاول تغيير افكارها بشكل بطئ جداً ولهذا تحاول منع عملية التغيير الاجتماعي. وان خصائص هذه الطبقة تتمثل في القول: "What ever is, is right" ومعنى ذلك ان كل ماهو قائم وموجود هو صحيح.

الهجوم على الاقتصاد النيوكلاسيكي

ان نظرية (Veblen) بخصوص الطبقة الخاملة مثّلت هجوماً على الاقتصاد النيوكلاسيكي، الذي يفترض بان المستهلكين يتمتعون بالسيادة (Sovereign). ومن خلال قيام (Veblen) بتحويل الانسان الاقتصادي الى انسان اجتماعي فانه قد أفسد مضامين سياسة الحرية الاقتصادية الخاصة بنظرية الاستهلاك النيوكلاسيكية. ويتهم (Veblen) النيوكلاسيك بأنهم يؤيدون النظام القائم لتقسيم الثروة والدخل. فالنظرية المتعارف عليها (Standard Theory) في نظر (Veblen) هي ليست نظرية حقيقية لأي شئ، بل هي مجرد فولكلور أو بمثابة علم اللاهوت (Theology) الذي يستخدم لتبرير الملكية الخاصة ودخول الملكية.

ان (Veblen) مهتم بالاقتصاد الاجتماعي بدلاً من اقتصاد الاعمال الذي يختص بالسعر والربح والملكية. ويقر (Veblen) بأن معظم رجال الاعمال لديهم سيطرة احتكارية على الاسعار التي يحددونها وانهم يستخدمون الدعاية لتعزيز موقفهم في السوق.

الائتمان والدورات التجارية

طبقا الى (Veblen) فان الائتمان يلعب دوراً خاصاً في الاعمال المعاصرة. حيث أن اقتراض النقود يمكن ان يزيد من الإنتاج طالما ان عوائد رجال الاعمال

تزيد على سعر الفائدة. وان افكاره بخصوص الائتمان قادته مباشرةً الى نظرية في الدورة التجارية (Trade Cycle). ان توسيع الائتمان يمكّن رجال الاعمال المتنافسون من زيادة اسعار السلع الرسمالية المستخدمة في الصناعة. ومع زيادة القيمة النقدية فان هذه السلع تخدم كضمانة لتوسيع الائتمان، وان توسيع الاقتراض بضمانة اسهم الشركات أو الممتلكات الحقيقية لها خاصية تراكمية. فالائتمان يتوسع بشكل اكبر مع التنظيم الاحتكاري، لان الزيادة المتوقعه في الأرباح والسمعة الجيدة يتم استغلالها أو رسملتها (Capitalized) وترجمتها من خلال اسعار الاسهم.

ويقول (Veblen) بأن توسيع الائتمان هذا يستند الى قاعدة غير ثابتة، أو أنه عاجلاً أو أجلاً سوف يظهر عدم توافق بين القيمة النقدية للضمانه والقيمة الرأسمالية للملكية المحسوبة بموجب العوائد المتوقعة. وعندما تصبح هذه واضحة للعيان تبدأ فترة التصفية (Liquidation) وتظهر الأزمة الصناعية مقترنة بالغاء الائتمان وارتفاع اسعار الخصم، وانخفاض الأسعار، والمبيعات الإجبارية وتقلص الرسمله وتقلص حجم الانتاج. وهنا يقوم الدائنون بالسيطرة على الممتلكات وبذلك تتركز الملكية والسيطرة بأيدي القلة.

ويستنتج (Veblen) بأن هناك تناقضاً بين الصناعة (المنتجة للسلع) وبين رجال الاعمال (المنتجون للأرباح). فما هو الحل للمشكلات التي تظهر في الشركات الحديثة كبيرة الحجم؟ أن (Veblen) ينتقد الإشتراكية ولكنه في نفس الوقت هو محابي لها، رغم انه ليس إشتراكيا. فهو يهاجم نظرية القيمة في العمل لماركس وينكر الادعاء الماركسي- بأن الأغنياء بزدادون غناً والفقراء يزدادون فقراً. ويقول بأن النظام القائم لم يجعل العمال أكثر فقراً بالمقياس المطلق لكنه يميل ان يجعلهم أفقر نسبياً.

ولم يضع (Veblen) آماله على الاصلاح - اي تحسين الاوضاع في ظل الرأسمالية، بل كان يأمل أن يرى الرأسمالية تختفي ويحل محلها نظام آخر.

2. ويزلي ميشال (Wesley Clair Mitchel) 1847-1848

كان (Mitchel) احد طلبة (Veblen) اللامعين، وكان باحثاً عظيماً وتركز عمله في تحليل التقلبات في نشاط الاعمال. فقد انتقد النيوكلاسيكية، بأنها تجريد غير واقعي. واعتقد بأن دراساته الاحصائية سوف توفر أساسا قوياً لاعمال(Veblen) الرائدة.

أهمية الدراسات التطبيقية

يقول (Mitchel) بأن الاقتصاد هو علم السلوك الانساني، وان مستقبل هذا العلم يكمن في التحرك نحو البحوث الأكثر والتنظير الأقل. وقد ركز دراساته على التقلبات التجارية (Business Fluctuations) وبدلاً من أن يبحث عن سبب واحد للدورة التجارية فانه بحث في الشروط التي تنتج حركة الدورات التجارية. وقد قادته دراساته عن الدورة التجارية الى اربعة استنتاجات:

1. ان التقلبات في النشاط الاقتصادي تظهر في الاقتصادي النقدي، أي انها مشكلة تظهر في مجتمع حيث تكمن الصفقات والنشاطات الاقتصادية من خلال عمل النقود وانفاقها.
2. ان الدورات التجارية تنتشر، بشكل واسع، خلال الاقتصاد ككل، وذلك بسبب الاعتماد فيما بين المنشآت الانتاجية.
3. ان التقلبات التجارية تعتمد على توقعات الارباح. ان توقع الارباح المستقبلية يلعب دوراً في حاسماً في تحديد اتجاه التوسع التجاري.

4. **ان التقلبات تتولد بشكل منتظم من الاقتصاد ذاته:** فالدورات التجارية هي جزء ملازم لعمل الاقتصاد. ويؤكد (Mitchel) بان مرحلة الدورة التي يبدأ النشاط فيها بالاسراع بعد فترة الركود. وما ان تبدأ فإن انتعاش النشاط ينتشر بسرعة الى الجزء الاعظم من الاقتصاد ومن خلال المنشآت المترابطة فيما بينها. فلماذا يؤدي الانتعاش الى الكساد؟

ان من بين الضغوط التي تتجمع في النظام خلال فترة الرخاء هي الزيادة البطيئة بتكاليف العمل. فالتكاليف غير المباشرة تبدأ بالارتفاع مع بداية الاستثمار في رأس المال الجديد عندما تكون تكاليف السلع في ارتفاع. كما ان المصانع الاقل كفاءة، والادارات الاقل كفاءة والعمال الأقل كفاءة يتم استخدامهم من خلال فترة الرخاء وبالتالي تتجه اسعار المواد والعمل الى الارتفاع. ان تكاليف العمل ترتفع لان الاجور تبدأ بالاستجابة الى الاسعار المرتفعة، كما أنه خلال فترة الرخاء فان الطلب المتزايد يزيد الحاجة الى العمل الاضافي، والذي هو اكثر تكلفة واقل انتاجية من العمل الاعتيادي. وهكذا فان التبذير (Waste) في الانتاج يزداد مع ميل العاملين الى ان يصبحوا أقل اهتماماً. وان ارتفاع تكاليف الانتاج يخفض حجم الارباح، لان اسعار السلع النهائية لايمكن ان ترتفع بسهولة في المراحل الاخيرة من الرخاء.

التخطيط الاجتماعي (Social Planning)

يؤكد (Mitchel) بأن تكرار حدوث الأزمات الاقتصادية والكساد هما شاهد على القصور في آلية العمل لنظام الاعمال وان الحل هو تشجيع التخطيط الاجتماعي او التخطيط القومي للتغلب على المظاهر الأسوأ للتقلبات الاقتصادية. ان اعتماد (Mitchel) على التخطيط القومي لتحسين الاوضاع الإنسانية يستند جزئياً على سايكولوجيته البراغماتية. فالتخطيط العقلاني الاجتماعي يصبح

حتمياً. والسؤال هل سيكون التخطيط مجزءاً وغير رصين أم سيكون منتظماً وشاملاً
......؟

3. جون كينيث غالبريث (John Kenneth Galbraith)

تمثل كتابات (Galbraith) هجوماً على الفكر الاقتصادي النيوكلاسيكي وكذلك
تحليلاً للرأسمالية الحديثة. وتتمثل كل خصائص المدرسة المؤسسية في اعماله. واهم
افكاره تتمثل في الآتي:

الحكمة التقليدية (The Conventional Wisdom)

ان مقاربة (Galbraith) التطورية تكتشف الظروف المتغيرة، وتدرس الحاجة
لتغيير أفكارنا لتتلائم مع الأوضاع الجديدة. ويؤكد (Galbraith) بأن هجومه هو على
الحكمة التقليدية وليس على الذين قدموا تلك الافكار. وضمن نظريته للرأسمالية
الحديثة يجد القارئ العديد من النظريات المتخصصة التي تعارض الاقتصاد التقليدي
(Orthodox). ومن أهم هذه النظريات نظريتان هما:

فكرته عن تأثير التبعية (Dependence Effect) ونظريته في سلوك المنشأة.

تأثير التبعية : (Dependence Effect).

وطبقا الى (Galbraith) فان الرأسمالية الحديثة تسيطر عليها الشركات
الكبيرة والتي تتميز بكثرة الحاجات المصطنعة (Contrived) التي هي نتاج تخطيط
الشركات والدعاية الإعلانية الكثيرة. فليس المستهلك هو السيد في النظام الصناعي
الحديث, بل هي الشركات العملاقة التي تنتج وتسوق السلع والخدمات. فالترتيب
الذي يحدده (Galbraith) هو ان المنتجين يحددون ماذا سوف ينتج، وبعدها
يشكلون (mould) تفضيلات المستهلكين بالطريقة التي تجعلهم يشترون هذه
المنتجات. والنظريات النيوكلاسيكية بخصوص خيارات المستهلك تأخذ

الحاجات كمعطى ثابت. والنظرية النيوكلاسيكية لطلب المستهلك، مع تأكيدها على سيادة المستهلك، فأنها تؤكد بأن السوق هو الذي يملي التشكيلة الأمثل للانتاج ولتوزيع المواد. أما نظرية (Galbraith) لطلب المستهلك فلها مضمون بالنسبة للسياسات، حيث تشير الى انه سيكون هناك قصور في توزيع الموارد للسلع العامة (Public Goods). فالسيارات الجديدة يراها الناس اكثر أهمية من الطرق. ومن احدى الوسائل لمعالجة هذه المشكلة من عدم التوازن بين السلع الخاصة والسلع العامة بنظر (Galbraith) هي فرض ضريبة المبيعات على السلع الاستهلاكية والخدمات واستخدام العوائد الناتجة عن ذلك لزيادة توفير سلع القطاع العام والخدمات.

نظرية (Galbraith) في المنشأة

ان نظرية المنشأة النيوكلاسيكية تستنتج بأن سلوك الشركات وأداءها يمكن ان يفهـم بشكـل أفضـل بـإفتراض أن المنشآت تحاول تعظيم أرباحها. وطبقا الى (Galbraith) قد يكون صحيحاً في قطاع السوق (Market Sector) حيث يكون مالكوا الشركات الصغيرة يديرون بنشاط منشآتهم، لكنها لا تصف حالة القطاع المخطط. ففي القطاع المخطط فان الملكية والادارة منفصلتان عـن بعضهما. والمالكون هـم حاملوا الاسهم الذين لا يملكون سيطرة على نشاط وقرارات الشركات, والسيطرة الفعلية تـتم من قبل ما يسميه الهيكل الفني (Technostructure) وهم النخبـة المحترفة المتكونـة من الاداريين والمدراء والمهندسين والعلماء والمخططين والخ.. ويقول(Galbraith) أنه مـن السذاجة الإفتراض بأن الهيكل الفني يمثل حافزاً لتعظيم العوائـد لملايـين حـاملي الاسـهم. والغرض المركزي الوقائي للمنشأة هو البقاء، والذي يترجم من خلال تحقيـق مسـتوى من الربح الكافي لجعل المالكين راضين، ولتوفير عوائد محتجزة كافية لأغراض الاستثمار

والنمو. ومن احدى الوسائل لتحقيق ذلك جعل السعر خارج نطاق المنافسة. والغرض الإيجابي المركزي للمنشأة هو نمو الشركة. وذلك لأن نمو الإنتاج والمبيعات والعوائد ينتج عنه تشغيل اكبر وضمانه وعوائد مالية لأعضاء الهيكل الفني. وبموجب نظرية (Galbrauth) فإن شركات احتكار القلة (Oligopoly) تحدد الأسعار عند مستوى منخفض حالما تتأكد الشركات من تحقيق حد أدنى من الانتاج وتسمح بالتوسع في الانتاج والمبيعات.

ان لنظرية (Galbraith) في المنشأة مضامين عديدة ومهمة للسياسات الاقتصادية: وعلى سبيل المثال فإن المساعي المعتادة للإحتكارات يجب ان يتم منعها. فلم يحدث شئ لحد الآن يمنع تطور الهيكل الفني. فالمنشآت الكبيرة قد نمت بسبب الضرورة التكنولوجية. ان حجم هذه الشركات يعود إلى وفورات الحجم والميزانية الضخمة لأغراض البحوث والتطوير والقدرة على تضمين التكنولوجيا الجديدة.

ويتساءل (Galbraith) هل يجب على المجتمع أن يتبع سياسة الحرية الاقتصادية اعتماداً على هذه القوى الاقتصادية لتوليد المنفعة الاجتماعية؟ويجيب بالنفي. ورغم أن استغلال المستهلكين لا يمثل مشكلة لدى الرأسمالية الحديثة فهناك مشكلات أخرى كبيرة التي تظهر من ممارسة السلطة ضمن النظام التخطيطي. فالمجتمع ومن خلال الحكومة، يجب أن ينتزع السيطرة على القطاع المخطط للاقتصاد من الهيكل الفني، والتأكد من أن ذلك النظام يخدم الصالح العام. ويجب أن تأخذ هذه السيطرة عدة أشكال:

1. هيئة عامة دائمة للأسعار والأجور

2. هيئة عامة للتخطيط

وقد دعى (Galbraith) الحكومة بأن تقـوم بإعـادة توزيـع الـدخل مـن خـلال السيطرة على رواتب المدراء، والضرائب التصاعدية، وزيادة الحـد الأدنى للأجـور، وخطـة لضريبة الدخل السالبة. وينبغي أن يتم تشجيع المنشآت في القطـاع الخـاص للإنـدماج لكي تتمكن من المنافسة بشكل أكثر كفاءة مع منشآت القطاع العام المخطط. وكـما هـو الحال مع (Veblen) و(Mitchel) فأن (Galbraith) يرى بأن هناك حاجة لتوسيع دور الحكومة في الاقتصاد الحديث.

تقييم أفكار (Galbraith):

إن هجوم (Galbraith) على الاقتصاد التقليدي (Orthodox) قد أفرز اجابـات عديدة. وكمثال على ذلـك فقـد أشـار الناقـدون بأنـه في الجانـب المتطـرف، ينكـر بـأن للمسـتهلك إرادة حـرة، وإن المشـتري يـتمكن مـن تحديـد مصـلحته الخاصـة ويتصرـف بموجبها. لكن الاقتصـاديين التقليـديين يرفضـون هـذه الفكـرة لــ (Galbraith) وكـذلك مضمونها الذي يقول بأن كياناً غير محدد ومن غير المستهلكين انفسهم يمكـن أن يكونـوا الأقدر على تحديد مصلحة المستهلكين وكمثال آخر: فإن النقاد أشاروا بأن المنشـأة التـي تفشل في تعظيم ارباحها على المدى الطويل فإنها تقع في خطر أن تصبح هدفاً للشركات الأخرى للإستيلاء عليها. والخلاصة هي ان هجوم (Galbraith) على الاقتصاد التقليـدي، كما هو الحال مع (Veblen) من قبله، يمكمن ان يقال عنه بانه اجبر النيوكلاسـيك عـلى ايقاف زحفهم، ولو مؤقتاً، والإعتراف به، وعدم القدرة على تجاهله. وهـذه هـي بمثابـة شهادة على قدراته الفكرية وذكائه. الا أنـه مـع ذلـك فـان الاقتصـاد التقليـدي يسـتمر بمواصلة السير. واذا كان للمؤسسية ان تظهر من جديد كقوة كبيرة في الفكر الاقتصادي ينبغي عليها أن تجتذب عقول الأجيال القادمة من الاقتصاديين. وأملها الافضـل لتفعـل ذلـك هـو ان تقـوم بتطـوير منظومـة موحـدة مـن النظريـات التـي تكـون مفهومـة

وقابلة للتدريس، وان تكون قادرة على مواجهة الإختبار الإحصائي. وحتى هذا اليوم، يقول منتقدوها، إنها لم تحقق ذلك.

4.10 دوغلاس نورث والمؤسسية الجديدة

(Douglass North and the New Institutialism)

إن المؤسسية التقليدية التي ارتبطت مع (Veblen) و (Mitchel) و (Galbraith) هي بشكل عام منتقدةً للاقتصاد النيوكلاسيكي ومؤيدة للتدخل الحكومي. ولكنه على النقيض من ذلك فان المؤسسية الجديدة تميل أن تكون نظرية ومتوجهة نحو السوق وضد التدخلات الحكومية. وهناك عدة توجهات وتفرعات للمؤسسية الجديدة، وكل واحدة منها تؤكد على أهمية المؤسسات لفهم الإقتصاد. فواحدة منها تعود إلى (Harold Domsetz) والاخرى الى (Richard Posner) والثالثة الى (Oliver E. Williamson) والرابعة الى (James Buchanan) و (Gordon Tullock). الا أن الفرع الرئيسي والحاكم للمؤسسية الجديدة هو الذي ارتبط مع (Douglass North)، الحائز على جائزة نوبل للاقتصاد. إن (North) ينتقد الاقتصاد النيوكلاسيكي لفشله الاقرار بأهمية القيود المؤسسية في اتخاذ القرارات الاقتصادية، رغم انه يقر أو يضمّن المقاربة النيوكلاسيكية التي تؤكد على اتخاذ القرارات الاقتصادية العقلانية. ويؤكد (Galbraith) بأن المؤسسات تظهر الى الوجود لأنها تقلل من تكاليف التفاعل الانساني. والمؤسسات هي بمثابة القواعد الرسمية وغير الرسمية التي تحكم السلوك الاقتصادي والسياسي, إلا أنه حالما تتواجد المؤسسات فإن السلوك والنتائج (الناجمة عن الخيارات الفردية) تعزز وجودها المستمر.

إن المؤسسات تتطور تـدريجياً لأن اللاعبـين ينجحـون أحياناً في جعـل القواعـد تتغير خـلال الـزمن وفيما بـين البلـدان المختلفـة. فالمؤسسـات تـوفر هيكـل الحـوافز للنشاطات الاقتصادية والسياسية. وان البلـدان الغنيـة هـي بالأسـاس غنيـة لأن القيـود المؤسسية تعرَّف منظومة من المنافع للنشاط الاقتصادي والسياسي الذي يشجع الـتعلم واكتساب المهارات وتوسيع رأس المال ويشجع التكنولوجيا الجديدة وبالتالي يحفز النمـو الاقتصادي.

أن عبقريـة (North) تمثلـت في مزاوجـة التحليـل النيوكلاسـيكي التقليـدي مـع تحليلات المؤسسات، وبذلك فهو يفسر كيف تؤثر المؤسسات على الخيارات الاقتصادية وكيف تعمل هذه الخيارات الاقتصادية على تغيير المؤسسات، تدريجياً.

هامش الفصل العاشر

(1) أعتمد هذا الفصل وبتصرف على:

Stanley L. Brue. ,op. cit., pp 393-418.

الفصل الحادي عشر

المدرســة الكينزيــة

(*The Keynesian School*)

الفصل الحادي عشر

المدرسة الكينزية

The Keynesian School

1.11 أسباب ظهور لأفكار الكينزية

كانت أمارة الرخاء واضحة على الشعب الأمريكي في أواخر العشرينات من القرن الماضي، وقد ساد مستوى عالي من الدخل لم يشهد له العالم مثيلاً أبداً، رغم ان الشعب الأمريكي لم ينتفع به بدرجة متعادلة[1].

أما في إنجلترا ومعظم البلدان الصناعية الأخرى فقد حلت عليهم ازمة اقتصادية قيما بين الحربين العالميتين، وتصاعدت البطالة. ففي انجلترا، على سبيل المثال بدأت الازمة الاقتصادية لديها منذ عام 1921 واستمرت خلال الثلاثينات، ثم انتقل الكساد الاقتصادي الى الولايات المتحدة وبلغ الذروة بالكساد الكبير (Great Depression) في عام 1929. ففي تشرين الاول / اكتوبر من العام المذكور انهارت سوق البورصة في نيويورك، حيث انهال على السوق سيل من المبيعات لأسهم لاحصر لها. ونتيجة لذلك الانهيار خسر المساهمون حوالي 40 مليون دولار من قيمة الاسهم، كما انخفض الدخل القومي في الولايات المتحدة الامريكية بشكل كبير جداً، إذ هبط من 87 بليون دولار في عام 1930 الى نحو 39 بليون دولار في عام 1933، وزال الرخاء الذي عرفته البلاد قبل اربع سنوات فقط. كما ارتفع عدد العاطلين عن العمل ليصل الى نحو 14 مليون شخص، بعد أن كان لايزيد على 2 مليون شخص فقط. ومن جراء ذلك فقد حدث تمزق في النسيج الاجتماعي للبلدان الغربية الصناعية الامر الذي أشار الى وجود عيب في النظام الرأسمالي.

ولم يكن التقليد المجمع عليه في الفكر الاقتصادي مهيئاً للتعامل مع مثل هذه الحالة. حيث أن الاطار الفكري للنيوكلاسيكية كان يستند على الفرضية القائلة بأن حالة التشغيل الكامل كانت هي الحالة الاعتيادية، وان الابتعاد عنها سوف لن يكون كبيراً، وعندما تحدث بعض الهفوات (Lapses) فإن النظام الاقتصادي نفسة سوف يولد العلاج اللازم لذلك[2].

إن الرجل الذي سعى الى معالجة هذا الامر هو (John Maynad Keynes) فقد أراد كينز ان يعالج مشكلة النظام الرأسمالي دون القضاء عليه. وقد لوحظ منذ العقد الثالث من القرن العشرين، وخاصة في انجلترا والولايات المتحدة الامريكية أن هناك قدراً شبة دائم من البطالة، وأن العمال العاطلين يرغبون في العمل بأجور منخفضة ولكنهم لا يجدون فرص العمل. وتجدر الإشارة الى ان هذه البطالة كانت أشد وأقسى من ان تفسرها النظرية الكلاسيكية التي كانت ترى في البطالة عاملاً عارضاً.

2.11 كينز وانتقاده لنظرية التشغيل الكلاسيكية

لقد أعطى الكساد الكبير، الذي حدث في الثلاثينات من القرن العشرين، قوة لأفكار كينز والتي وجدت جذورها في الإهتمام الواسع بالكساد الاقتصادي وانخفاض معلات النمو. فقد ركز كينز اهتمامه على القضية المركزية وهي تحديد مستويات الدخل القومي والتشغيل (Employment) في الاقتصادات الصناعية وعلى اسباب التقلبات الاقتصادية (قصيرة الأمد). وبالمقابل كان الاقتصاديون مشغولين في تركيزهم على النمو الاقتصادي طويل الامد، ولم يهتموا بالتقلبات الاقتصادية قصيرة الامد. وكان كينز مشككاً بمقولة أو اطروحة التوازن عند مستوى التشغيل الكامل في الامد الطويل. ويؤكد كينز بان اساسيات النظام

الاقتصادي يمكن الحفاظ عليها اذا تم تطبيق الاصلاحات المطلوبة في وقتها، وأن الرأسمالية غير المنظمة او المنضبطة ليست متوافقة مع هدف الحفاظ على التشغيل الكامل والاستقرار الاقتصادي. ويقرر كينز بأن حالة الحرية الاقتصادية التقليدية (Conventional Laisses- Faire) ليست كافية ولا تتلائم مع المشكلات المعقدة في المجتمعات الصناعية. [3]

وقد تضمنت افكار كينز الأساسية في كتابه الشهير النظرية العامة في التشغيل والفائدة والنقود (The General Theory of Employment, intersest and Money) والذي صدر في عام 1936، والذي ضمنه نقداً شديداً للنظرية الكلاسيكية، وعرض فيه نظريته الجديدة في التشغيل. وقد أحدث هذا الكتاب مناقشات واسعة بين الاقتصاديين، وأثر تأثيراً كبيراً في الفكر الاقتصادي اللاحق مما دفع بالبعض الى الإشارة إليه بالثورة الكينزية.

انتقاد كينز للنظرية الكلاسيكية في التشغيل [4]:

انتقد كينز نظرية التشغيل الكلاسيكية والتي تنص على ان انخفاض الأجور يؤدي حتماً إلى زيادة الطلب على العمال وبالتالي القضاء على البطالة. وقد أوضح كينز أن هناك احتمالاً كبيراً لأن يؤدي انخفاض الاجور الى زيادة البطالة بدلاً من القضاء عليها. ويرجع ذلك الى عاملين:

1. أن الاجور تمثل دخلاً، وعندما ينخفض الأجر ينخفض دخل العمال وينخفض طلبهم على السلع مما يدفع المنظمين إلى تقليص انتاجهم وبذلك ينخفض مستوى التشغيل وتزداد البطالة.

2. كما ان انخفاض الاجور يدفع المنظمين الى توقع حدوث انخفاض اشد في المستقبل مما يدفعهم الى تأجيل تنفيذ مشروعاتهم المستقبلية لكي يستفيدوا من

3. الانخفاض الأكبر في الاجور، وبذلك يتخلصون من جزء من عمالهم الذين كانوا يشتغلون فتزداد بذلك البطالة.

وخلص كينز من ذلك الى أن مستوى الأجر ليس هو الذي يحدد مستوى التشغيل. وتساءل كينز ماهو العامل الذي يحدد مستوى التشغيل الكامل؟ والإجابة على هذا السؤل تأتي من خلال نظرية كينز في التشغيل.

3.11 نظرية كينز في التشغيل [5]

بموجب نظرية كينز في التشغيل فإن الذي يحدد عدد العمال الذي يعملون وكمية السلع التي تنتج هو مفهوم الطلب الكلي الفعال (Total Effective Demand). فعلى قدر الطلب الكلي على السلع ينتج المنتجون، وعلى قدر ما ينتجون يشغّلون العدد الملائم من العمال. فإذا كان الطلب كبيراً كان الانتاج والتشغيل كبيرين والعكس صحيح. فما هو الطلب الفعال؟ ومم يتكون؟ ويجيب كينز على هذا السؤال بأن الطلب الاجمالي الفعال يتكون من الطلب على السلع الاستهلاكية والطلب على السلع الاستثمارية وكما يأتي:

1. الطلب على السلع الاستهلاكية:

يعتمد حجم الطلب الكلي على سلع الاستهلاك على عاملين هما:

أ. حجم الدخل القومي وحجم الدخل الموزع على الافراد، فكلما كان الدخل القومي محدوداً ودخل الفرد قليلاً كلما خصص كله أو أغلبه لإشباع الحاجات الاستهلاكية، وكان الادخار معدوماً او قليلاً. وبالمقابل كلما كان دخل البلد ودخل الفرد كبيراً، وكانت النسبة المخصصة منه للاستهلاك قليلة نسبياً، كلما كان الادخار كبيراً.

ب.   بعض العوامل النفسية التي تدفع الأفراد الى الإنفاق أو الادخار.

ويلاحظ كينز بانه كلما زاد دخل الفرد زاد استهلاكه، ولكـن بمقدار أقل مـن مقدار الزيادة في الدخل، وذلك بسبب انخفاض الميـل الحدي للاستهلاك (Marginal Propensity to Consume) لدى الدخول الكبيرة، ويترتب على ذلك انه كلما زاد دخل الفـرد زاد حجم الادخار، بسبب الميل الحدي للادخار (Marginal Propensity to Save) فالخلاصة هـي انـه كلـما زاد دخـل البلـد زاد ادخـاره وان الادخار في البلـدان المتقدمة اقتصادياً يمثل عنصراً انكماشياً بالنسبة لمجموع الاقتصاد الوطني . وتفسير ذلك ان الادخار يقلل من الطلب على السلع. واذا لم يوجد عامل يعوض هـذا النقص، فان نقص الطلب الكلي الناتج عن زيادة الادخار يؤدي الى نقص حجم مـا ينتجه المنظمـون ومن ثم انخفاض حجم التشغيل وارتفاع حجم البطالة. ان العامل الذي يمكن ان يعوض هذا النقص هو الطلب على سلع الاستثمار.

2. الطلب على السلع الاستثمارية:

يتكون الطلب على السلع الاستثمارية من الطلب على الآلات والمواد وغيرها مـن السـلع التـي تستخدم في عمليـة الانتاج. والـذين يطلبـون سـلع الانتاج هـم المنظمون، ولكي يطلب المنظم وحدة انتاجيـة اضافية مـن السـلع الاستثمارية فإنه يبحث فيما اذا كان ذلك سيعطيه ربحاً صافياً، بعد خصم تكاليفه وخصم ثمـن المـواد الأولية وأجور العمال وكافة النفقات الأخرى. وقد استخدم كينز بعض المصطلحات الفنية، حيث يقول أن المنظم لا يطلب وحدة اضافية مـن السـلع الاستثمارية إلا إذا كانت الكفاءه الحدية للإستثمار (Marginal Efficiency of Investment) أكبر مـن الفائدة التي يدفعها على اقتراض النقود. ويقصد بالكفاءه

الحدية النسبة بين الربح المتوقع الحصول عليه من الإستثمار خـلال فـترة حيـاة الأصل وبين تكلفة الأصل (الاستثمار).

وهكذا تتضح أهمية الكفاءه الحدية في تحديد حجم الاستثمارات. اما العوامـل المحددة للاستثمار فتعتمد على عاملين:

أ. عوامل موضوعية.

ب. عوامل شخصية نفسية متوقعة.

أ. فالعوامل الموضوعية هي حجم سلع الانتاج الموجود فعلاً في الاقتصاد الـوطني قبـل اقامة المعمل. فإذا كانت سلع الإنتاج كثيرة فإن العرض من السـلع سيكون كثيراً ومن ثم سيكون ثمنها منخفضاً نسبياً والربح المتأتي منهـا سـيكون ضئيلاً، وبذلك تكون الكفاءة الحدية للاستثمار منخفضة.

ب. أما العامل النفسي ـ فهـو مـا يتوقع المنظمون حدوثه خـلال عمـر المشروع الـذي يريدون إقامته، سواء ما يتعلق باسعار المـواد الأوليـة أو أجـور العمـال أو أسـعار السلع النهائية المنتجة. وتتوقف هذه التوقعـات علـى عوامـل نفسـية لا تخضـع لمنطق دقيق (وهي عوامل التفاؤل والتشاؤم). ونظراً لاعتماد الكفاءه الحدية علـى التوقعات فإن الطلب على السلع الاستثمارية يكون طلباً متقلباً.

كيف يتحدد مستوى التشغيل في نظرية كينز؟.

ان مستوى التشغيل بالنسبة الى كينز يتوقف على مستوى الطلب الكلي الفعال على السلع الاستهلاكية والسلع الاستثمارية. ويتحـدد مسـتوى الانتاج والتشغيل عنـد المستوى المطلوب من الكميات المنتجة من السلع. فإذا كـان المطلـوب مـن الكميـة المنتجة فعلاً مساوياً الى اجمالي حجم السلع تـزداد أربـاح المنتجـين وتدفعهم هـذه الزيادة لزيادة الانتاج والتشغيل الى المستوى الذي يتساوى فيه الانتاج

مع الطلب الكلي. واذا كان الطلب الكلي أقل من كمية الانتاج فمعنى ذلك ان كميات من المنتجات ستبقى دون تصريف، فيقلل المنتجون من انتاجهم، ويخفضون تشغيلهم للعمال الى الحد الذي تتساوى فيه كميات الانتاج مع حجم الطلب الكلي الفعلي. اذن فإن مستوى الانتاج والتشغيل يتحدد عند المستوى الذي تتساوى فيه كمية المنتجات مع كمية الطلب الكلي. ولكي يستمر الانتاج من فترة لأخرى عند نفس المستوى يجب ضمان تصريف كمية السلع التي بقيت دون تصريف بسبب الادخار، ولا يكون ذلك ممكناً إلا اذا تم تعويض الزيادة في الادخار من خلال زيادة الطلب على السلع الاستثمارية.

فالإدخار اذن هو عنصر ـ انكماشي يدفع بالانتاج والتشغيل الى الانخفاض، والاستثمار هو عنصر ايجابي يعوض الأثر الانكماشي للادخار. فإذا كان الاستثمار مساوياً للادخار بقي الانتاج والتشغيل ثابتين عند نفس المستوى.

ويقرر كينز أنه ليس من الضروري ان يكون المستوى الذي يتحدد عنده التشغيل هو مستوى التشغيل الكامل، لأنه لكي يتحقق التشغيل الكامل لابد ان يكون هناك طلب على الاستثمار مساوٍ للإدخار الذي يحققه الاقتصاد عند مستوى التشغيل الكامل. وعند تحقق هذا الشرط نضمن أن ما ينتج عند التشغيل الكامل سيتم تصريفه في السوق.

وهنا يتساءل كينز، هل هناك ما يضمن تحقق هذا الشرط في البلدان الرأسمالية المتقدمة؟ ويجيب كينز على السؤال بالنفي، حيث يقول في هذه البلدان يكون الطلب على الاستثمار في الغالب أقل من المستوى المطلوب. ويرجع ذلك إلى ان حجم الاستثمارات وحجم سلع الإنتاج الموجودة فعلاً في البلدان المتقدمة صناعياً، يكون كبيراً، وذلك نتيجة لاستثماراتها السابقة مما يؤدي الى انخفاض الكفاءه الحدية للإستثمار (MEI) عن سعر الفائدة، فتنخفض الاستثمارات ولا

تتساوى مع الادخار الذي يتحقق عند التشغيل الكامل. كذلك قد تسود موجات تشاؤم تدفع المنظمين الى تخفيض الاستثمارات، فتنخفض عند هذا المستوى من الإدخار، الامر الذي يخفض مستوى الانتاج والتشغيل الى مستوى الانتاج الذي يكون عنده مستوى الادخار منخفضاً ومتساوياً مع حجم الاستثمار المتحقق فعلاً.

وهكذا نرى بأنه قد يتحدد مستوى التشغيل ويبقى لمدة طويلة عند مستوى أقل من مستوى التشغيل الكامل فتكون هناك بطالة شبة دائمة. ويستنتج كينز بأن الرأسمالية المتطورة الحديثة تميل في الظروف العادية، الى عدم تحقيق التشغيل الكامل والى بقاء قدر من العمال في حالة بطالة دائمة. ان سبب ذلك عدم وجود طلب كلي كاف، وبالذات عدم وجود طلب استثماري كاف لجعل المنظمين يشغّلون جميع العمال. وفي هذه الفكرة يكمن معنى الثورة الكينزية في الفكر الاقتصادي بالقياس الى فكر الكلاسيك [6].

4.11 المبادئ الأساسية للنظرية الكينزية [7]

تتضمن الخصائص العامة والمبادئ الأساسية لنظرية كينز ما يأتي:

1. التأكيد على الاقتصاد الكلي والمتغيرات الاقتصادية الكلية مثل الدخل والاستهلاك والادخار والانتاج والتشغيل.
2. الاهتمام بالطلب الفعال: حيث يؤكد الاقتصاديون الكينزيون على أهمية الطلب الفعال كمحدد للدخل القومي والانتاج والتشغيل. ففي بعض الاحيان يكون الانفاق الكلي غير كاف لشراء كل الانتاج.
3. عدم استقرار الاقتصاد. طبقاً الى كينز فإن الاقتصاد يميل الى تكرار التوسع والانتعاش والانفجار لأن مستوى الاستثمار المخطط متقلب والتغيرات في

4. خطط الاستثمار تسبب تغيرات في الدخل القومي والانتاج بمقدار أكبر من التغير الحاصل في الاستثمار (فكرة المضاعف). ويتحدد الانفاق الاستثماري من خلال الفائدة والكفاءة الحدية للاستثمار (أو المعدل المتوقع للعائد).

5. عدم مرونة الاجور والأسعار: فبسبب عقود العمل وقوانين الحد الادنى للأجر فإن الاجور والاسعار تكون غير مرنة أو لزجه (Stiky).

6. سياسات نقدية ومالية نشطة: دعت افكار كينز الى ضرورة تدخل الحكومة في النشاط الاقتصادي من خلال السياسات المالية والنقدية الملائمة لتحفيز التشغيل الكامل واستقرار الاسعار وتحقيق النمو الاقتصادي. وفي الستينات السبعينات كان المستهلكون يفضلون تخفيض الضرائب وذلك لتحفيز الطلب والنمو. أما في الثمانينات فأصبح مبرر تخفيض الضرائب هو لتحفيز العرض.

5.11 نظام كينز في النظرية العامة [8]

يفترض النموذج الكينزي في توازن الاقتصاد الكلي بأن تكون الاسعار ثابتة ولهذا فإن التغيرات في الانفاق تحدد التوازن في الناتج الحقيقي. وهنا يكون منحنى العرض خطاً أفقياً عند مستوى ثابت من الأسعار. وعليه فإن التغيرات في الطلب الكلي تسبب تغيرات في الناتج الحقيقي بدون احداث تغيرات في مستوى الأسعار. ان هذا النموذج يعكس التأكيد التقليدي الكينزي على أن الطلب الكلي كمحدد لتوازن الدخل الحقيقي (9)

ويحتوي نظام كينز على القضايا الرئيسية التالية:

1. **دالة الاستهلاك (Consumption Function):** أشار كينز الى قانون سايكولوجي أساسي يخص العلاقة بين الاستهلاك والدخل. ومفاد ذلك أن الناس يميلون إلى زيادة استهلاكهم عند حصول زيادة في دخلهم. ولكن الزيادة في الاستهلاك تكون أقل من حجم الزيادة في الدخل. وبشكل محدد هناك علاقة موجبة بين الاستهلاك (C) والدخل القومي (Y) والتي يعبر عنها بالمعادلة الآتية: C = F (Y)، وإن العلاقة بين التغير في الاستهلاك والتغير في الدخل القومي، والتي تسمى الميل الحدي للاستهلاك (MPC) هي موجبة وتتراوح قيمتها بين الصفر والواحد. كما أن الادخار (S) يرتفع مع الدخل، وأن الميل الحدي للادخار (MPC) هو أيضاً يتراوح بين الصفر والواحد.

2. **الاستثمار:** عرف كينز الاستثمار بأنه شراء السلع الرأسمالية. وبالإضافة الى ذلك فإن الاستثمار غير المخطط يحدث عندما تنخفض المبيعات وترتفع قيمة الخزين. أما الاستثمار المالي فهو ليس استثمار في نظر كينز لأنه لا يمثل شراء السلع الرأسمالية وإن المستثمرين يستثمرون على أمل أن يضيف رأس المال الجديد الى الارباح. والجانب الثاني في قرار الاستثمار عند كينز هو سعر الاصل أو تكلفة الاستبدال للاصل الثابت والذي يجعل المنتج لرأس المال يستمر بإنتاج وحدة إضافية. وقد عرف كينز الكفاءه الحدية لرأس المال (MEC) بأنها تساوي سعر الخصم الذي يجعل القيمة الحالية لسلسلة من العوائد المتوقعة مساوية إلى سعر الأصل الثابت. ويستمر الاستثمار إلى النقطة التي تتساوى فيها الكفاءه الحدية لرأس المال مع سعر الفائدة (تكلفة الافتراض). وهناك علاقة عكسية بين كمية الاستثمارات في رأس المال والكفاءه الحدية لرأس المال، ويمكن استخدام فكرة كينز حول (MEC) لرسم منحنى الطلب على الاستثمار.

وقد عارض كينز كلا من الاقتصاديين الكلاسيك والنيوكلاسيك الذين اعتقدوا بأن سعر الفائدة يحقق التوازن بين الاستثمار والادخار. فالادخار عند كينز يعتمد على مستوى الدخل، وسعر الفائدة يعتمد على التفضيل للسيولة (الطلب) و كمية النقود (العرض)

3. **تفضيل السيولة (Liquidity Preference):** ويعتمد تفضيل السيولة، طبقاً الى كينز، على ثلاثة دوافع لحمل النقود، وهي لأغراض الصفقات والإحتياط والمضاربة، والتي تترجم الى منحنى الطلب على النقود. حيث يحمل الأفراد نقوداً أكثر عند سعر فائدة أدنى. والمنحنى المذكور ينحدر للأسفل، وأن كمية النقود المعروضة يفترض أنها مستقلة عن سعر الفائدة وتحدد بقرار من البنك المركزي. ولهذا فإن منحنى عرض النقود يكون عمودياً. إن سعر فائدة أدنى لا يخفض الادخار، كما افترض الكلاسيك والنيوكلاسيك، وبدلاً من ذلك فإنه يحفز على زيادة الانفاق الاستثماري.

4. **الدخل التوازني والتشغيل:** افترض كينز أن هناك ترابطاً قوياً بين الدخل القومي ومستوى التشغيل، وهذا ليس صحيحاً بالضرورة، فالاستثمار الكبير في رأس المال الموفر للعمل (Labour Saving) يمكن أن يسبب إرتفاعاً في الانتاج والدخل القومي بمعدلات تفوق معدل الزيادة في التشغيل. لكن كينز كان مهتماً بالفترة القصيرة بشكل رئيسي، وفي الفترة القصيرة يمكن أن نهمل التغير التكنولوجي، وعندها يمكن أن نوافق بأن مستوى الدخل يحدد متسوى التشغيل.

ويتساءل كينز كيف يمكن أن يحدث الكساد؟ وجوابه يظهر من خلال نموذج بسيط الذي يعرف بنموذج تقاطع كينز، بين الانفاق الكلي والعرض الكلي (خط 45°). إن انخفاضاً في الاستهلاك الاستثماري يقلل من الانفاق الكلي

ويقلل من حجم المبيعات ويزداد الخزين، ثم تقوم المنشآت بتقليل تشغيل الايدي العاملة والإنتاج. ولهذا ينخفض الدخل القومي. ويمكن ملاحظة أن الدخل التوازني ينخفض بمقدار أكبر من حجم الانخفاض في الاستثمار، وذلك بسبب تأثير المضاعف (Multiplier). إن حجم المضاعف يعتمد على ميل منحى الانفاق الكلي.

5. سياسات تحفيز التشغيل الكامل والاستقرار: اقترح كينز دوراً اكبر للحكومة لتحقيق الاستقرار الاقتصادي عند مستوى التشغيل الكامل للدخل القومي. ولمعالجة البطالة يقترح كينز وسائل معينة لزيادة الانفاق الكلي، من خلال زيادة الاستثمار الخاص في أوقات الكساد وذلك من خلال تخفيض سعر الفائدة. لكن هناك حدوداً لإنخفاض سعر الفائدة وخاصة عندما يصبح منحنى تفضيل السيولة (الطلب على النقود) أفقياً تام المرونة عند سعر فائدة منخفض جداً، وهي حالة مايسمى بفخ السيولة (Liquidity Trap)، الأمر الذي يجعل السياسة النقدية غير فعالة.

والطريقة الثانية والأكثر فعالية لمعالجة الكساد من خلال استخدام الحكومة للسياسة المالية التوسعية. فالإنفاق الحكومي يخدم كمصدر للإنفاق الكلي. والمشكلة الأهم بالنسبة الى كينز هي أن المجتمع كلما يصبح أكثر غنى كلما يزداد مستوى الإدخار لدية وتصبح مهمة تحقيق حالة التشغيل الكامل أكثر صعوبة.

6.11 مسألة الرأسمالية التقليدية والسياسة الاقتصادية التدخلية لكينز ومدرسته [10]:

يتبنى التحليل الاقتصادي لكينز ومدرسته أن البطالة سمة من سمات المجتمع الرأسمالي المتطور الحديث، وأن هذه البطالة تمثل خطراً كبيراً على النظام الاقتصادي الرأسمالي، لأن هذا ما قد يدفع العمال العاطلين الى الثورة على النظام واقامة النظام الاشتراكي. لكن كينز لا يريد الاشتراكية على الطريقة السوفيتية. ولذلك ينادي كينز بأنه من الممكن تفادي هذه النتيجة وإنقاذ النظام الرأسمالي إذا قضينا على البطالة. فالقضاء على البطالة هو الوسيلة التي يمكن للرأسمالية ان تعتصم بها لتبقى. وللقضاء على البطالة ينصح كينز بالتنازل نهائياً عن سياسة الحرية الاقتصادية وبتدخل الدول لإصلاح عيوب الرأسمالية.

ولما كانت البطالة ناشئة عن عدم كفاية الطلب الكلي الفعال على السلع فإن هذه السياسة التدخلية التي ينصح بها كينز تنحصر في العمل على رفع مستوى الطلب حتى يزيد الانتاج من خلال زيادة الاستثمارات، وعندئذ يقضى على البطالة ويتحقق التشغيل الكامل.

وكما بينا سابقاً فإن الطلب الكلي يزداد من خلال ما يأتي:

1. **زيادة الطلب الاستهلاكي:** ويتحقق ذلك من خلال:

أ. إعادة توزيع الدخول بين الأفراد توزيعاً قريباً إلى المساواة أو تخفيض التفاوت في توزيع الدخول والثروات. ذلك لأن أصحاب الدخول العالية يدخرون جزءاً من دخولهم في حين أن اصحاب الدخول المحدودة ينفقون كل أو معظم دخولهم على الاستهلاك، مما يعني زيادة الطلب الكلي. فالتفاوت في توزيع الدخول في الدول الرأسمالية هو سبب من

ب. أسباب زيادة الإدخار وعدم كفاية الطلب الكلي ووجود البطالة. ولهذا ينبغي فرض الضرائب التصاعدية على الأغنياء ليتم إنفاقها على الفقراء.

ت. قيام الحكومة بتقديم الخدمات الضرورية إلى أصحاب الدخول المحدودة مجاناً أو بأسعار رمزية بهدف زيادة مستوى الاستهلاك الكلي، وذلك لأن بعض انصار كينز قد لاحظوا بأن جزءاً كبيراً من شعوب البلدان الرأسمالية، المتطورة مازال لا يحصل على ما يكفي من الخدمات الضرورية في الحياة من أكل وسكن وتعليم وعناية صحية.

2. **زيادة الطلب الاستثماري:** ويتم ذلك من خلال:

أ. قيام الدولة نفسها عند حدوث بطالة باقامة مشروعات استثمارية.

ب. قيام الدولة بتخفيض سعر الفائدة حتى تشجع المنظمين على الاقتراض والقيام باستثمارات جديدة.

ج. قيام الدولة بالقضاء على احتكار المخترعات الجديدة، حتى يسهل على المنظمين القيام بتطبيق هذه المخترعات وإنشاء استثمارات جديدة.

د. القضاء على الاحتكارات الاقتصادية بشكل عام حتى لا تكون أسعار المنتجات مرتفعة وبالتالي تقلل من حجم الطلب الاستهلاكي، وهذا ما يقلل من إقامة المشروعات الجديدة وانخفاض حجم الاستثمارات

هذه باختصار السياسة التدخلية التي رسمها كينز لرفع حجم الطلب الكلي من أجل زيادة الإنتاج والتشغيل والقضاء على البطالة وبالتالي انقاذ النظام الرأسمالي من الخطر الذي يهدده نتيجة لوجود البطالة.

7.11 تقييم أفكار المدرسة الكينزية

إن ظهور النظرية الكينزية كان ثمرةً لأزمة الكساد الكبير خلال الفترة (1929-1933) التي ظهرت كنتيجة منطقية للتناقض الذي نشأ بين الفكر الكلاسيكي في النظرية الاقتصادية وبين الواقع الرأسمالي الذي كان يعاني من أزمة طاحنة، والتي أظهرت عدم ملائمة الفكر المذكور للواقع الجديد. وكان ظهور نظرية كينز يمثل إنقلاباً أو ثورة في الفكر الاقتصادي الرأسمالي. وبهذا فإن كينز كان يعبر عن مرحلة جديدة من تطور الرأسمالية وهي مرحلة رأسمالية الدولة التي يمتزج فيها رأس المال الخاص مع تدخل الدولة في الحياة الاقتصادية. ويعود النجاح الكبير في الاقتصاد الكينزي جزئياً الى كونه استهدف حل مشكلة مهمة في حينها وهي مشكلة الكساد الاقتصادي والبطالة.

وفي معرض تقييم أفكار المدرسة الكينزية ودورها في الحياة الاقتصادية ينبغي التعرض إلى مزايا وعيوب أو انتقادات المدرسة المذكورة وهذا ما نفعله أدناه:

1.7.11 مزايا النظرية الكينزية

يمكن إجمال المزايا التي تتمتع بها النظرية الكينزية بما يأتي:

1. كشفت النظرية الكينزية عن عيوب الفكر الكلاسيكي في مجالات كثيرة، حيث بدأ كينز هجومه على قانون (Say)، كما بين أن حالة التشغيل الكامل ليست إلا حالة خاصة فقط، وإن توازن الاقتصاد يمكن أن يتحقق عند مستويات مختلفة تقل عن مستوى التشغيل الكامل.
2. انتصرت الكينزية انتصاراً ساحقاً عقب الحرب العالمية الثانية وأصبحت بمثابة الوصفة التي قدمها كينز بشأن السياسات المالية النقدية المضادة للدورات والتقلبات الاقتصادية.

3. اصبحت نظرية النمو الكينزية التي ابتكرها أنصار كينز، وما انطوت عليه من عوامل محددة للنمو، تفسر الانحرافات التي تحدث بين مسار النمو الواقعي للنظام الرأسمالي والمسار النموذجي، من المسلمات التي تقوم عليها برامج الساسة ورجال الحكم الهادفة الى التغلب على مشكلات النمو الاقتصادي في البلدان الرأسمالية المتقدمة.

4. انتقلت السياسة الاقتصادية الكينزية من ردود الفعل الآنية القائمة على توجيه الطلب الكلي الفعال بما يتناسب وحالة الدورة الاقتصادية الى سياسة التأثير طويل الأجل لتحقيق معدلات أعلى من النمو.

5. أصبحت الكينزية هي الأساس الفكري لمعظم البحوث والدراسات الحكومية، التي اجريت حول المشكلات الاقتصادية وسبل معالجتها والتنبؤ بها.

6. إن قوة الانتصار الذي حققته النظرية الكينزية، سواءً على صعيد الفكر النظري أو على صعيد الواقع العملي، كان يسندها الازدهار الاقتصادي الذي حققته مجموعة الدول الرأسمالية المتقدمة خلال عقدي الخمسينات والستينات من القرن العشرين. ولهذا فقد أصر أنصار كينز بأن القوى التي تقف خلف هذا النمو المرتفع والمستقر في الاقتصادات الرأسمالية يعكس نجاح وفاعلية السياسة النقدية والمالية الكينزية التي طبقتها تلك البلدان خلال الفترة المذكورة.

7. إن كينز في نظريته، أعطى شيئاً لكل فرد، فالمجتمع كله ينتفع من التشغيل الكامل، ويمكن إهمال الأفراد الذين يمكن أن يتضرروا. فالزيادة في الطلب الكلي قوّت مركز نقابات العمال وجعلتها تدفع باتجاه رفع مستويات الأجور وتحسين شروط العمل. كما أن المزارعين قد فضلوا السياسات النقدية

8. التوسعية (من خلال انخفاض أسعار الفائدة) وبدأوا يعتمدون على برامج الانفاق الحكومي على الزراعة. أما المستهلكون بشكل عام فقد كانوا يفضلون، خلال الستينات والسبعينات، التخفيضات في الضرائب التي تم تبريرها على أساس أنها ضرورية لتحفيز الطلب والنموالاقتصادي. وحتى في الثمانينات فإن مبرر التخفيض في الضرائب استند على توجه توسيع العرض، ولكن تلك التخفيضات كانت متسقة مع المبادئ الكينزية.

9. وجه كينز النظرية الاقتصادية نحو رسم السياسات. فالحروب والكساد الاقتصادي والتعقيدات في الحياة الحديثة قوضت الحرية الاقتصادية وبدا أن شيئاً ما ينبغي فعله. فقد قدم كينز تفسيراً للتقلبات وكذلك برنامجاً لتخفيف أثارها، وإن نظرة كينز بأن هناك بديلاً عن تخفيض الأجور الاسمية لتحقيق التشغيل الكامل كانت في وقتها المناسب. فعندما تنخفض الأجور فإن الناس يتوقعون بأنها سوف تنخفض أكثر، الامر الذي يدفع رجال الاعمال إلى تأجيل الانفاق الاستثماري مما يجعل الكساد اسوأ. وإذا دفع كل ذلك إلى تخفيض الأسعار فإن الأمور تصبح أكثر سوءاً بالنسبة لرجال الأعمال، لأنها تنقل الثروة من المنظمين إلى أصحاب الريع (المقرضين). وبالإضافة إلى ذلك فإن هامش الربح ينخفض مما يقلل من حجم الاستثمار. ولهذا قال كينز بأن هناك طرقاً أفضل لتحقيق التشغيل الكامل.

وعليه فإننا نجد بأن الكثير من الأفكار التي جاء بها كينز وأتباعه قد أصبحت أفكاراً في الاقتصاد الكلي المعاصر. وفي الحقيقة فإن الاقتصاد المعاصر يمكن أن يقال عنه أنه مزيج من الاقتصاد الجزئي النيوكلاسيكي والاقتصاد الكلي الكينزي، ولا تزال الكينزية كطريقة للتحليل ونظام للأفكار تسيطر على الاقتصاد الكلي.

إلا أن هذا لا يعني أن كل أفكار كينز وأتباعه ثبت أنها صحيحة. فهناك العديد من الانتقادات العامة للأفكار الكينزية التي وردت من جهات عديدة ومختلفة كما سنرى أدناه.

2.7.11 انتقادات نظرية كينز

مما سبق يتبين بأن الفلسفة الكينزية قد سيطرت فكراً وتطبيقاً، خلال الفترة الممتدة بين الحرب العالمية الثانية ونهاية الستينات على اقتصادات البلدان الرأسمالية المتقدمة، وأصبحت تمثل الاتجاه الرسمي للسياسة الاقتصادية لديها. غير أنه منذ السبعينات أصيبت الكينزية بفشل ذريع ويعود ذلك إلى سببين:

الأول، العجز النظري في فهم ما جرى في الواقع الراهن للرأسمالية المعاصرة.

والثاني، يترتب على العامل الأول وهو عدم فاعلية أدوات السياسة الكينزية في مواجهة الأزمة التي حدثت خلال السبعينات وما بعدها. ذلك أن الواقع العملي للبطالة والتضخم، أي ظاهرة الركود التضخمي (Stagflation) خلال الفترة (1970-1981) تكشف عن توقف مفعول نظرية كينز في تحقيق التشغيل الكامل. حيث انهارت العلاقة الكينزية بين معدلات التضخم ومعدلات البطالة. ففي عام 1970 انخفض حجم الانتاج الصناعي الامريكي بأكثر من 5% وتضاعف معدل البطالة تقريباً وظل الاتجاه العام للأسعار مرتفعاً. ففي عام 1971 كان الركود الاقتصادي مقترناً بتضاعف مستوى الأسعار واتجاه البطالة نحو التزايد. ورغم استمرار إدارة الرئيس الأمريكي (رونالد ريغان)، ثم من بعده الرئيس (جيرالد فورد) في تطبيق السياسة الكينزية لتخفيض معدل التضخم، إلا أن النتائج كانت سيئة (تدهور في معدلات النمو وتزايد في معدلات البطالة والتضخم) [11].

ولم يكن هذا الأمر مقتصراً على الولايات المتحدة الأمريكية فحسب، بل كان ذلك قائما في البلدان الاوروبية الصناعية. وهنا بدأ الاقتصاديون يلحظون لأول مرة ظاهرة جديدة لم تكن معروفة من قبل وهي ظاهرة تعايش نمو البطالة مع تزايد معدلات التضخم (الركود التضخمي) والذي يقاس معدله من خلال الجمع الحسابي بين معدل التضخم ومعدل البطالة. وقد تراوح معدل التضخم الركودي ما بين 9.3% في عام 1972 و 18.7% في عام 1980. وقد دمرت هذه الظاهرة وهم الإعتقاد الذي كان سائداً حول صحة منحنى فيليبس (Phillips Curve) الكينزي.

ولهذا أجمع أعداء الكينزية، ولاسيما الاقتصاديون النيوكلاسيك, أن تطبيق الكينزية خلال العقود الثلاثة التي أعقبت الحرب العالمية الثانية هو المسؤول عن الحالة السيئة التي وصل إليها الاقتصاد الرأسمالي في الثمانينات وبداية التسعينات. وقد شملت الانتقادات التي وجهت الى النظرية الكينزية وتطبيقاتها جوانب عديدة أهمها:

الجانب الأول: تعاظم تدخل الدولة في الحياة الاقتصادية

أدت الكينزية إلى تعاظم تدخل الدولة في الحياة الاقتصادية، الأمر الذي نتج عنه زيادة الانفاق العام زيادة كبيرة مما أدى إلى ظهور العجز في الموازنة العامة للدولة. وقد تم تمويل هذا العجز عن طريق زيادة الضرائب (وبالذات ضرائب الدخل) وعن طريق الإصدار النقدي وزيادة الدين العام الحكومي. وتمخض عن ذلك مثالب أصابت النظام الرأسمالي في الصميم على الوجة التالي:

أ. أدى تزايد تدخل الدولة في النشاط الاقتصادي إلى زيادة مساهمة الإنفاق العام الحكومي في الناتج المحلي الاجمالي، واقترن ذلك بفرض القيود على حركة رأس المال، وهذا أمر يعيق المبادرات الفردية.

ب. أدت زيادة الضرائب على الدخول ورأس المال إلى إضعاف الحوافز الاستثمارية الفردية، مما كان له علاقة بحالة تراخي النمو وظهور الركود الاقتصادي.

ج. أدت زيادة الدين العام الحكومي إلى زيادة فوائد الدين وإلى تحميل الأجيال اللاحقة أعباء قروض ربما لم تستفد منها.

الجانب الثاني: إصابة قوانين السوق، وبالذات سوق العمل، بالشلل التام.

وذلك لأن تطبيق الكينزية قد أدى إلى زيادة تدخل الدولة في الحياة الاقتصادية لضمان التوظف الكامل. ويعتقد الاقتصاد الليبرالي (Hayek) بأن كل الشرور والمثالب التي تعاني منها الرأسمالية والمتمثلة بالركود التضخمي إنما تعود إلى إعتناق الحكومات لفكرة كينز حول ضمان التوظف الكامل، لذلك يعتقد بأن المحافظة على هذا الهدف أدى بالنهاية إلى عدم قيام سوق العمل بوظائفها التقليدية لعلاج أزمات البطالة.

الجانب الثالث: أعطى كينز سلاحاً لأعداء الرأسمالية:

لقد أعطى كينز سلاحاً لاعداء الرأسمالية عندما زعم بأن الرأسمالية فقدت فاعليتها على النمو التلقائي وأنها نظام ينطوي على وجود عدم الاستقرار والميل الشديد نحو الركود والقصور المزمن في الموارد البشرية المادية. وكان دليل كينز في ذلك ما أثبته من اتجاه معدل الربح (الكفاءه الحدية لرأس المال) نحو الانخفاض عبر الزمن. وهنا قال أعداء الكينزية أن نظرية الانهيار عند كارل ماركس، التي انتهت ايضاً الى اتجاه معدل الربح نحو التناقص، تلتقي مع نظرية كينز في التحليل والنتيجة.

الجانب الرابع: المبالغة في احتمال حدوث الكساد [12]

يشير البعض بأن نمط تفكير كينز قصير الأمد جعله يبالغ في الاتجاه نحو حدوث الكساد، كما أنه قلل من احتمال تحقق التقدم التكنولوجي والذي يحفز على الاستثمار الرأسمالي الجديد. ويشير البعض في معرض دفاعه عن كينز، بأنه إذا أردنا أن نجمل آراء كينز نقول أنها تتعلق بالحلول الاقتصادية التي يجب على الدولة اتباعها في حالة عدم وجود حالة التشغيل الكامل لمواردها بهدف الوصول الى العمالة الكاملة. لهذا طالب كينز بالتدخل للتأثير على المسار الاقتصادي [13]. وكان كينز أيضاً ميالاً الى الاستهلاك حتى وإن كان ذلك غير مفيد.

الجانب الخامس: دفعت الكينزية الدول الرأسمالية نحو توجيه جانب كبير من الموارد المالية لأغراض الضمان الإجتماعي والخدمات الصحية والتوسع في إشباع الحاجات الاجتماعية. إن مثل هذا الاتجاه يمثل خصماً كبيراً من متطلبات النمو الاقتصادي لأنها لا تقدم شئياً من أجل رفع الفعالية الاقتصادية أو زيادة معدلات النمو الاقتصادي. ولهذا ينادي هؤلاء النقاد بإلغاء هذا النوع من الإنفاق العام أو تقليصه إلى أدنى حد ممكن.

8.11 تطور المدرسة الكينزية ما بعد كينز [14]

لقد سعى العديد من الاقتصاديين المهمين لتقديم صيغتهم الخاصة للمقاربة الكينزية للاقتصاد بشكل مباشر الى التيار العام للنظرية الاقتصادية الكلية. ومن هؤلاء (Alvin Hansen) و (Paul Samuelson) وسوف نستعرض أدناه بإيجاز أفكار هذين الاقتصاديين:

ألفن هانسون (Alvin Hansen)

في عـام 1941 نشر ــ الاقتصـادي الامريكي المعروف هانسـون كتابـه المعنـون: السياسة المالية والدورات الاقتصادية (Fiscal Policy and Business Cycles), والـذي أيد فيه التحليلات الكينزية للمشكلات الاقتصادية الكلية خـلال الثلاثينـات مـن القرن العشرــين، وكـذلك أيد السياسـات النشطة للحكومة في مسعاها لتحقيق الاستقرار الاقتصادي. وبسبب هذا التأييد القوي للتدخل الحكومي لتحقيق التشغيل الكامـل أطلق عليه الأمريكيون إسـم كينـز الأمريكي (American Keynes). وقـد امتـد تـأثير هانسون إلى العالم حيث نشر ــ العديد مـن الكتـب ومن بينهـا كتابـه: الـدليل إلى كينـز (Guide to Keynes) والذي استخدم من قبل أوساط واسعة مـن الطلبـة لفهـم كتـاب النظرية العامة لكينز.

تركيب هيكس – هانسون (Hicks – Hansen Synthesis)

قام الاقتصادي البريطاني (John Hicks) بعد سنة من نشر كتاب كينز (النظرية العامة) بنشر مقالته الشهيرة (كينز والكلاسيك). وأشار بأن نظرية كينز في سعر الفائـدة، وبالتالي نظريته في الدخل التـوازني كانـت غير محـددة (Indeterminate). فقـد ذكـر (Hicks) بأن منحنى تفضيل السيولة لدى كينز يعتمد عـلى مسـتوى الـدخل القـومي. فعند مستوى أعلى من الدخل فإن الناس يرغبـون بالاحتفـاظ بكميـة أكبر مـن النقـود لشراء الكمية الأكبر من السلع المتاحـة، أي أن لـديهم طلـب أكبر عـلى النقـود لأغـراض تنفيذ الصفقات. ولهذا فإن مستوى الـدخل يعتمـد عـلى سعر الفائـدة (مـن خـلال الاستثمار) لكن سعر الفائدة يعتمد بدوره، على مستوى الـدخل (مـن خـلال تفضيل السيولة).

ولهذا فقد اقترح (Hicks) طريقة لحل هـذه المشكلة مـن عـدم التحديـد. ولهذا طور نموذجاً اقتصادياً موحداً بحيث يمزج وجهتي النظر الكينزية

والنيوكلاسيكية. ويشار اليوم إلى تركيبة (هيكس - هانسون) بنموذج: (- IS LM) - Investment Saving و Demand Supply حيث أن (IS) يشير الى المساواة بين الاستثمار (I) والادخار(S) بعد حدوث تكيفات المضاعف، وان منحنى (LM) يمثل المساواة بين الطلب على النقود (L) وعرض النقود (M). وكل القيم في نموذج (IS - LM) حقيقية (real) وليست اسمية (nominal).

ان منحنى (IS) يمثل كل التوليفات من أسعار الفائدة ومستويات الدخل التي يكون عندها الاستثمار المخطط يساوي الادخار المخطط، أي ان المنحنى المذكور يمثل النقاط المحتملة للتوازن في سوق السلع وان منحنى (LM) يبين نقاط التوازن في سوق النقد، اي ان المنحنى المذكور يبين كل التوليفات من اسعار الفائدة والدخل التي يكون عندها عرض النقود مساوياً الى الطلب على النقود.

ويتحقق التوازن بين المنحنيين (IS - LM) من خلال تقاطعهما ويتحدد بذلك سعر الفائدة التوازني ومستوى الدخل التوازني، كما هو معروف في كتب الاقتصاد الكلي المنهجية. وقد أوضح هانسون وآخرون بأنه من السهل إضافة الانفاق الحكومي والضرائب الى نموذج (IS - LM) واستخدامه لتحليل تأثير السياسات المالية والنقدية على سعر الفائدة والدخل. فالسياسة المالية تحرك منحنى (IS) والسياسة النقدية تحرك منحنى (LM). وقد اتفق (Hansen) مع كثيرين بخصوص فكرة أن الانفاق الاستثماري سوف لن يكون كافيا لوصول الاقتصاد الى حالة التشغيل الكامل. كما أكد (Hansen) بأنه ليس من المحتمل أن الانفاق الاستثماري سوف يتوسع بالقدر الكافي من سنة إلى أخرى ليجعل الاقتصاد محافظاً على وضع التشغيل الكامل وينمو بمعدل مناسب.

ومن المهم ملاحظة أن (Hansen) لم يكن متشائماً، كما هو حال مالثوس، فقد اعتقد (Hansen) بأن الحكومة يمكن أن تتغلب على اتجاه الاقتصاد نحو الركود

من خلال التمويل التعويضي (Compensatory Finance) اي أنـه مـن خـلال زيادة الانفاق تستطيع الحكومة التعويض عن الـنقص في الاسـتثمار وتملـئ الفجـوة بـين طلـب القطـاع الخـاص والنـاتج الكـامن (الـدخل). ولـدى اعـادة النظـر فـان اهـتمام (Hansen) باحتمالات حدوث مشكلة الكساد يظهر أنها (كما هو الحال مع كينـز) غـير واقعية أو مبالغ فيها.

بول سامِلسون (Paul Samuelson)

يعتـبر (Samuelson) أحـد اكـثر الاقتصـاديين الأمريكـان المعـروفين وأن كتابـه المنهجي في الاقتصاد (Economics) معروف لملايين الناس وخاصة الاقتصاديين والطلبـة. ومن الصـعب ان يُنسَـب (Samuelson) الى مدرسـة فكريـة اقتصـادية محـددة وذلـك لتنوع اهتماماته. فيمكن أن ينسب، على سبيل المثال، الى المدرسة الرياضية وكـذلك الى مدرسة اقتصاد الرفاهيـة. ولـه مسـاهمات كثيرة ومتنوعـة، سـوف نتطـرق لهـا بإيجـاز شديد.

فقد نشر (Samuelson) في عام 1939 مقالتين حلل فيهما التفاعل بين مفهومي المضاعف والمعجل (Accelerator). وقد أصبح هذا التفاعل أحد أسس نظريـة الـدورة الاقتصادية الحديثة. وقد أوضح (Samuelson) بأن التغيرات في الـدخل سـوف تعتمـد على قيمة الـ (MPC) وعلى قيمة معامل المعجل. فالأول يحدد المضاعف والثـاني يمثـل التغـير في الانفـاق الاسـتثماري النـاجم عـن التغـير في معـدل نمـو الـدخل. وبـيَّن (Samuelson) بأنه اعتماداً على قيمة المضاعف والمعجـل، وفـيما اذا كانـت الزيـادة في الاستثمار مسـتمرة، فـان الزيـادة الأوليـة المسـتقلة في الاسـتثمار يمكـن أن تنـتج أنواعـاً مختلفة من النتائج تتراوح بين عدم وجود زيادة مستمرة في الـدخل الى زيـادة مسـتمرة في الدخل.

ومن مساهمات (Samuelson) التحليل الجبري لتحديد الدخل التوازني، والذي

ساعد على توضيح تحليلات النظام الكينزي. فمعظم التحليل الجبري الموجود في كتب

الاقتصاد الجزئي المتوسطة يرجع الى(Samuelson) بالاشتراك مع (Robert Solow) في

عام 1960 وذلك بتقدير قيم منحنى فيليبس (لمعدلات البطالة ومعدلات التضخم)

بالنسبة للاقتصاد الامريكي لعام 1960.

ومن مساهماته الاخرى، سواء منفرداً أو بالتعاون مع الآخرين:

1.   الستاتيكية المقارنة (Comparative Statics)

2.   نظرية التفضيل المستبان (Revealed Preference Theory) في الطلب.

3.   نظرية المساواة في أسعار عوامل الانتاج

(Factor – Price Equalization Theory)

4.   نظرية الانفاق العام (Public Expenditure Theory).

هوامش الفصل الحادي عشر

(1) كان متوسط دخل الأسرة من الفئة العليا، في أمريكا، يعادل حوالي ستمائة وثلاثين مرة من دخل اسرة من الفئة التي تقع في أسفل الهرم الاجتماعي.

د. عبد الحسين وداي العطية، مرجع سابق، ص 134.

(2) قارن:

William J – Barber, op., cit., p 223.

وكذلك د. عبد الحسين وداي العطية، نفس المرجع، ص 133-134.

(3) William J – Barber.,op. cit., p 229.

(4) قارن في ذلك: د. عبد الحسين وداي، مرجع سابق، 137-138.

-William J Barber, ibid, pp 246-247

-Michael Stewart., Keynes and After, Penguin Books., 1967, p 71-72

(5) قارن: William J Barber, op. cit, pp 246-247

وكذلك د. عبد الحسين وداي، مرجع سابق، ص، 138-144.

(6) نفس المرجع، ص 143-144.

(7)Stanley L. Brue, op. cit, pp 448-451

(8)Ibid., pp 453-464.

(9)Boys and Melvin, Principles of Macroeconomics' pp. 397-398

(10) قارن: د. عبد الحسين وداي، العطية مرجع سابق، ص، 146-149

(11) لقد دفع هذا الواقع رئيس مجلس الاحتياط الفيدرالي في الولايات المتحدة الامريكية في حينها الى القول بأنه (يجب علينا ان نعترف بحقيقة ان السوق الداخلية قد فقدت فاعليتها في مجال المنافسة، وذلك لانه اذا كان معدل البطالة ما بين 8-9% غير كاف لايقاف التضخم فان ذلك يعني ان اقتصادنا لم يعد يعمل كما كان يعمل في الماضي). انظر د. عبد الحسين وداي عطية، مرجع سابق، ص 154.

(12)Stanley L . Brue., op. cit., pp 462-464

(13) د. أحمد فريد مصطفى و د. سهير محمد السيد حسن، مرجع سابق، ص 224.

(14) لمزيد من التفاصيل راجع:

Stanley L . Brue., op. cit., pp. 469-482.

الباب الثالث

الفكر الاقتصادي المعاصر

الفصل الثاني عشر

المدارس الاقتصادية الفكرية المعاصرة

(*Modern Schools of Economic Thought*)

الكينزيون الجدد (New Keynesians)

الكينزيون ما بعد الكينزية (Post Keynesians)

الفصل الثاني عشر
المدارس الاقتصادية الفكرية المعاصرة

الكينزيون الجدد، والكينزيون ما بعد الكينزية

1.12 مقدمة:

من المعروف ان التحليل الاقتصادي الكلي قد بدأ مع ظهور كتاب النظرية العامة لـ (Keynes) في عام 1936، وقد جاء هذا التحليل كتحليل مواجة للتحليل الاقتصادي الجزئي الذي كان قائماً منذ الثلث الاخير من القرن التاسع عشر. وتجدر الاشارة الى ان الاقتصاد الكلي يعتبر من أكثر الابعاد التحليلية في الاقتصاد خضوعاً للجدل على مستوى البحث العلمي والقرار الاقتصادي، وذلك لاعتماد هذا الاقتصاد على اجماليات الاقتصاد الوطني، ولارتباطه بالاقتصاد السياسي، ولتناوله الآني للنظرية والتطبيق. وصار الاقتصاد الكلي خلال العقود الاخيرة قاعدة تحليلية لتطوير الفكر الاقتصادي وتشخيص ومعالجة مشكلات عدم الاستقرار والركود والتخلف[1].

والنموذجان اللذان يعتبران امتدادين للنموذج الكينزي هما نموذج (IS – LM) ونموذج (AD – AS). وفي السنوات الاولى من الخمسينات تم مزج افكار كينز مع بعض عناصر النظرية الكلاسيكية لتكوّن ما عرف بالاقتصاد الكينزي.

وقد انقسم الكينزيون الى مجموعتين هما: الكينزيون الجدد (New Keynesians) وكذلك الكينزيون ما بعد الكينزية (Post Keynesians). ومع انكماش الاقتصاد الكينزي ظهر Milton Friedman خلال الخمسينات والستينات وطرح نظريته التي عرفت بالمدرسة النقدية (Monetarist School) أو مدرسة

شيكاغو. ثم ظهرت بعد ذلك مدرسة جديدة عارضت كلاً من الكينزيين والنقديين، لاعتمادها على فكرة التوقعات المعدلة (Adaptive Expectations)، ودعت بدلاً من ذلك الى فكرة التوقعات الرشيدة (Rational Expectations)، وعليه أصبح هناك أربعة مدارس فكرية اساسية معاصرة. والى جانب ما تقدم هناك مدارس فكرية اخرى أصغر حجماً واقل تأثيراً وانتشاراً من المدرس الاربعة المذكورة أعلاه، وهي : اقتصاديات جانب العرض (Supply - side Economics) والمدرسة النمساوية (Austrian School) ثم المدرسة اليسارية أو الراديكالية (Radical School) وهي مدرسة اشتراكية التوجه[2].

ولتغطية كل هذه المدارس الفكرية سوف يتناول هذا الفصل المواضيع الاتية:

1. مدرسة الكينزيين الجدد.

2. مدرسة الكينزيين ما بعد الكينزية.

هل الاقتصاد الخاص مستقر؟

ان الاجابة على السؤال أعلاه يمثل الخلفية الاساسية للخلافات الجوهرية فيما بين المدراس الفكرية للاقتصاد الكلي. فالاقتصاد المستقر (stable) يتطلب فقط سياسات غير نشطة، مع تدخلات بين الحين والآخر للقضاء على الصدمات (shocks) الخارجية العشوائية. أما الاقتصاد غير المستقر (unstable) فانه يتطلب سياسة نشطة، ما لم تكن السياسات نفسها تؤذي اكثر مما تنفع.

وعليه فان موضوع الاستقرار كان ولا يزال مجالاً للجدل بين الاقتصاديين.

وعندما ذكر (Friedman) بان الطلب على النقود مستقر عبر الزمن عارضه آخرون وذكروا بان عدم الاستقرار المالي متأصل في النظم الراسمالية. وعندما أوضح

الكلاسيكيون المحدثون عن سبب توازن سوق العمل فان اقتصاديين آخرين انكروا حتى وجود آلية لتحقيق التوازن في سوق العمل[3].

وقد اتخذت بعض الدراسات في الولايات المتحدة الامريكية من الناتج القومي الاجمالي مؤشراً على الاستقرار من عدمه، ولاحظت انه منذ عام 1950 فان تذبذب معدل نمو الناتج القومي الاجمالي قد انخفض انخفاضاً ملحوظاً مما اعتبر ذلك دليلاً على ان الاقتصاد القومي قد أصبح اكثر استقراراً بمرور الوقت. وقد أوضحت الدراسات بان الاستهلاك يسير جنباً الى جنب مع الناتج القومي مما يشير الى ان الاستهلاك هو عامل استقرار[4].

وهناك مسألة مهمة اخرى اختلفت عليها المدارس الفكرية الاقتصادية فيما بينها. فقد لوحظ ان هناك علاقة عكسية بين الانفاق الحكومي والاستثمار. فالزيادة في معدلات الاستثمار كثيراً ما تكون مصاحبة لانخفاض نمو الانفاق الحكومي والعكس صحيح. ولكن ما سبب العلاقة العكسية؟ فالنقديون والكلاسيكيون الجدد يرون ان الاستثمار ممكن ان يكون اكثر استقراراً لولا الانفاق الحكومي الذي يؤدي الى عدم استقرار الاقتصاد القومي. حيث يرى هؤلاء بان الانفاق الحكومي يؤدي الى رفع اسعار الفائدة مما يترتب عليه مزاحمة الانفاق الحكومي للاستثمار الخاص، وهذا ما يعرف بمصطلح (Crowding out) . وعندما ينخفض الانفاق الحكومي فيما بعد فان خطط الاستثمار الخاص، التي كانت قد أجلت، سيتم تنفيذها، وهذا ما يتفق مع احصاءات الولايات المتحدة.

أما الكينزيون الجدد وكذلك الكينزيون ما بعد الكينزية فقد أعطوا تفسيراً مخالفاً للعلاقة بين الانفاق الحكومي وبين الانفاق الاستثماري .

2.12 الكينزيون الجدد (المعتدلون)[5] New Keynesians

يعود الفضل في ادراج مبادىء كينز في الاقتصاد الكلي ضمن التيار العام للاقتصاد الى (Samuelson) وآخرين، وذلك بعد دمجها مع مبادىء النيوكلاسيكية للاقتصاد الجزئي. الا انه لم يتفق جميع اتباع كينز على هذه التركيبة النيوكلاسيكية فانقسم الكينزيون الى مجموعتين: الاولى مجموعة الكينزيين الجد (New Keynesians) والمجموعة الثانية هي مجموعة الكينزيين ما بعد الكينزية (Post Keynesians) فالبعض انكر كلاً من تفسيرات نموذج (IS – LM) لكينز، وكذلك الاقتصاد الجزئي المتعارف عليه، وسنتناول ابتداء مدرسة الكينزيين الجدد، وبعدها نتناول مدرسة الكينزيين ما بعد الكينزية.

ظهرت مدرسة الكينزيين الجدد (New Keynesians) في نهاية السبعينيات وفي الثمانينات، وقد شكلت هذه المدرسة القسم الاكبر من مجموعة الكينزيين المعاصرين جميعاً. ويعتبر اعضاء هذه المدرسة معتدلون في آرائهم بالمقارنة مع اعضاء المدرسة الكينزية الاخرى، ولهذا يطلق عليهم البعض بالمعتدلين بالمقارنة مع اعضاء المدرسة الكينزية الاخرى التي يطلق عليها بالمتطرفين.

وقد بنيت افكار مدرسة الكينزيين الجدد على فرضية التوقعات الرشيدة (التي جاء بها الكلاسيكيون الجدد) لكن هذه المدرسة عارضت وتحدَّت الفكرة القائلة بان الاسواق تتوازن باستمرار (Markets Clear Continuously) بل انهم أكدوا بان الانتاج دون مستوى التشغيل الكامل، والبطالة طويلة الامد هي متأصلة في نظام السوق الراسمالي، وان سياسات الاقتصاد الكلي الهادفة الى تشجيع الطلب الكلي غالباً ما تكون ملائمة. وعليه وباستخدام الاقتصاد الجزئي فان الكينزيين الجدد يتوصلون الى استنتاجات تشبه تلك التي توصل اليها كينز، ولهذا أطلق عليهم الكينزيون الجدد.

ان الفرق الاساسي بين الكينزيين الجدد وبين الكلاسيكيين الجدد ليس هو حول كيفية تشكل التوقعات، بل هو حول فرضية توازن السوق الدائم. ويؤكد الكينزيون الجدد بان الاجور والاسعار جامدة أو لزجه (Sticky) وانها تتحرك للاعلى بسهولة لكنها لا تتحرك للاسفل.واذا لم تتوازن الاسواق باستمرار وبسرعة فان النظام الاقتصادي سوف لن يحقق التشغيل الكامل، لذلك فان وظيفة وعمل السياسات لغرض دفع الاقتصاد نحو حالة التشغيل الكامل هو أمر مبرر في نظرهم حتى ولو كانت التوقعات تتشكل بعقلانية[6].

وقد أعاد الكينزيون الجدد تركيز اهتمامهم على السؤال الكينزي التقليدي وهو لماذا يحدث الكساد؟. ان جوابهم هو: ان انخفاض مستوى الطلب الكلي ينتج عنه انخفاض في الناتج الحقيقي وتزايد مزمن في البطالة، وذلك بسبب كون الاسعار والاجور الاسمية ليست مرنة باتجاه الاسفل. ان الكينزيين الجدد من امثال (Joseph Stiglitz) و ((Oliver Blanchard) و (Stanley Fisher) و (Robert Gordon) واخرين قد قدموا العديد من التفسيرات الممكنة لعدم مرونة الاسعار والاجور نحو الاسفل ومنها[7]:

1. **عقود العمل، الرسمية والضمنية:** حيث يؤكد الكينزيون الجدد بان اتحاد نقابات العمال توقع عادةً عقود عمل طويلة الامد نسبياً، وتحتوي على زيادات اسمية في الاجور، ولهذا فان تخفيض الاجور ليس خياراً عندما يحدث الانخفاض في الطلب الكلي بشكل غير متوقع. وبدلاً من ذلك، فان المنشآت الانتاجية تقوم بتسريح العمال، حيث ان قيادات العمال تفضل التسريح لعدد من العمال على تخفيض الاجور لعدد كبير من العمال.
2. **تكاليف الاعلان والدعاية (Menu Costs):** هنا يؤكد البعض بان المنشآت تتحمل تكاليف عندما تقوم بتخفيض الاسعار. وعلى سبيل المثال فالمطاعم

تقوم بطبع قوائم جديدة لوجبات الطعام (New Menu) وتتحمل تكاليف الدعاية والاعلان عن الاسعار الجديدة وقد تعادل هذه التكاليف او تزيد على اي مكسب من تخفيض الاسعار الهادفة الى توسيع المبيعات. وهكذا عندما تكون تكاليف طبع قوائم الطعام مرتفعة فقد تتردد المنشآت في تخفيض الاسعار حتى وان واجهت المطاعم انخفاضاً في الطلب. وعليه فان مثل هذه الامور تساعد على جعل الاسعار غير مرنة. ومن الاسباب الاخرى لعدم مرونة الاسعار هو تطبيق اسلوب التسعير الاداري او ما يسمى (Markup Pricing). ويتضمن التسعير الاداري اضافة نسبة مئوية ثابتة الى التكاليف الانتاجية لتحديد السعر. كذلك في حالة كون المنشآت الانتاجية تعمل في سوق احتكار القلة (Oligopoly) فان المنشأة تخشى ـ بان تخفيض اسعارها قد يدفع بقية الشركات الى تخفيض اسعارها بمعدلات اكبر. لهذا فعندما ينخفض الطلب الكلي في اقتصاد ما فان الاسعار قد تبقى ثابتة بينما ينخفض حجم الانتاج والتشغيل.

3. **اجور الكفاءة (Efficiency Wages)** : ان أجر الكفاءة هو الاجر الذي يكون فوق مستوى الاجر التوازني، فعندما تكون تكلفة الاشراف على العمل (Supervising) والمراقبة (Monitoring) مرتفعة أو عندما يكون معدل دوران العمل مرتفعاً فان المنشآت قد تجد بان أجور الكفاءة سوف تعمل على تخفيض تكلفة العمل لديها. ان المنشآت التي تدفع أجر الكفاءة سوف تكون مترددة في تخفيض الاجور استجابة لانخفاض الطلب الكلي، لان تخفيض الاجور سوف يشجع على ظاهرة التهرب من العمل والمسؤوليات، وربما ترك العمل، مما يؤدي الى تخفيض مستوى الانتاجية، وبالتالي ارتفاع تكاليف الانتاج للوحدة. وهكذا فان اجور الكفاءة قد تساهم في تقليل مرونة الاجور وزيادة البطالة الدورية.

4. **نظريـة الـداخلين والخـارجين مـن العمـل كتفسـير جمـود الاجـور:** ان الـداخلين (Insiders) هم العمال المستخدمون في المنشآت والذين يملكون بعض قوة السـوق. والخارجون (Outsiders) هم العمال مـن غـير المسـتخدمين في المنشـآت والـذين لا يسـتطيعون أو لا يرغبـون منافسـة العـمال الحـاليين، وقبـولهم بـأجور منخفضـة للحصول على عمل. وعليه فان مثل هذه الظاهرة تساعد عـلى جعـل الاجـور غـير مرنة (لزجه) للاسفل في ظل وجود قصور في الطلب الكلي وبطالة دورية.

قوى التصحيح الذاتي ضـعيفة وبطيئـة[8]: يؤكـد الكينزيـون الجـدد (المعتـدلون) بانـه لا يتوقع من الاقتصاد الخاص ان يحقق التشغيل الكامـل وذلـك لان التغـيرات في توقعـات رجال الاعمال ينتج عنهـا ذبـذبات وعـدم اسـتقرار في الاسـتثمارات. كـما ان عـدم كـمال السـوق (Imperfection) بـدوره يـؤدي ال تخفـيض مرونـة الاسـعار ويضـعف قـوى التصحيح الذاتي. ولو ترك الاقتصاد القومي لوحده فانه قد يحقق استعادة التوازن أخـيراً ولكن خطوات الاستعادة تأخذ وقتاً طويلاً للغاية.

ولهذا السبب يؤكد الكينزيون الجدد بان الادارة النشطة للطلب ضرورية. ومـع نماذج أفضـل واحصـاءات أدق يمكـن للسياسـات ان تكـون اكثر نجاحـاً. وعـلى صـانعي السياسـات ان يكونـوا مسـتعدين للتـدخل حيـنما يظهـر الاقتصـاد علامـات الانكـماش والتراجع.

وهناك مضمونان رئيسـيان مـن مضـامين السياسـات التـي تخـرج مـن مدرسـة الكينزيين الجدد وهما:

أولاً: حتـى وان كـان تشـكل التوقعـات عقلانيـاً، وان التغـير في السياسـات متوقعـاً فـان السياسات المالية والنقدية المطلوبة هي مـبررة وذلـك بسـبب الفاصـل الزمنـي الطويـل

للتكيفات، والتي تتسبب من جراء الاجور والاسعار الجامدة، ويمكن تقليصها من خلال عمل السياسات.

ثانياً: ان عمل واثر السياسات الاقتصادية (المالية والنقدية) قد يقوّي ولا يلغي (كما يدعي الكلاسيكيون الجدد) عندما تكون السياسات متوقعة بشكل كامل. وذلك لان أثر السياسات يعزز الخطوات الخاصة المتخذة مسبقاً استناداً الى فكرة الكلاسيكيين الجدد.

لهذا يؤكد الكينزيون الجدد على السياسات التي يمكن توقعها بسهولة ويقترحون بان تكون هناك قواعد لسياسات نشطة (Active Policy Rules) .

فرضيات الكينزيين الجدد

تستند وجهات نظر الكينزيين الجدد على مجموعة من الفرضيات[9]:

1. ان الثقة بين رجال الاعمال وبين المستهلكين من الممكن ان تكون متقلبة، وبالتالي فان الانفاق من الممكن ان يكون متقلباً هو الاخر، وهذا هو مصدر لعدم الاستقرار.

2. ان الكينزيين الجدد يولون عقود العمل أهمية، وان هذه تؤدي الى ابطاء سرعة تكيف موائمة الاسعار والاجور. وعندما تكون الموائمة بطيئة يكون هناك استجابة من جانب الناتج والتشغيل للسياسات والصدمات الخارجية. وفي الماضي كان معظم الكينزيين الجدد على استعداد للاعتماد كلية على السياسات المالية والنقدية لاصلاح امراض الاقتصاد الكلي. لكن معظمهم الآن يناصرون وسائل جانب العرض كمكمل لادارة الطلب التقليدية.

3. الكينزيون الجدد يعتبرون ان البطالة هي مشكلة أخطر مـن مشكلة التضخم، ولهذا فهم يولونها اهتماماً كبيراً في تطبيق سياساتهم.

تطبيقات ناجحة، ثم تطبيقات فاشلة لافكار الكينزيين الجدد [10]:

واجهت افكار الكينزيين الجدد تطبيقاً ناجحاً خلال الستينات، حيث انخفضت البطالة من 6.5 بالمائة الى 3.4 بالمائة، وارتفع معدل الانتاجية بمقدار 3.5 بالمائة في السنة في الولايات المتحدة الامريكية، ولم يكن التضخم في هذه الفترة يمثل مشكلة حتى جاءت حرب فيتنام.

لكن هذه الافكار واجهت تطبيقاً فاشلاً في السبعينات، فرغم ان هذه السياسة اثبتت نجاحها في ازالة البطالة الا ان التضخم أصبح هو المشكلة بانتهاء الستينات. فهل استطاع الاقتصاد الكينزي الاعتماد على الطلب الكلي لمعالجة التضخم؟ يبدو ان ذلك لم يكن ممكناً بدون حدوث الكساد. ان سياسة رفع معدلات الضرائب، والسياسة النقدية الانكماشية قد أثرت على التضخم ولكن بطريق غير مباشر وذلك مـن خلال حـدوث الركود الاقتصادي الذي أدى الى انخفاض الطلب على العمل.

والمشكلة التي على اصحاب هـذه المدرسة مواجهتها هـي مشكلة التوقيت (Timing). حيث ان السياسات ليس لها أثر فوري علـى الاقتصاد القومي فان تنبؤاً دقيقاً يكون مطلوباً. لكن المستقبل لا يمكن التنبؤ به بدرجة عالية مـن التاكـد، وبالتالي فان السياسات ستظل غير ملائمة فيما يخص التوقيت، بحيث انها يمكن ان تضر اكثر مما تنفع. وحينما يتباطأ واضعوا السياسات في تطبيق سياساتهم فان الاقتصاد يكون قد استعاد وضعه عندما تكون السياسات النشطة قد بـدأ مفعولها يظهر، وعندها تكون النتيجة هي التضخم.

3.12 الكينزيون ما بعد الكينزية (Post Keynesian)[11]:

تعتبر مدرسة الكينزيين ما بعد الكينزية من اصغر المدارس من حيث عدد اتباعها بالمقارنة مع المدارس الاربعة الكبرى، ويسميهم البعض بالكيزنيين المتطرفين. ويدعي هؤلاء بانهم الورثة الحقيقيون لكينز. وان اسم (كينزيي ما بعد الكينزية) قد أعطي الى مجموعات مختلفة من الاقتصاديين الذين ينظرون الى النظرية العامة لكينز، للالهام، لكنهم يرفضون المساعي لدفع افكار كينز الى الاطار الكلاسيكي، كما حدث مع التركيب النيوكلاسيكي. وانهم مهتمون بتطوير نظرية اقتصادية كلية ملائمة للسوق الراسمالية المعاصرة مع اتجاهها القوي نحو تركيز القوة الاقتصادية في عدد قليل نسبياً من الشركات العملاقة. وان أبرز أعضاء المجموعة الاقتصادية هذه كانوا من (Cambridge) في انجلترا، وهم كل من (Piero Sraffa) و (Nicolas Kaldor) و (Joan Robinson) و (Luigi Pasinetti) و (John Kenneth Galbraith)) وآخرين من الولايات المتحدة الامريكية. والعديد من هؤلاء الاقتصاديين استندوا على افكار الاقتصادي البولندي الشهير (Michael Kalecki) الذي عرض، في عام 1933، نظرية شبيهة بنظرية كينز في التشغيل، وذلك قبل نظرية كينز العامة[12].

ان أعضاء هذه المدرسة هم من أشد المعارضين للمدرسة النقدية (Monetarist School) ولمدرسة الكلاسيكيين الجدد (New Classics) وهم يختلفون في اوجه عديدة ومهمة عن كل المدارس الاقتصادية الفكرية الاخرى. حيث انهم يرفضون كلياً محاولات احياء الاقتصاد الكلاسيكي وتطبيقه على الاقتصاد الكلي، على اعتبار أنها غير عملية وغير واقعية. وان النقطة الاساسية التي يختلفون عندها عن الآخرين هي، ما يعتبرونه اهمال، من قبل التفسيرات الكينزية لما بعد الحرب العالمية الثانية، لعناصر مهمة في افكار كينز الموجودة في

النظرية العامة له. ويذهبون أبعد الى انهم يسعون لتطوير رؤى نظرية جديدة لعمل انظمة معاصرة لراسمالية السوق، وهي اقتصادات بعيدة جداً، زمنياً وهيكلياً عـن النماذج التنافسية البسيطة التي تميـز افكار الثورات المضادة الكلاسيكية (Classical Counterrevolutions)[13].

ان اقتصادي هذه المدرسة يشكلون مجموعات متباينة الاراء والمواقف اكثر مـن اي مدرسة أخرى. ففي مجموعة رئيسية نجد اقتصاديين مثل (Robert Clowen) وفي مجموعـة ثانيـة والتي تتمركـز في جامعـة (Cambridge) انجلـترا نجـد (Jeoffrey Harcourt) و (Roy Harrod) و (Nicolas Kaldor) و (Joan Robinson). وهـذه المجموعة ركزت كثيراً على ديناميكية تحقيق النمو الـذي يضمن التشغيل الكامـل، وأعطوا اهتماماً خاصاً الى الـروابط التي تربط بين توزيع الدخل والنمو الاقتصادي. وهناك المجموعة الثالثة التي تضم (Paul Davidson) و (Hyman Minsky) و (Joh Kenneth Golbraith) والذين انصب اهتمامهم على عمل واداء اقتصاد السوق في العالم الواقعي وليس الرؤيا المثالية للسوق كما نجدها لدى الاقتصاد الكلاسيكي الجديد[14].

الافكار الاساسية للكينزيين ما بعد الكينزية[15].

رغم ان افكار هؤلاء الاقتصاديين الـذين ينتمـون الى مدرسـة كينزيـي مـا بعـد الكينزية متباينة فيما بينهم لكنه يمكن ان نتبين العديد مـن المبـادىء الاساسية التي يتفق جميعهم عليها، ومن أبرز هذه الافكار ما يأتي:

1. ان الفكرة الاساسية لاعضاء هذه المدرسة جميعاً هي رفضهم لنظرية (Walras) بخصوص التـوازن العام باعتبارهـا اسـاس الاقتصاد الجـزئي (Micro-Foundation) لنظرية الاقتصاد الكلي، وهـذا معنـاه انهـم يرفضون الفكرة القائلة بانه عند وجود سوق المنافسة فان نظام السوق يصحح نفسه بنفسه

ويقود بشكل اوتوماتيكي الى الاستغلال الكامل للموارد الاقتصادية (بما فيها العمل). وبهذا فان فكرة اليد الخفية (Hidden Hand) هي مجرد وهم بالنسبة لهم، الامر الذي يفرض تدخل الحكومة في النشاط الاقتصادي.

2. **يؤكد هؤلاء الاقتصاديون على عدم اليقين (Uncertainty)** : الذي يسود معظم النشاطات الاقتصادية، وان التوقعات تتشكل على اساس المعرفة غير المؤكدة، والتي لا يمكن اخضاعها الى حسابات الاحتمالات، وهـذه تمثل ظاهرة اساسية في العالم الاقتصادي الذي نعيش فيه (وليس العالم المثالي الذي تفترضه نظرية التوازن العام). وعليه فان معظم القرارات يتم اتخاذها بواسطة الخبرة والبداهة، وهذا ينفي كـون الاقتصاد يتجه نحو التوازن او نحو المعدل الطبيعي في الامد الطويل. وبالنسبة لهـم فان عدم اليقين هذا ينفي فرضية التوقعات الرشيدة.

3. **الاسـعار الاداريـة (Administrative Pricing)** : ان الاسـعار لا تعكـس شروط الطلب الجارية. ذلك لان الاسعار تحددها الشركات الكبيرة، ولهذا فان فرضية وجود البائعين والمشترين المستقلين لا تتفق مع حقيقـة الامور. فالعالم الحقيقي تسيطر عليه الوحدات الانتاجية الكبيرة مما يجعـل السـوق أقرب الى سـوق احتكار القلـة وبالتالي فان الاسعار تحدد من قبل الشركات على اساس التكلفة زائداً هـامش ربح (mark up pricing) . ذلك لان هذه الشركات تمول استثماراتها بشكل رئيسي ـ مـن خلال الارباح المحتجزة، ولتحقيق المستويات المرغوبة من الارباح (وبالتـالي تحقيـق خططها الاستثمارية) فانها تقوم بتحديد الاسعار فوق مسـتوى التكـاليف الجاريـة. لهذا فان الاسعار تعكس متطلبات المنشآت من الاموال لاغراض الاستثمار. وعندما ترتفع التكاليف فان المنشآت الانتاجية تزيد مـن اسعارها بمـا يزيد عـلى تكاليفها وذلك للحفاظ على هامش ربحها.

4. **النقود متغير داخلي (Endogenous Money)** : يعتبر هؤلاء الاقتصاديون بان خزين النقود هو بالاساس متغير داخلي في الاقتصاد وذلك على عكس ما يعتقد به كـل مـن (Fisher) و (Friedman) . ويتغير خـزين النقود استجابة للتغيرات في مستوى الاجور، وان حاجة التجارة للنقود هـي التي تحدد حجم عـرض النقد. وبالنسبة اليهم فان التضخم النقدي يحدث بسبب الصراع على توزيع الـدخل، فالزيادة في الاجور تسبب زيادة في تكاليف الانتاج، وهـذا يخلـق طلبـاً أكبر لـدى المنشآت على راس المال التشغيلي لتمويل السلع غير المكتملة والمخزون والتي تـزداد تكلفتها، الامر الذي يزيد من اقتراض الشركات وبالتالي زيادة عرض النقد. وعليه فان جذور التضخم تكمن في سلوك المؤسسات الرئيسية في الاقتصاد مثل نقابات العمـل وكذلك الشركات الكبيرة، حيث لهاتين المؤسستين تـأثير كبير وقوي عـلى الاجـور النقدية والاسعار.

5. **التقلبات الدورية الكبيرة وعدم الاستقرار:** يؤكد كينزيو ما بعد الكينزية بان الاقتصاد بطبيعته غير مستقر، والاستثمار يجب ان ينمو بالقدر المطلوب لكي يسمح للناتج القومي والانتاج بالنمو بمعدل مستقر. وبسبب موجات التشاؤم والتفاؤل فان مثل هذا لا يحدث. وعندما تكون الاستثمارات أقل من المستوى المطلوب للحفاظ على معدل مستقر من النمو فان الاقتصاد يتراجع وتتزايد البطالة.

6. **الموقف من نظريات الانتاج والقيمة والتوزيع:** طبقاً الى الاقتصادي (Sraffa) فان نمط الطلب لا يؤثر على نمط الاسعار، وبدلاً مـن ذلك يؤثر فقط عـلى حجـم الانتاج في كل صناعة. ويستنتج (Sraffa) بان مستوى الانتاج مستقل كليـاً عـن كيفية توزيعه بـين الاجـور والارباح. وقد قامـت (Joan Robinson) وكذلك اعضاء آخرين من هذه المدرسة بتوسيع موضوعة (Sraffa)، حيث

أكدوا بان توزيع الدخل الفعلي بين الاجور والارباح سوف يعتمد على الصراع الطبقي، وعلى السياسات العامة (Public Policies) التي تغير التوزيع، وعلى معدل الاستثمار (المعدلات الاعلى من الاستثمار تزيد من حصة الارباح). وتؤكد (Robinson) بانه من الممكن بل والمرغوب به للمجتمع ان يسيطر على توزيع الدخل. ولهذا فقد وصفت نفسها بانها " كينزية من الجناح اليساري"[16].

7. الحاجة الى سياسة ضبط الدخول (Incomes Policy) : ان الصراع الطبقي حول توزيع الدخل، وكذلك التسعير المستند على هامش الربح من قبل شركات احتكار القلة، يفرض الحاجة الى اتباع سياسة دائمة لتنظيم الدخول. ويتفق جميع هؤلاء الاقتصاديين التابعين لهذه المدرسة الفكرية على ان التضخم النقدي لا يمكن السيطرة عليه من خلال الوسائل التقليدية للسياسة النقدية والمالية. لانهم يعتبرون ان التضخم لا ينتج بالضرورة عن زيادة الطلب على السلع بل من الصراع على توزيع الدخل والانتاج. ولهذا السبب فانهم لا يسألون عما اذا كانت سياسة ضبط الدخول ضرورية أم لا وانما كيف يمكن جعل هذه السياسة تعمل بكفاءة وعدالة.

8. السيناريو الخاص بـ كينزيي مـا بعد الكينزية[17] : رغم ان اعضاء هذه المدرسة يترددون في استخدام نموذج الطلب الكلي والعرض الكلي لكنهم مع ذلك يستخدمونه في تحليلاتهم ليوضحوا بان تخفيض الاجور من المحتمل ان يؤدي الى تخفيض الناتج. ذلك لان التخفيض الناجم عن تخفيض الاجور سوف يؤدي الى انتقال منحنى الطلب الكلي الى الداخل، في نفس الوقت الذي يتحرك فيه منحنى العرض الكلي الى الخارج.

ولهذا فان كينزيي ما بعد الكينزية يؤكدون على أهمية السياسية المالية لاخراج الاقتصاد من حالة الركود الاقتصادي. كما انهم متشائمون بشأن تأثير التوقعات كما هو حالهم مع توازن السوق. وهم يعتقدون بان الاسواق لا تتوازن، لا في الامد القصير ولا في الامد الطويل، وان البطالة ظاهرة دائمية وان التدخل مطلوب.

هوامش الفصل الثاني عشر

(1)   قارن: د. هوشيار معروف، تحليـل الاقتصـاد الكـلي، دار صـفاء للنشـر ـ والتوزيـع عمان، الطبعة الاولى، 2005 ، ص 51.

(2)   د. سامي خليل، نظرية الاقتصاد الكلي، الكتاب الثاني، 1994 ، ص 745 – 747.

(3)   نفس المرجع، ص 748.

(4)   نفس المرجع ، ص 748 – 749.

(5)   - Wallace C. Peterson and Paul S.Estenson . Estens, Income, Employment and Economic Growth., Seventh Edition, WW. Norton & Co., New York, London 1992 – PP 751 – 771.

   -   Also, Stanley L. Brue., op cit., Pp 487 – 490.

   -   Boys and Melvin, op. cit., PP 535 – 536.

   وكذلك: د. سامي خليل، مرجع سابق، ص 757 – 767.

(6)   Wallace C. Peterson and Paul S. Estenson, ibid PP 751 – 752.

(7)   Stanley L. Brue., op. cit., PP 488 – 490.

   وكذلك: Wallace C. Peterson and Paul S. Estenson, op. cit., P 771.

(8)   Boys and Melvin., op. cit., pp. 532 – 533.

(9) لمزيد من التفاصيل راجع:

د. سامي خليل، مرجع سابق، ص 758.

(10) نفس المرجع، ص 760 – 761.

(11) قارن في ذلك:

- Boys and Melvin, op. cit., PP 400 – 402.

- Wallace C. Peterson and Paul S. Estenson, op. cit., PP 772 – 795.

- Stanley L. Brue., op. cit., PP 484 – 487.

وكذلك د. سامي خليل، مرجع سابق، ص 768 – 770.

(12) Stanley L. Brue., op. cit., PP 484 – 485.

(13) Wallace C. Peterson and Paul S. Estenson, op. cit PP 772 – 773.

(14) Ibid., P 773.

(15)

قارن في ذلك:

Wallace C. Peterson, op. cit., PP 774 – 781.   -

Stanley L. Brue, op. cit., Pp 485 – 486.   -

Boys and Melvin., op. cit., PP 536 – 537.   -

د. سامي خليل، مرجع سابق، ص 767 – 770.   -

(16) Stanley L. Brue., Op. cit., P 485.

(17) قارن: د. سامي خليل، مرجع سابق، ص 770.

الفصل الثالث عشر

المدارس الاقتصادية الفكرية المعاصرة

المدرسة النقدية - (Monetarist School)
المدرسة الكلاسيكية الجديدة – ((New Classical School)

الفصل الثالث عشر

1.13 المدرسة النقدية [1] (Monetarist School)

1.1.13 مقدمة: واجه الاقتصاد الكينزي والسياسات والافكار الكينزية، في أواخر الستينات وخلال السبعينات، مشكلات كبيرة وتحديات تمثلت في تصاعد معدلات البطالة والتضخم معاً، وهو ما عرف فيما بعد بظاهرة الركود التضخمي (Stagflation). ولم تستطع النظرية الكينزية من تفسير هذه الظاهرة الجديدة، كما لم تنفع معها السياسات الكينزية في معالجة هذه المشكلة، وعندها ظهر التحدي الكبير من المدرسة النقدية (أو مدرسة شيكاغو). وقد كان الاقتصادي الامريكي المشهور ميلتون فريدمان (Milton Friedman) قد طور نظرية نقدية منذ الاربعينات، لكن افكاره لم تلق القبول الا بعد عدة عقود من السنين، أي في السبعينات. وقد كان هذا التحول في الراي حول أفكار المدرسة النقدية، في نظر البعض، نتيجة لقوة الحجج التي جائت بها هذه المدرسة من جهة، وضعف الاداء في الاقتصاد الكلي للولايات المتحدة الامريكية خلال السبعينات من جهة اخرى، مما خلق بيئة مناسبة لتقبل افكاراً جديدة والتخلي عن الاقتصاد الكينزي. ويستخدم مصطلح النقدي (Monetarist) هنا للاشارة الى الاقتصاديين الذين يؤمنون بالفكرة الكلاسيكية التي تقول بان زيادة عرض النقد يقود بشكل أساسي الى زيادة الأسعار وليس لزيادة الانتاج.

وتجدر الاشارة الى ان مبادىء المدرسة النقدية، بشكل عام، تتلائم مع التقليد الواسع للكلاسيكية والكلاسيكية المحدثة (Neoclassicism) ، بل ويمكن القول بان وجهة نظر المدرسة النقدية (مدرسة شيكاغو) ما هي الا شكل آخر من

الكلاسيكية المحدثة ويشار اليها بالكلاسيكية الجديدة (New Classicism). ويؤكد النقديون على دور النقود في تحديد المستوى التوازني للناتج المحلي الاجمالي الحقيقي والاسعار. وتعارض هذه المدرسة الافكار الكينزية حول ضرورة تدخل الدولة لتحقيق التشغيل الكامل والتوازن.

2.1.13 المبادىء الرئيسية للمدرسة النقدية[2]:

1. دور النقود: يؤكد النقديون على دور النقود في تحديد التوازن في الناتج المحلي الاجمالي الحقيقي والاسعار. فالتغيرات في عرض النقد، في نظرهم، لها اثار واسعة على الانفاق، من خلال كل من الاستثمار والاستهلاك. في حين ان الكينزيين افترضوا بان السياسة النقدية تؤثر على الطلب الكلي من خلال التغير الحاصل في سعر الفائدة، وبالتالي فهي تؤثر على الانفاق الاستثماري. فالزيادة في عرض النقد، بالنسبة للنقديين، تدفع منحنى الطلب الكلي الى الاعلى، من خلال الزيادة في الانفاق من قبل رجال الاعمال وقطاع العوائل، وبالتالي ترفع المستوى التوازني للناتج الحقيقي[3].

2. رفض الكينزية: ان الاقتصاد في نظر النقديين، يحقق التوازن بشكل آلي، مع تقلبات بسيطة، وان الكساد العميق ينتج عن سياسة نقدية غير ملائمة وليس عن تغيرات مستقلة في جانب الانفاق. فالتغيرات في عرض النقد تسبب تغيرات مباشرة في الناتج المحلي الاجمالي الاسمي (Nominal) ولا تعمل من خلال اسعار الفائدة. كما ان السياسة المالية، في نظر النقديين، غير فعالة الا اذا ترافقت مع تغيرات في عرض النقد، وحتى في هذه الحالة فانها تكون غير فعالة في ظل وجود التوقعات الرشيدة[3].

3. سلوك أمثلي (Optimizing Behavior): يؤكد اقتصاديو المدرسة النقدية على المبدأ الكلاسيكي المحدث بان الناس يحاولون تعظيم رفاهيتهم، وان الوحدة

الاقتصادية الاساسية هي الفرد، ويتجمع الافراد لتحقيق منافع من التخصص والتبادل. والناس يتخذون خيارات عقلانية، وان المستهلكين والعمال والمنشآت يستجيبون للمحفزات المالية، الايجابية منها والسلبية.

4. الاسعار والاجور مقاربة لمثيلاتها التنافسية: ان الاسعار والاجور الفعلية تميل بشكل عام، ان تكون مقاربة لمثيلاتها التنافسية في الامد الطويل، وتعكس تكاليف الفرصة للمجتمع في الجانب الحدي. والمنافسة في النهاية، تولد منتجات جديدة وتكنولوجيا من شأنها ان تحطم الاحتكارات.

5. حكومة محدودة: ان الحكومة، في نظر النقديين، بطبيعتها غير كفوءة كوكيل لتحقيق الاهداف التي يمكن ان تتحقق من خلال التبادل فيما بين الافراد. فالمسؤولون الحكوميون لهم أهدافهم الخاصة بهم التي يسعون لتعظيمها، ولذلك يحولون حصة من الموارد في اتجاهات لا تخدم دافعي الضرائب.

3.1.13 السياسات الملائمة لدى النقديين [4]

ان النقديين لا يعتقدون بان الاقتصاد يخضع الى حالة عدم التوازن (disequilibrium) ، والذي يتعين ان يتعادل بواسطة التدخل الحكومي، بل ان معظمهم يعتقدون بان الاقتصاد يميل نحو التوازن عند مستوى الناتج الحقيقي الكامن (Potential Real Income) . ويعتقد النقديون ايضاً بأن التغيرات في السياسة النقدية (أو في السياسة المالية) لها تأثير قصير الامد فقط على الناتج الحقيقي، وفي الامد الطويل فانهم يتوقعون بان الناتج الحقيقي يكون في مستوى يتوافق ويتسق مع المعدل الطبيعي للبطالة. ونتيجة لذلك فان التأثير طويل الامد للتغير في عرض النقد ينعكس بشكل كامل في التغير في مستوى الاسعار. وان المحاولات لاستغلال التأثير قصير الامد للسياسة النقدية التوسعية ينتج عنها تضخم

لولبي (Spiral) ، حيث تحصل زيادة مؤقتة في الناتج المحلي الاجمالي وبعدها ينخفض ويرجع الى مستوى الناتج الكامن ، بينما ترتفع الاسعار.

ولهذا يعتقد النقديون بان السياسة الحكومية تؤدي الى تفاقم اثار الدورة التجارية، وخاصة بالنسبة لآثار السياسة النقدية. ولاثبات وجهة نظرهم فان النقديين يربطون بين التغيرات في نمو عرض النقد وبين تقلبات الدورة التجارية. ويشيرون الى ان الفترات التي يكون فيها النمو في عرض النقد سريعاً يتبعها التوسع الاقتصادي والتضخم، وان الفترات التي يكون فيها النمو في عرض النقد بطيئاً يتبعها فترة ركود اقتصادي. وان تجربة الولايات المتحدة الامريكية تبين بان معدل التضخم (الرقم القياسي لاسعار المستهلك) يبدو انه يتبع التغيرات الحاصلة في عرض النقد، مع وجود فاصل زمني (time lag) مقداره سنة أو سنتان. الا ان الصلات بين نمو عرض النقد وبين التضخم، وكذلك بين نمو عرض النقد والناتج المحلي الاجمالي ليست تامة، باي شكل من الاشكال. ففي بعض الاحيان تكون الصلة واضحة وفي احيان اخرى تكون غير واضحة، ولهذا من الصعوبة بمكان التنبؤ بتأثير التغير المعين في السياسة النقدية على الاسعار او على الناتج الحقيقي.

ولهذا يفضل النقديون السياسة النقدية غير النشطة (nonactivist)، لانهم يعتقدون بان محاولات الحكومة لتحسين وضع الاقتصاد من خلال استخدام السياسات النقدية والسياسات المالية لتحقيق معدل تضخم منخفض ومعدل بطالة منخفض، غالباً ما يجعل الامور اكثر سوءاً. ويعود السبب في ذلك الى ان السياسة الاقتصادية القوية والفعالة تعمل مع فاصل زمني طويل. ويتعين على صانعي السياسات ان يعترفوا بان هناك مشكلة بخصوص الفاصل الزمني، ولذلك عليهم ان يرسموا سياسة ملائمة.

وبسبب هذا الفاصل الزمني الطويل في تأثير السياسات النقدية والمالية، يؤكد النقديون بان على صانعي السياسات ان يضعوا السياسة التي يردونها وذلك بموجب قواعد (Rules) التي لا تتغير من شهر الى آخر أو من سنة الى اخرى. والسؤال هنا هو ما هي هذه القواعد؟ والجواب لدى النقديين هو ان القاعدة الخاصة بالسياسة المالية قد تكون تحقيق التوازن في الميزانية سنوياً، والقاعدة بشأن السياسة النقدية قد تكون استهداف نمو عرض النقد بمعدل معين خلال فترة زمنية معينة.

الخلاصة: يمكن تلخيص أبرز النقاط لدى المدرسة النقدية بخصوص السياسات بما يأتي:

1. يؤكد النقديون على الدور الذي تلعبه التغيرات في عرض النقد في تحديد الناتج الحقيقي التوازني ومستوى الاسعار.
2. لا يعتقد النقديون بان الاقتصاد يخضع الى حالة عدم التوازن في سوق العمل وسوق السلع، أو ان الحكومة يجب ان تلعب دوراً فعالاً في الاقتصاد.
3. حيث ان تأثير السياسة الاقتصادية يعمل بفاصل زمني طويل ومتغير، فان المحاولات من قبل الحكومة لتحقيق الاستقرار في الاقتصاد تجعل الامور اسوأ .
4. يعتقد النقديون بان القواعد الرسمية يجب ان تحكم عملية صنع السياسات الاقتصادية.

تقييم سياسة النقديين

لقد سيطرت افكار المدرسة النقدية وانتشرت في أواخر الستينات وخلال السبعينات، بعد فشل السياسات والافكار الكينزية في تحليل الواقع الاقتصادي خلال الحقبة المذكورة، وفي وضع الحلول الناجعة للمشكلات. وقد حاول

المدافعون عن أفكار هذه المدرسة اقناع الناس والمسؤولين وكذلك المنتجين بان نظام السوق التنافسي ينتج عنه قدر كبير من الحرية الاقتصادية اذا لم تتدخل الحكومة في الشؤون الاقتصادية، وبالتالي يتحقق قدر كبير من الرفاهية. وقد استفادت الشركات من قبول هذه الافكار، حيث اكدت هذه المدرسة على ان الضرائب يجب ان تستخدم لتوفير العوائد للدولة وليس لاعادة توزيع الدخل. ولهذا فقد خدمت هذه المدرسة بشكل رئيسي اصحاب الدخول العالية. الا ان مجموعات الافراد الذين يعتمدون على الحكومة في الحصول على الاعانات وفرص العمل قد خسروا، بسبب سياسات هذه المدرسة، والمدرسة بشكل عام خدمت أهداف الافكار السياسية المحافظة في الولايات المتحدة الامريكية [6].

ورغم ان المدرسة النقدية تهاجم كلاً من العلاقات الاساسية في تحليلات الدخل الانفاق الكينزية وكذلك الاستنتاجات المتعلقة بالسياسات المطلوبة، الا انها تقبل الاطار الاساسي للتحليلات المذكورة، بما فيها الدور الذي يلعبه الطلب الكلي في تحديد الانتاج والتشغيل ومستوى الاسعار في الامد القصير [7].

وفي معرض النقد لافكار المدرسة النقدية يمكن القول بان النتائج قصيرة الامد لتجربة ادارة (Reagan) في الولايات المتحدة الامريكية مع الافكار النقدية لم تكن نصراً لافكار المدرسة المذكورة. فالتخفيض الكبير في معدل نمو عرض النقد قد دفع الاقتصاد نحو الركود، ورفع معدلات البطالة الى أعلى مستوى لها خلال فترة ما بعد الحرب العالمية الثانية. وكالعادة فان الركود ساعد على تخفيض هذه التضخم بشكل كبير، حيث انخفض المعدل من 13.5 بالمائة في 1980 الى 3.8 بالمائة في 1982. ويشار في هذا الصدد الى ان العيب الخطير في تجربة ادارة (Reagan) مع الافكار النقدية كان فشل اسعار الفائدة، وخاصة اسعار الفائدة الحقيقية، للاستجابة لحالة الركود الاقتصادي. ان مثل هذا التطور لم ينسجم مع السيناريو النقدي ولم

يكن من الممكن تفسيره من قبل الاقتصاديين النقديين. فقد بدأت اسعار الفائدة الحقيقية بالازدياد المضطرد لتصل الى مستويات لم تصلها طوال الفترة التي اعقبت الحرب العالمية الثانية[4]. وعليه فان المدرسة النقدية قد خسرت الكثير من التأييد لها خلال الثمانينات والتسعينات.

وتجدر الاشارة الى ان أي ادارة أمريكية لم تلتزم بافكار المدرسة النقدية كما التزمت ادارة الرئيس الامريكي (Ronald Reagan). فالبرنامج الاساسي للادارة المذكورة (A program for Economic Recovery) كان صريحاً في تبنيه للسياسة النقدية الانكماشية كعنصر رئيس في الانتعاش الاقتصادي. حيث دعى البرنامج الى تخفيض معدل النمو في عرض النقد والائتمان الى نصف ما كان عليه في 1980.

4.1.13 ابرز مساهمات فريدمان[5]

كانت بداية التطور الحديث للمدرسة النقدية للاقتصاد مع مجيء فريدمان الى جامعة شيكاغو عام 1946. ومع مجيء (George Stigler) الى الجامعة المذكورة في 1948 أسسا معاً هوية للمدرسة المذكورة. لكن فريدمان يعتبر هو المؤسس الرئيسي للمدرسة وللأفكار النقدية التي ارتبطت باسمه. ويعتبر فريدمان أيضاً من أكثر الاقتصاديين المعروفين بآرائهم حول دور النقود في الاقتصاد.

ان أبرز مساهمات فريدمان الفكرية تركزت في المجالات الاتية:

1. دالة الاستهلاك (Consumption Function)

نشر فريدمان، في عام 1957، كتابه (نظرية دالة الاستهلاك) والتي اشار فيها بان دالة الاستهلاك الكينزية مبسطة جداً. وطبقاً الى فريدمان فان الاستهلاك العائلي يتحدد من خلال الدخل الدائم (Permanent Income) وليس الدخل

الجاري (Current)، حيث يعرف الدخل الدائم بان معدل الدخل الذي يتوقع الافراد استلامه خلال فترة من السنين، وان الافراد يحاولون الحفاظ على مستوى معين من المعيشة من سنة الى اخرى. ان مضمون نظريته هي ان الميل الحدي للاستهلاك (MPC) هو في الواقع اصغر مما تقترحه نظرية كينز، وهذا يعني ان مضاعف الاستثمار يكون أصغر مما توقعه كينز، وبذلك فان عدم الاستقرار في الاقتصاد مبالغ فيه في نظر فريدمان.

2. الطلب على النقود (Demand for Money)

ينظر فريدمان للطلب على النقود على انه طلب على الارصدة النقدية (Money Balances). فالافراد يطلبون الارصدة النقدية لانها تعطيهم منفعة. ويؤكد فريدمان بان الطلب على النقود يتحدد بثلاثة عوامل: (أ) اجمالي الثروة و (ب) تكلفة الاحتفاظ بالارصدة النقدية و (ج) تفضيلات الافراد (Preferences).

أ- إجمالي الثروة (Total Wealth) : ان الطلب على النقود يتغير طردياً مع تغير إجمالي ثروة الفرد (أي من زيادة الدخل الدائم).

ب- تكلفة الاحتفاظ بالنقود (Cost of Holding Money): يتغير الطلب على النقود عكسياً مع تغير تكلفة الاحتفاظ بالنقود، فكلما تزداد تكلفة الاحتفاظ بالنقود كلما ينخفض الطلب على النقود. وتتغير تكلفة الاحتفاظ بالنقود السائلة مع تغير سعر الفائدة، ومعدل التضخم المتوقع، ومع تغير مستوى الاسعار. ان أحد التكاليف الناجمة عن الاحتفاظ بالنقود هو سعر الفائدة المضحى به، من جراء عدم الاحتفاظ بشكل آخر من اشكال الثروة. ففي حالة ازدياد عوائد الاسهم والسندات فان تكلفة الفرصة للاحتفاظ بالنقود ترتفع، وبذلك يقل الطلب على النقود. وبشكل عام فان كمية الطلب على النقود ليست حساسة للتغيرات في سعر الفائدة.

ومن عناصر التكاليف الاخرى للاحتفاظ بالنقود هو معدل التضخم المتوقع،

ويمثل هذا تكلفة الفرصة لعوائد راس المال المضحى بها بسبب ارتفاع قيمتها. فكلما

ترتفع معدلات التضخم المتوقعة كلما ترتفع احتمالات العوائد الراسمالية، وهذا يزيد

من تكلفة الاحتفاظ بالنقود. لهذا فان طلب الافراد على الارصدة النقدية ينخفض

عندما يتوقعون ارتفاع معدلات التضخم.

والتكلفة الاخيرة للاحتفاظ بالنقود ترتبط بمستوى الاسعار (بمعزل عن تأثير

معدل التضخم المتوقع). فكلما يرتفع مستوى الاسعار كلما تنخفض تكلفة الاحتفاظ

بالنقود (لان كل وحدة نقد يحتفظ بها سوف تشتري كمية أقل من السلع). فالارتفاع

في مستوى الاسعار يؤدي الى زيادة نسبية في كمية الطلب على النقود.

ج- التفضيلات (Preferences): يؤكد فريدمان بان هذه التفضيلات تبقى ثابتة نسبياً

عبر فترة من الزمن.

والخلاصة: يقول فريدمان بان كمية الطلب على النقود تتغير طردياً مع الدخل

الحقيقي ومستوى الاسعار، وعكسياً مع معدل التضخم المتوقع، ولا تتغير كثيراً مع

التغيرات في سعر الفائدة.

3. نظرية كمية النقود الحديثة (The Modern Quantity Theory of Money)

طبقاً الى فريدمان فان الطلب على النقود مستقر نسبياً في الامد القصير. اما في

الامد الطويل فان الزيادة في عرض النقد سوف تؤدي الى ارتفاع الاسعار وبالتالي يزداد

الطلب على النقود لان المجتمع يرغب في الاحتفاظ بكميات أكبر من النقود لشراء

السلع التي ارتفعت اسعارها. وفي النهاية يتحقق التوازن بين الكميات المطلوبة

والكميات المعروضة من النقود، ولكن عند مستويات أعلى من الاسعار.

ان النظرية الحديثة لكمية النقود، طبقاً الى فريدمان، لا تفترض ثبات سرعة تداول النقود (Velocity of Circulation)، كما فعلت النظرية القديمة، بل تفترض بان الطلب على النقود مستقر بشكل كبير. والتضخم النقدي كما، يؤكد فريدمان، بانه دائماً ظاهرة نقدية، وينتج عن زيادة سريعة في كمية النقود. ويشير فريدمان بان مثل هذا الاستنتاج تؤكده الشواهد التجريبية.

4. منحنى فيلبيس طويل الامد (The Long - run Vertical Phillips Curve)

يقول فريدمان بان هناك تفريقاً بين المعدل الطبيعي والمعدل الفعلي للبطالة. فالمعدل الطبيعي للبطالة هو المعدل الذي يتساوى عنده المعدل الفعلي للتضخم والمعدل المتوقع للتضخم. وفي الامد الطويل، يرى فريدمان، بان منحنى فيلبيس يصبح عمودياً، مبنياً بانه عند عدد من معدلات التضخم تكون هذه المعدلات متوافقة مع المعدل الطبيعي للبطالة.

5. الليبرالية الاقتصادية (Economic Libralism)

يعتبرفريدمان نفسه اقتصادياً ليبرالياً. وهو المفهوم الذي ارتبط بالاقتصاديين الكلاسيك الذين أكدوا على أهمية الحرية الاقتصادية. ويؤكد فريدمان بان نظام السوق الحر يحمي، ليس فقط الحرية الاقتصادية ولكن ايضاً الحرية السياسية.

2.13 مدرسة الكلاسيكيين الجدد[8] (New Classical School)

1.2.13 مقدمة: ظهرت خلال السبعينات أفكار بديلة عن الافكار الكينزية وافكار المدرسة النقدية، وهي مدرسة الكلاسيكيين الجدد. وهي بمثابة استجابة للمشكلات المتعلقة بمواجهة اهداف السياسة الاقتصادية في السبعينات. والاقتصاد الكلاسيكي الجديد يرفض بشكل اساسي المقاربة الكينزية وفلسفتها، ويتجه الى

المدرسة الكلاسيكية لاستلهام الافكار منها، رغم ان هذه المدرسة قد بنيت على الارضية التي أسسها فريدمان والنقديون. ورغم ان المدرسة الكلاسيكية الجديدة لم يكن لها تأثير على الاقتصاد الكلي وعلى الاقتصاد عموماً حتى منتصف السبعينات، او ما بعدها، لكن جذورها تعود الى عام 1961 عندما كتب البرفسور (John F.Muth) مقالة طور فيها ما يعرف الآن بالفكرة الاساسية في الاقتصاد الكلاسيكي الجديد وهي نظرية التوقعات الرشيدة (Rational Expectations) . وفي البداية استخدمت النظرية لتفسير سلوك الاسواق المالية، لكنه بعدها تم استخدامها في النظرية الاقتصادية الكلية. وكان العنصر الرئيسي في تطوير هذه النظرية هو (Robert Lucas) من جامعة شيكاغو، الى جانب آخرين ساهموا في تطوير افكار هذه المدرسة ومنهم (Thomas Sargent) و (Neil Wallace) و (Robert Barro) واخرين.

وقد شككت مدرسة الكلاسيكيين الجدد ببعض فرضيات الاقتصاد الكينزي، حيث اكدت بان الاجور مرنة (flexible) بينما يفترض، الكينزيون التقليديون وكذلك الكينزيون الجدد بان الاجور يمكن ان تكون ثابتة (fixed) في الامد القصير. كما انها لا تفترض بان الافراد يعرفون كل شيء مما يحدث حولهم، كما تفترض المدرسة الكلاسيكية التقليدية، وان الافراد يرتكبون الاخطاء لان توقعاتهم حول الاسعار او المتغيرات الاخرى تختلف عن الواقع المستقبلي[9].

وتعتبر تحليلات هذه المدرسة كلاسيكية لانها تفترض بان مرونة الاجور والاسعار تعيد الاقتصاد الى حالة التشغيل الكامل ومستوى الانتاج الكامن (Potential Output)، والتحليلات جديدة لانها تفترض بان مرونة الاجور والاسعار تقريباً فورية (instantaneous). فمهما كان مستوى البطالة الظاهر فيجب ان يكون هذا هو المعدل الطبيعي للبطالة.

2.2.13 الافكار الاساسية لمدرسة الكلاسيكيين الجدد

يستند الاقتصاد الكلاسيكي الجديد على فكرتين نظريتين اساسيتين:

1. نظرية التوقعات الرشيدة (Theory of Rational Expectations) .

2. نظرية توازن السوق المستمر (Theory of Continuous Market Clearing) .

فالتوقعات الرشيدة هي العنصر الجديد، لكن الفكرة الاقدم هي فكرة توازن السوق المستمر، وهي الفرضية الاساسية للاقتصاد الكلاسيكي والتي تعطي المدرسة الكلاسيكية الجديدة مضامين واسعة.

1. **نظرية التوقعات الرشيدة**(10):

ان نقطة البداية المنطقية هي تحليل الدور الذي تلعبه التوقعات في الاقتصاد: فالتوقعات مهمة لاسباب ثلاثة رئيسية:

أ. ان التوقعات لها علاقة بالافكار التي تتعلق بالقيم المستقبلية للمتغيرات الاقتصادية كالاسعار والانتاج والتشغيل.

ب. ان هذه الافكار تؤثر وبقوة على ما يحدث اليوم.

ج. ان التوقعات لها علاقة حاسمة باحدى الافكار المستخدمة في التحليل الاقتصادي وهي فكرة التوازن.

والسؤال المهم هنا هو كيف تتشكل التوقعات؟ ان مثل هذا السؤال هو من أصعب المشكلات في الاقتصاد. وهناك مقاربتان بديلتان لهذا المفهوم:

الاولى: تخص التوقعات المعدله (Adaptive Expectations) ، وتعني ان التوقعات تتحدد على اساس التجربة القريبة أو الحديثة. ويمكن قياس التوقعات المعدلة من

خلال احتساب معدل موزون للتغيرات الماضية في احد المتغيرات (مثل الرقم القياسي لاسعار المستهلك) والتي تكون فيها البيانات الحديثة تحمل الوزن الاكبر. والتوقعات المشكلة بهذه الطريقة مرتبطة بالسلوك السابق، لكن مثل هذا السلوك يمكن ان يتغير. فالنظريات السابقة افترضت بان الافراد يشكلون توقعاتهم المعدلة، اي ان توقعاتهم مستندة على تجربتهم السابقة فقط.

الثانية: تخص التوقعات الرشيدة، والتي تأخذ مقاربة مختلفة، فهي تستند على الفرضية الاساسية في الاقتصاد الكلاسيكي وهي العقلانية الفردية. والعقلانية في سياق الاقتصاد الكلاسيكي تعني التعظيم (Maximization) أو السلوك الامثلي (Optimizing) . فالمستهلك يعظم منفعته من استهلاكه للسلع والخدمات، والمنتج يعظم ارباحه، والعامل يعظم أجره الحقيقي.

وعند تشكيل توقعاتهم فان الافراد يستخدمون كل المعلومات المتاحة ويستخدمونها بكفاءة، والافراد لديهم معرفة عن النموذج الاقتصادي المناسب الذي يستخدمه صانعوا السياسات في صنع قراراتهم، وهذا يعني ان الافرد على علم بهكيل الاقتصاد. ويذهب منظروا التوقعات الرشيدة ابعد من ذلك حيث يقولون بان الافراد يتعلمون، ليس فقط كيف تتحرك المتغيرات الاقتصادية في علاقاتها مع بعضها، وانما أيضاً كيف تكون ردود افعال صانعي السياسات للتغيرات الحاصلة في المتغيرات الاقتصادية. ورغم ان فكرة التوقعات الرشيدة لم تكن جديدة، لكن (Lucas) هو الذي طور مضامينها للنظرية الاقتصادية الكلية وللسياسة الاقتصادية. ويؤكد (Lucas) بان المشتركين في السوق يتأملون في أخطائهم السابقة ويعالجون وينجحون في إزالة كل مظاهر الانتظام في الاخطاء الحاصلة في تنبؤاتهم للتغيرات التي تحصل في مستوى الاسعار مستقبلاً[11]. وتلعب

فرضية التوقعات الرشيدة دوراً مهماً في التحليلات لانها تعني ان الحكومة لا تستطيع استخدام السياسة المالية أو السياسة النقدية وبشكل منتظم لخداع الناس.

وعلى سبيل المثال لنفرض ان الحكومة تقوم باستخدام سياسة نقدية توسعية مما يدفع الاسعار الى الارتفاع وهذا يدفع الاقتصاد نحو حالة التشغيل الكامل. فاذا كان التغيير في السياسة النقدية غير متوقعاً فان العمال لم يتوقعوا مثل هذا الارتفاع في الاسعار، وسوف يكونون قد وافقوا على اجور نقدية منخفضة. أما الشركات فان تكلفة العمل ستكون لديهم منخفضة مؤقتاً وسوف يقدمون على توسيع انتاجهم. وهكذا فان السياسة النقدية التوسعية قد سببت زيادة غير متوقعة في الانتاج والتشغيل فوق مستوى التشغيل الكامل، او فوق المعدل الطبيعي للبطالة.

الا انه اذا كان لكل فرد توقعاته الرشيدة فسوف يعرف بشكل سريع توجهات الحكومة، وعند التفاوض على الاجور سوف يعرف كل واحد منهم بان عرض النقد قد توسع وان الاسعار ارتفعت، ولهذا فان الاتفاق على الاجور النقدية سوف يعكس هذه النتيجة، وان الاجور الحقيقية سوف تكون عند مستوى التوازن مرة أخرى.

2. نظرية توازن السوق المستمر:

ان هذه النظرية تمثل الفكرة الثانية للاقتصاد الكلاسيكي الجديد. ان هذه النظرية تجمع بين نظرية (Walras) للتوازن العام وبين النظرية الحديثة للاسواق الكفوءه(efficient). ان نظرية الاسواق الكفوءة تتعلق بالاسعار والتوازن في الاسواق المالية واسواق السلع، والتي توصف بأسواق المزاد (Auction) وهي الاسواق التي يتم التوصل عبرها الى اسعار التوازن. وان ما فعله (Walras) هو تطوير نموذج رياضي لتبيان كيفية تحقيق التوزان العام في الاسواق التنافسية بحيث

تكون جميع الاسعار توازنية في آن واحد، وعليه فان نموذج التوازن العام بالضرورة يتضمن التشغيل الكامل.

3.2.13. مضامين السياسات الخاصة بالاقتصاد الكلاسكي الجديد

ان الاستنتاج الاساسي الخاص بسياسات الاقتصاد الكلاسيكي الجديد هو انه ليس هناك سياسة تطبقها الحكومة يمكن ان تكون ناجحة اذا كانت التوقعات تتشكل عقلانياً. والسبب في ذلك هو ان الافراد أو الوكلاء الاقتصاديون (Economic Agents) يتوقعون بان نتائج السياسات تغير من سلوكهم، ولهذا فانها تقوّض التأثير المقصود من السياسات. وعليه فان الاستنتاج الاول هو ان عرض العمل ومستوى الانتاج سيكونان متسقين مع الانتاج والتشغيل المحددة بموجب المعدل الطبيعي للبطالة. والاستنتاج الثاني، وهو الاستنتاج الثوري الحقيقي للاقتصاد الكلاسيكي الجديد، هو انه اذا كان هدف السياسة الاقتصادية الكلية هو التأثير على مستوى الانتاج (والتشغيل) فسوف تعمل فقط في حالة كونها غير متوقعة.

والخلاصة، فان النظرية الكلاسيكية الجديدة تستنتج بان الحكومة يجب ان لا تحاول تطبيق اية اجراءات مضادة للدورة التجارية للسيطرة على الانتاج او التشغيل. وعليه فان اية سياسة كلية تحاول تنغيم (fine tune) الاقتصاد سوف لن تفشل فحسب، بل تجلب الشيء نفسه الذي تهدف لتصحيحه، وهو تقلبات الانتاج والتشغيل. وان هذا هو الاستنتاج الاساسي الذي يُستخلص من نظرية التوقعات الرشيدة. ان فكرة عدم فاعلية السياسة هي المضمون الاهم الذي نحصل عليه من الاقتصاد الكلاسيكي الجديد. ان دور الحكومة في نظر هذه المدرسة هو السيطرة على مستوى الاسعار وتأمين زيادة الانتاج والسيطرة على السياسة النقدية لضبط

التضخم. وعلى الحكومة ايضاً ان تعلن عن سياستها مقدماً وبدقة بحيث تسمح للافراد ان يتوقعوا تلك السياسات وبالتالي يستطيعون تحديد الاجور والاسعار التي تتلائم مع مستوى التشغيل الكامل.

والمضمون الآخر للاقتصاد الكلاسيكي الجديد يخص تكاليف البطالة الناجمة عن محاولات تخفيض معدل التضخم. ان الفكرة الصميمية للاقتصاد الكلاسيكي الجديد هي ان اي سياسة متوقعة سوف لن يكون لها أي اثر على الانتاج الحقيقي والتشغيل. وهذا معناه ان السياسة المضادة للتضخم سوف تكون اكثر فعالة، وتتضمن تكاليف أقل بالنسبة للانتاج الضائع والبطالة الاكبر، اذا كانت تلك السياسة متوقعة. واذا كانت السياسة الحكومية التي تهدف لتقليص التضخم من خلال تقليص عرض النقد، معلنة، واذا كان صانعوا السياسات يتمتعون بمصداقية، فان توقعات الافراد حول التضخم سوف تتكيف بسرعة للاسفل، وان التضخم يمكن ان ينخفض بأدنى تكلفة بالنسبة للبطالة.

4.2.13 التوقعات لدى كينز ولدى الكلاسيكيين الجدد[12]

ان كلاً من نظرية كينز والاقتصاد الكلاسيكي الجديد تعطي التوقعات دوراً في تفسير كيفية عمل الاقتصاد، لكنهما يختلفان بشكل كبير بالنسبة الى:

1. اداء الاقتصاد الذي يتأثر بشكل كبير بالتوقعات.
2. العملية التي يتم بواسطتها تشكيل التوقعات.

ففي الاقتصاد الكلاسيكي الجديد فان الدور الاستراتيجي الذي تلعبه التوقعات هو انها تلغي أي احتمال لأي عمل لسياسة فعالة من قبل الحكومة. وفي التحليل الكينزي فان التوقعات تلعب دوراً مختلفاً، اذا ان توجه التوقعات ليس نحو

السياسة العامة (public policy) بل نحو الانفاق الاستثماري للقطاع الخاص في الاقتصاد. فالانفاق الاستثماري متقلب لان تقديرات العوائد المستقبلية للاصول الراسمالية تستند على التوقعات والتي بطبيعتها متجذرة في عدم اليقين (uncertainty).

ان منظري الاقتصاد الكلاسيكي الجديد، كما هو الحال مع النقديين، يعزون عدم الاستقرار في الاقتصاد الى السياسات الحكومية الخاطئة. والكينزيون من جهة اخرى، يقولون بان عدم الاستقرار متجذر في الطبيعة الاساسية لاقتصاد السوق، لان القرارات الخاصة بالاستثمار تستند على التوقعات والتي هي سريعة التغير.

والنقطة الاخرى التي تخص عملية تشكيل التوقعات في الاقتصاد الكلاسيكي الجديد هي ان التوقعات تتشكّل على اساس عقلاني، حيث يقوم الافراد باستخدام جميع المعلومات المتوفرة من أجل الوصول الى افضل رأي (Judgement) حول المستقبل. اما كينز فيقول بان المعرفة، التي يستند اليها القرار الاستثماري، هي معرفة ليست مؤكدة، بمعنى انه ليس هناك قاعدة علمية لاي احتمالية قابلة للقياس. وطبقاً الى كينز فاننا نقوم بتشكيل توقعاتنا استناداً الى أحد المبادىء الاتية:

1. نفترض بان الحاضر هو دليل للمستقبل بدلاً من اي تجربة ماضية.
2. نفترض بان الوضع القائم الذي تعكسه الاسعار الحالية والانتاج يمثل خلاصة صحيحة للآفاق المستقبلية.
3. ولعدم ثقتنا برأينا نلجأ الى رأي الاغلبية.

وعليه فان الاقتصاد الكلاسيكي الجديد والكينزية على طرفي نقيض بالنسبة للتوقعات، أيهما الصحيح؟ ولسوء الحظ فاننا لا نعرف، وهناك حاجة لبحوث تجريبية بهذا الخصوص.

5.2.13. تقييم الافكار الكلاسيكية الجديدة [14]

يعتبر البعض ان للافكار الكلاسيكية الجديدة جاذبية معينة، لانها تربط التوقعات بالأفكار الكلاسيكية التقليدية الخاصة بالسلوك العقلاني، وبذلك تربط الاقتصاد الجزئي بالاقتصاد الكلي. الا انه كنظرية قادرة على تفسير سلوك العالم الواقعي لاقتصادات السوق المعقدة فان الاقتصاد الكلاسيكي الجديد له محددات جدية. ويشير المنتقدون الى ما يأتي:

اولاً: ان نقطة الضعف الاساسية هي فرضية توازن السوق المستمر. وفي الواقع فان هذه ليست اكثر من اعادة طرح الفكرة الكلاسيكية القديمة القائلة بان الاسواق تسودها شروط المنافسة التامة، وبان الاسعار (والاجور) مرنة، وان المعلومات كاملة، وان الحركة في السوق هي دائماً نحو التوازن في الاسعار والكميات المخططة. ويجب ان نتذكر بان فرضية توازن السوق المستمر هي مجرد فرضية. فالواقع يختلف عن هذا التصور. فمعظم الاسواق لا يتحقق فيها التوازن من خلال البائعين والمشترين، ومعظم الاسواق هي التي يكون فيها البائعون هم محددين للاسعار (Price Makers)، سواء اسعار السلع أو اسعار العمل. وان الاسعار والاجور لا تتحدد، بالضرورة، لتحقيق التوزان في الاسواق في الامد القصير. ان الاثر العملي لتحديد السعر هو لعزل الاسعار والاجور، لدرجة كبيرة، عن التحركات في الطلب، وهذا يقود الى تكيفات في الانتاج والتشغيل عند حدوث مثل هذه التحركات. ان هذا يناقض الافكار الكلاسيكية الجديدة التي تقول بان تكيفات الاسعار النسبية تحدث بشكل فوري استجابة للتغيرات في الطلب والعرض في بعض الاسواق.

ثانياً: الانتقاد الثاني يخص التوقعات الرشيدة، فهناك قصور جدية في هذه الفرضية، احدى هذه القصور هي انها تتطلب بان يعرف الافراد الكثير عن كيفية عمل

الاقتصاد وعن أهمية المعلومات المتولدة. كيف نتوقع ان يكون للافراد المعرفة الضرورية لتشكيل التوقعات الرشيدة. الصعوبة تكمن في ان العلاقات الاقتصادية يمكن ان تتغير وانها بالفعل تتغير وبطرق ليست متوقعة احياناً. ويثار أيضاً هنا الانتقاد بشأن التوقعات الرشيدة، من ان الافراد يستخدمون كل المعلومات بشكل كفوء ويضمنونها بتوقعاتهم، ان هذا يتجاهل حقيقة ان المعلومات ليست سلعة مجانية، بل انها مكلفة، اضافة الى ذلك هناك الانتقاد الذي يقول بان تشكيل التوقعات الرشيدة هو عملية سايكولوجية متجذرة في العادات المشتقة من التجارب المتكررة. ان سلوك الافراد متجذر في الماضي، وان التوقعات مشتقة من تجارب الماضي. لكن الظروف تتغير، وان الافراد قادرون على التعلم وعلى تغيير مواقفهم وعقائدهم بما فيها التوقعات عن المستقبل. ولا يستطيع الفرد ان يفترض بان التوقعات تتعدل بما فيه الكفاية لتأخذ في الاعتبار العناصر الجديدة في كل حالة.

ويشار انه حتى الاقتصاديين المتعاطفين مع المدرسة الكلاسيكية الجديدة ينظرون الى الاحداث خلال الثمانينات بانها تمثل هزيمة لهذه المقاربة. فقد أعلن (Martin Feldstein) رئيس مجلس المستشارين الاقتصاديين للرئيس الامريكي (Reagan) بان الركود الحاد لم يؤيد او يدعم الصيغة المتطرفة لفكرة التوقعات الرشيدة التي تقول بان السياسة النقدية الانكماشية يمكن ان تخفض التضخم دون ان تؤدي الى تباطؤ النشاط الاقتصادي أو تزيد من البطالة.

ويقال ايضاً في هذا الصدد، بان ما اعطى المصداقية لاحياء الافكار الكلاسيكية هو الفشل المزعوم للسياسات الاقتصادية الكلية الكينزية، وان هذا يستند على قراءة خاطئة لتجربة السبعينات. والجواب لهذه المشكلة هو ليس ترك نموذج الدخل – الانفاق الكينزي، لصالح اعادة اختراع النظريات الكلاسيكية، التي اثبتت انها قاصرة في السابق، بل يجب توسيع وتحسين النموذج من خلال

ادخال عناصر تفسر ارتفاع الاسعار والاجور المترافقة مع الاسواق الراكدة والطاقات العاطلة.

واخيراً ورغم ان الأفكار التي جاء بها (Lucas) مؤثرة جداً لدى العديد من الاقتصاديين، حيث ان فكرة التوقعات الرشيدة هي الآن جزء من الاقتصاد الكلي السائد، الا ان معظم الاقتصاديين الكليين يرفضون مقترح الكلاسيكيين الجدد بخصوص التصحيح الذاتي وعدم فاعلية السياسات الحكومية، ويؤكدون بان الاسعار والاجور ليست مرنة تماماً، وخاصة في الاتجاه للاسفل. ولهذا فان التصحيح الآلي السريع للكساد لم يأت سريعاً وان السياسة المالية والنقدية قد نحتاجها لتحريك الاقتصاد من حالة الكساد.

والخلاصة، يمكن اجمال النقاط الرئيسية للمدرسة الكلاسيكية الجديدة بالآتي:

1. يؤكد الكلاسيك الجدد على كون الاجور مرنة وان التوقعات تشكَّل بشكل عقلاني، ولهذا فانه فقط التغيرات غير المتوقعة في الاسعار لها اثر على الناتج الحقيقي.

2. ان أية سياسة كلية متوقعة لها اثر فقط على الاسعار.

3. يعتقد الكلاسيك الجدد بأن الاسواق في حالة توازن مستمر.

4. ان السياسة النقدية والمالية يجب ان تسعى لتحقيق معدل منخفض ومستقر من التضخم وليس تغيرات في الناتج الحقيقي والبطالة.

13. 3. مقارنة بين المدارس الفكرية الاربعة ⁽¹⁴⁾

رغم معالجة النظريات المختلفة، والمدارس الفكرية الاقتصادية، وكأنها مختلفة في كل شيء، فانها في بعض الاحيان، تتقاطع وحتى تشترك في بعض الاستنتاجات. فقد تطورت نظريات الاقتصاد الكلي استجابة الى آراء الاقتصاد وقصور النظريات القائمة.

فالاقتصاد الكينزي أصبح شائعاً لان الاقتصاد الكلاسيكي عجز عن تفسير ومعالجة الكساد الكبير في الولايات المتحدة الامريكية. وقد قدم الاقتصاد النقدي تفسيراً لتصاعد البطالة والتضخم معاً (Stagflation) في أواخر الستينات وخلال السبعينات. كما ان الاقتصاد الكلاسيكي الجديد اقترح تفسيراً بديلاً لتزايد البطالة والتضخم والتي عجزت النظرية الكينزية ومنحنى فيليبس عن التفسير. ولهذا فكل واحدة من هذه النظريات اصبحت شائعة لعجز النظريات القائمة عن الاجابة عن الاسئلة المطروحة في حينها.

وقد أثرت كل هذه النظريات في السياسات الحكومية في حينها. فقد لاقت نظرية كينز قبولاً وتم تطبيقها من خلال السياسات المالية النشطة. كما ظهر تأثير المدرسة النقدية في التغيير الذي حصل في السياسة النقدية لدى بنك الاحتياط الفيدرالي الامريكي في عام 1979، والذي تحول من التركيز على سعر الفائدة الى السعي لتحقيق اهداف محددة لنمو عرض النقد، وذلك للسيطرة على التضخم. وقد نجحت هذه السياسة في تخفيض التضخم من 13 بالمائة في 1979 الى اقل من 4 بالمائة في 1982. كما ان تأكيد الاقتصاد الكلاسيكي الجديد على التوقعات دعا الى توفير المزيد من المعلومات من متخذي القرارات (Policy Makers) لتمكين المواطنين من تقييم خطط الحكومة من أجل رسم وتشكيل توقعاتهم للمستقبل.

وهـذا مـا حصـل بالفعـل، حيـث أخـذ مجلـس الاحتيـاط الفيدرالي الامـريكي بتزويـد الكونغرس بالتقارير الدورية عن أهدافه للسنة القادمة.

1.3.13 نقاط الاختلاف الرئيسية فيما بين المدارس الفكرية

ان القضايا الرئيسية التـي تختلـف بشأنها المدارس الفكريـة الاربعـة المذكورة أعلاه هي: (1) سرعة تحقق توازن السوق (2) فيما اذا كان التوازن فريـداً (Unique) و (3) الطريقة التي يتم بها تشكل التوقعات و (4) الاهمية النسبية للامد القصير والامـد الطويل. وفي أدنـاه نستعرض بايجـاز مواقـف كـل مـن المدارس المختلفـة مـن القضايا الاربعة المذكورة.

ولكن قبل البدء في هذه المقارنات يبرز سؤال مفاده لماذا يختلـف الاقتصاديون فيما بينهم اصلاً؟ والجـواب هـو ان بعض الاختلافات تظهـر بسبب اختـلاف الاحكـام القيمية (Value Judgements)، وفي مثل هذه الحالة لا يمكن حل هذه الخلافات مـن خـلال الحقـائق. لكـن العديـد مـن الاختلافـات هـي في حقـل الاقتصاد الموضوعي (Positive Economics). فهنـاك الكثير مـن السـلوك الـذي يتأثر بالتوقعـات حول المستقبل. فمثلاً ان قرارات الانفاق لدى المنشآت الانتاجية ولدى قطاع العوائل تعتمد على توقعاتها في هـذا اليوم حـول المستقبل فيمـا يخص الـدخل المستقبلي والارباح. فالمدارس الاقتصادية المختلفة يمكن ان تنظر الى نفس المعلومـات وتعطي تفسيرات مختلفة عليها.

ومن أبرز الاختلافات فيما بين المدارس الفكريـة حـول النقـاط الاربعـة المذكورة أعلاه هي:

1. سرعة توازن السوق (Speed of Market Clearing)

ان هذه المسألة تمثل أهم المسائل في الاقتصاد الكلي. فمن جهة هناك التحليل الكلاسيكي الذي يفترض بان كل الاسواق تحقق التوازن، ولهذا فالاقتصاد هو عند مستوى التشغيل الكامل او الناتج الكامن. وفي مثل هذه الحالة فان التوسع النقدي سوف يرفع مستوى الاسعار ولا يؤثر على الانتاج. وان أي توسع مالي سوف يؤدي الى مزاحمة كل من الاستهلاك والاستثمار الخاص حتى يعود الطلب الكلي الى مستوى التشغيل الكامل.

وفي الطرف المعاكس فان التحليلات الكينزية (بنوعيها المعتدل والمتطرف) تفترض بان الاسواق، وخاصة سوق العمل، لا تحقق التوازن. فمع مرونة غير تامة للاجور فان اي انخفاض في الطلب الكلي سوف يقود الى مستوى أدنى من الانتاج والتشغيل. وفي مثل هذه الحالة فان السياسة المالية أو النقدية التوسعية يمكن ان تزيد من حجم الانتاج الحقيقي.

ويمكن القول بانه قبل النظرية العامة الكينزية كان معظم الاقتصاديين يقرّون بان الاسواق تحقق التوازن المستمر. وبعد الحرب العالمية الثانية اصبح معظم الاقتصاديين يقرون بان الاسواق لا تحقق التوازن المستمر.

وفي السبعينات تغير الحال مرة اخرى، حيث اشار العديد من الاقتصاديين بانه اذا كان جمود الاجور يقود الى البطالة الاجبارية فان العمال سوف يجدون طريقاً لجعل الاجور اكثر مرونة من اجل تجنب البطالة الاجبارية. وقد اصبح من المعتاد القول بان الفرضية الكينزية بخصوص جمود الاجور لا يمكن اعطاؤها اي مضمون في الاقتصاد الجزئي.

ومنذ الثمانينات تحرك عقرب الساعة من جديد حول موضوعة جمود الاجور. فالاقتصاديون الكينزيون الجدد بدأوا يبنون اسس الاقتصاد الجزئي التي

تثبت حالة جمود الاجور وبالتالي فان عدداً أقل من الاقتصاديين يؤمنون بفرضية توازن السوق.

2. هل التوازن طويل الامد فريد من نوعه؟

(Long – run Equilibrium Unique?)

اذا فرضنا بان الاقتصاد في حالة توازن طويل الامد، وحدثت صدمة مؤقتة، فماذا يحدث في نهاية الصدمة؟ هل يعود الاقتصاد الى حالة التوازن الاصلية ام انه يستقر عند توازن مختلف جديد؟ والحالة الاخيرة هذه تسمى (hysteresis). ففي حالة كون هذه الظاهرة مهمة ام لا تمثل احدى اهم القضايا الخلافية لسنوات عديدة. فكلما يعتقد الاقتصاديون بان حالة الـ (hysteresis) مهمة فانهم سوف يدّعون بانه من السهولة بمكان منع التأثير المدمر لهذه الظاهرة من خلال منع الاقتصاد من الدخول في مرحلة الكساد ابتداء.

3. تشكل التوقعات (Expectations Formation)

ان معظم الاقتصاديين يقبلون فكرة ان التصور حول المستقبل هو محدد مهم للسلوك اليوم. ولكن ترجع الاختلافات فيما بينهم الى الاعتقادات المختلفة بخصوص كيفية تشكل التوقعات. وتقسم المقاربات المحتملة لهذا الموضوع الى ثلاث مجموعات:

أ. **توقعات خارجية (Exogenous)**: وتخص الاقتصاديين الذين يجهلون الموقف حول التوقعات ولهذا يتعاملون معها وكأنها خارجية أو معطاة، ولهذا فهم لا يعرفون كيف يعمل الاقتصاد.

ب. **توقعات معدلة (Adaptive Expectations)**: ان احدى الطرق التي تجعل التوقعات داخلية (Endogenous) هو ان يفترضوا بان الناس يتوقعون الاشياء المستقبلية من خلال اسقاط سلوك تلك الاشياء على

ت. الماضي القريب، ويؤيدون ذلك بالقول بان مثل هذا الاسلوب يمنح قاعدة بسيطة ويتجاوب مع ما يفعله الناس عادة.

ج. **توقعات رشيدة (Rational Expectations)** : ان فرضية التوقعات الرشيدة تعكس الفرضية السابقة وتقول ان الناس يخمنون المستقبل بشكل صحيح ولا يستخدمون اسلوب الاسقاط، واي توجه للتوقعات يكون خاطئاً بشكل منتظم سوف يتم كشفه وتصحيحه. ان معنى ذلك ان كل شخص يحصل على كل الأشياء بشكل صحيح طوال الوقت. وتؤكد هذه الفرضية بان الناس يستعلمون المعلومات بشكل جيد، ولا يصنعون التنبؤات التي تكون معروفة مسبقاً انها خاطئة.

4. الامد القصير والامد الطويل (Short Run Long Run)

كلما يميل الشخص الى الاعتقاد بان السوق تحقق التوازن بشكل سريع كلما يقل ميله نحو اسلوب ادارة الطلب في الامد القصير، وكلما يزداد اهتمام الفرد لسياسة جانب العرض، التي تهدف الى زيادة الانتاج المحتمل او الممكن في الامد الطويل.

ولتوضيح الامور بالنسبة لمواقف المدارس الفكرية المعاصرة المختلفة من القضايا الاساسية الاربعة المذكورة اعلاه وهي: توازن السوق، وتشكل التوقعات، وظاهرة الـ hysterseis، والاولوية للامد القصير والامد الطويل عند رسم السياسات ندرج الجدول الآتي:

جدول يبين الاراء المتباينة للمدارس الفكرية الاربعة من القضايا المعينة

	الكلاسيكية الجديدة	النقدية	الكينزية المعتدلة	الكيزية المتطرفة
توازن السوق	سريع جداً	سريع نوعاً ما	بطيء نوعاً ما	بطيء جداً
التوقعات	رشيدة وتتكيف بسرعة	تتكيف ببطىء	ممكن بطيء او سريعاً	تتكيف ببطىء
أمد طويل أمد قصير	لا فرق كبير	الامد الطويل اهم	لا تهمل الامد القصير	الامد القصير مهم جداً
التشغيل الكامل	قريب منه دائماً	ابداً ليس بعيداً	يمكن ان يكون بعيداً	يمكن ان يبقى بعيداً
hystersesis	لا مشكلة	لا مشكلة	قد تكون مشكلة كبيرة	ليست مشكلة كبيرة
استنتاج السياسات	ادارة الطلب غير مفيدة وتحتاج جانب العرض	جانب العرض اهم، تجنب زيادة كبيرة في الطلب	ادارة الطلب مهمة ايضاً	ادارة الطلب هي المهم

مصدر: Boys and Melvin, op. cit., P 537.

4.13 المدارس الفكرية الاقتصادية الاخرى

هناك عدد من المدارس الفكرية الاخرى في مجال الاقتصاد، لكن هـذه المـدارس محدودة من حيث الاعضاء المؤيدين لها مـن الاقتصاديين ومـن حيـث انتشـار افكارهـا واتساع تأثيرها. واهم هذه المدارس هي: (1) مدرسة اقتصاديات جانب العرض و (2) المدرسة النمساوية و (3) المدرسة اليسارية (الراديكالية). وسـوف نسـتعرض كـل منهـا بايجاز شديد لنعطي فكرة مبسطة عن اهم افكارها واسسها.

1. اقتصاديات جانب العرض [15] (Supply – side Economics)

ان مدرسة اقتصاديات جانب العرض تمثل التطور الثـاني الكبـير لاعـادة إحيـاء الفكر الكلاسيكي . ان هذه المدرسة معروفة بشكل اوسع من مدرسة الاقتصاد الكلاسيكي الجديد وذلك لان هذه المدرسة وفرت المبرر النظري الاساسي للادارة الامريكيـة في عهـد الرئيس (Reagan) في عام 1981. وتجدر الاشارة لى ان مدرسة اقتصاديات جانب العرض لا تشكل نظاماً متماسكاً من العلاقات، كما هو الحال مـع النمـوذج الكينـزي، بـل انهـا تتكون من فكرتين ترتبطان مع بعضهما البعض، ويرجع أصلهما الى الاقتصـاد الكلاسيكي، وتستمد منه الالهام الفكري وهاتان الفكرتان هما:

1. الايمان الكامل بقانون (Say) للاسواق.

2. الاعتقاد بان معدلات الضرائب هي المحدد الرئيسي للمحفزات.

ويشير البعض بـان اقتصاديات جانب العـرض تمثل جانبـاً أيـديولوجياً اكثر منه اقتصادياً.

ان الاسـاس النظـري لاقتصـاديات جانـب العـرض يكمـن في الاعتقـاد بـان الضرائب تمثل العامل الرئيسي الذي يحد من حجم الانتاج، ويسبب البطالة، ويولد

التضخم، ويترك الحكومة بلا عوائد مالية كافية، بل وبعجـز مـالي. فالضـرائب على راس المال لا تشجع على الاستثمار، والضرائب علـى الافراد لا تشجـع علـى العمـل. هـذه هـي الرسالـة الاساسيـة لاقتصاديات جانب العـرض. وتنظر هـذه المدرسة الى الحكومة على انها غير منتجـة (non – productive)، ويتعـين عليهـا ان تعمل فقط الاشياء الضرورية لتمشية أمور المجتمع قانونياً ونظامياً، وبما فيهـا حمايـة المجتمـع مـن الاعداء الخارجين، وكل ما عداه فهو مضيعة للوقت وهدر.

وقد استخدم الرئيس الامريكي (Reagan) السياسات المصممة من قبل مدرسـة اقتصاديات جانب العرض (بدلاً من ادارة الطلب) وذلك من خلال:

1.   تصميم سياسات تخفيض الضرائب بهدف تحفيز زيادة الاستثمار والادخار.

2.   تشجيع سياسات تحرير نشاط الاعمال من القيود لتحرير الارباح مـن التدخل الحكومي.

ومن الناحية النظرية فان مثل هذه البرامج يمكـن ان توقـف التضخم، ويتولـد عنها زيادة كبيرة في معدل النمو، بحيث تزداد ايرادات الحكومة لتعوض عـن النـقص في الايرادات المترتبة عن تخفيض الضرائب. لكن الامور سارت بشكل مختلـف: فبـدلاً مـن النمو السريع المتوقع حدث انكماش شـديد، وبـدلاً مـن ان يتحقـق تـوازن في الموازنـة العامة فقد سجلت عجزاً كبيراً.

ويعتقـد البـعض بـان برنامج جانـب العـرض لم يطبـق حقيقـة، رغـم تخفيض الضرائب بمعدل 25 بالمائة، لكن ذلك اعتبر ليس كافياً ليحفز العمـل والادخار. كمـا شعروا بان الانفاق الحكومي لم ينخفض بالقدر المطلـوب لتحريـر راس المـال الخاص لتمويل الاستثمار الخاص، وقد ترتب علـى السياسـة النقديـة الانكماشية ارتفاع سـعر الفائدة الى 18 بالمائة وادى الى انخفاض الارباح.

ورغم ان اقتصاد جانب العرض فقد جاذبيته منذ الفترة الاولى لادارة الرئيس (Reagan)، الا انه لفت الانتباه الى أهمية الحوافز، بقدر ما لفت الانتباه الى أهمية النقود عند النقديين.

2. المدرسة النمساوية[16] (The Austrian School)

ان هذه المدرسة هي مدرسة قديمة ظهرت خلال الثمانينات، وتؤمن هذه المدرسة بالسوق ولا تثق بالحكومة، وتعتقد هذه المدرسة بان الاقتصاد قد وضع على المسار الخاطىء منذ الثورة الكينزية. والركن الاساسي للمدرسة هو تأييد ترك الاقتصاد يعمل بحرية وتعظيم تفضيلات الافراد، وبهذا فانها تعتبر مدرسة ليبرالية التوجه وبذلك فهي تشاطر المدارس الفكرية الاخرى بتأكيدها على مذهب اتركه يعمل، وبالتالي فاتها تقترب من مدرسة النقديين ومدرسة الكلاسيكيين الجدد. الا ان اهم اختلاف بينهم وبين المدارس الاخرى المذكورة هو في الطريقة الاساسية للبحث العلمي. فالنمساويون يؤكدون على الدور الذي يلعبه المنظم الفرد، ودراسة حالات السوق بدلاً من حالات التوازن.

وتركز المدرسة النمساوية على مفاهيم الاقتصاد الجزئي والتصرفات الرشيدة للافراد. ويعترض بعض اعضاء هذه المدرسة حتى على فكرة الاقتصاد الكلي. وليس لديهم ثقة بالاحصاءات والاقتصاد القياسي. ويعتقدون ان وجود حالة عدم اليقين يجعل تكوين النماذج الاقتصادية أمراً غير ممكن، والاقتصاد الكلي المثالي في نظرهم هو الذي يسمح للبنوك اصدار عملتها الخاصة والغاء البنوك المركزية والغاء ضرائب الدخل وتعويضات البطالة.

3. المدرسة اليسارية (الراديكالية)[17] (Radical Leftwing School)

بنت المدارس الفكرية الاقتصادية اليسارية (الراديكالية) تحليلاتها على أعمال (Marx) وعلى التحليلات الماركسية الاقتصادية. ومعظم هذه النماذج

تعتمد التحليل الطبقي كاساس، حيث تقسم المجتمع الى طبقتين رئيستين هما العمال والراسماليون. وتفصح مثل هذه الكتابات حقيقة حدوث الازمات المتأصلة في النظام الراسمالي وكذلك حقيقة الاستغلال الطبقي من قبل الراسماليين للعمال ولبقية فئات الشعب، وتدعو هذه المدرسة عادة الى القضاء على النظام الراسمالي واقامة النظام الاشتراكي لحل مشكلة الازمات ومشكلة الاستغلال.

ومنذ منتصف الستينات ظهرت مدرسة اليسار الجديد وذلك مع صعود اليسار الجديد في اوروبا وبقية اجزاء العالم، ومن أبرز الكتاب (John G. Gurley) وكثير غيره، وقد تركز هجوم هذه المدرسة على النظام الراسمالي العالمي وعلى الاقتصاد المعاصر وبشكل خاص على الاستعمار الامريكي، وكيف ان ارباح الولايات المتحدة متأتية من دورها القيادي العالمي للبلدان الغنية والفقيرة. وتستنتج هذه التحليلات بان الراسمالية مسؤولة عن التفاوت الاقتصادي والاجتماعي الكبير بين شعوب العالم، وينكرون ان المجتمع الراسمالي يستطيع (أو يرغب) في حل هذه المشكلات.

وقد انتعش الفكر اليساري كرد فعل مع تقدم السياسات المحافظة. وقد شهدت الثمانينات من القرن الماضي دراسات عديدة شككت في كفاءة وعدالة وسياسة الاقتصاد الكلي للراسمالية الامريكية. ومن أبرز المواضيع الوارده في هذه الانتقادات ما ياتي:-

1. رفض الاسواق:

من المعلوم ان الاقتصاد الراسمالي الحديث يرى بان الاسواق مقياس جيد لتفضيلات الافراد وللتكاليف الاجتماعية للانتاج. اما الاقتصاديون الاشتراكيون " اليساريون " فيختلفون في تحليلاتهم عن التحليلات الغربية الراسمالية. فمن جهة يرى (Galbraith) بان أذواق الافراد تتشكل من خلال الدعاية. أما اليساريون

الماركسيون فيدعون الى التخطيط المركزي ليحل محل الاسواق المشوهة، ويدعون الى قيام الدولة بأخذ المبادرة في اقامة الصناعات والمشروعات الاقتصادية الاساسية ليلعب القطاع العام الدور الأهم في التنمية الاقتصادية.

2. رفض الاقتصاد الكلي الحديث

ان التيار العام للاقتصاد الكلي يقول بان هناك معدلاً طبيعياً للبطالة (حوالي 6 بالمائة) واذا انخفض دون ذلك لا يستطيع الاقتصاد ان يتحمله دون ان يواجه حالة التضخم النقدي. اما الاقتصاديون اليساريون فيرفضون هذا الرأي القائل بان الاسعار والاجور يجب ان تكون حرة، وانهم يفضلون فرض سيطرة على الاسعار والاجور كوسيلة للحد من التضخم، وبهذا يحدّون من مستوى البطالة.

3. السياسات الصناعية

اليساريون يدعون الى الغاء سياسة تحجيم الصناعات الاساسية، وانعاش وسائل التخطيط وتوجيه الموارد نحو الصناعات الواعدة. كما ان اليساريين متشككون من البيروقراطية الحكومية، كما انهم يرفضون النظام القمعي الذي كان قائماً في الاتحاد السوفيتي السابق لانه، في نظرهم يحطم الحرية الشخصية. ويدعون الى التخطيط الديمقراطي الذي تشارك فيه الجماهير.

4. عدالة أكبر

ان الاقتصاديين اليساريين هم ضد التفاوت الكبير في الدخول المتولد من نشاط الاسواق. والبعض منهم يقترح فرض ضرائب على الاستهلاك وليس على الدخل.

واخيراً فان اليسار الجديد ينتقد كلاً من السوق وبيروقراطية الدولة، لكن البعض الآخر ينظر الى مثل هذا الرأي على انه مسرف أو متطرف حيث ان السوق في نظرهم، وكذلك الديمقراطية، هي الاليات الوحيدة المعروفة التي يمكن ان تحل مشكلات الاقتصاد الحديث المعقد.

هوامش الفصل الثالث عشر

(1) للمزيد من التفاصيل راجع:-

- Stanley L. Brue, op. cit., PP 519 – 530.

- Boys and Melvin., op. cit., PP 399 – 402.

- Wallace C. Peterson and Paul S. Estenson., op. cit., PP 696 – 719.

- د. سامي خليل، مرجع سابق.

(2) Stanley L. Brue., op. cit., PP 520 – 521.

(3) Boys and Melvin., op. cit., P 400.

(4) Wallace C. Peterson., op. cit., PP 719 – 720.

(5) Boys and Melvin., op. cit., pp 400 – 403.

(6) Stanley L. Brue., op. cit., PP 521 – 522.

(7) Wallace C. Peterson and Paul S. Estenson., op. cit P 723.

(8) للمزيد من التفاصيل حول هذه المدرسة:

- Wallace C. Peterson and Paul S. Estenson., Ibid., PP 723 – 745.

- Boys and Melvin op. cit, pp 403 – 406.

- Stanley L. Brue., op. cit., PP 531 – 535.

(9) Boys and Melvin., op. cit., P 404.

(10) Wallace C. Peterson., op. cit., PP 725 – 728.

(11) Stanley L. Brue., op. cit, P 533.

(12) Wallace C. Peterson., op. cit., PP 732 - 733.

(13) Ibid., PP 738 – 745.

(14) Boys and Melvin., op. cit., PP 528 – 539.

(15) Wallace C. Peterson., op. cit., PP 745 – 750.

وكذلك د. سامي خليل، مرجع سابق، ص 774 – 774.

(16) د. سامي خليل، مرجع سابق، ص 774 – 775.

(17) Paul A. Samuelson and William D. Nordhaus., Economics., Twelfth Edition., McGraw – Hill Book, 1985. PP 765 – 766.

وكذلك د. سامي خليل، مرجع سابق.

شكل بياني للتطور التاريخي للمدارس الفكرية الاقتصادية وابرز روادها

من 1500م
المدرسة التجارية
(مان ومالينيز وديفنانت وكولبير وبيتي)
1750م
المدرسة الطبيعية
(كيناي وتيرغوت)
1775م
المدرسة الكلاسيكية
(سميث ومالثوس وريكاردو وبنثام وساي وميل)
1800م
الاشتراكية الخيالية
(روبرت أوين وفوريير وسان سيمون)
1850م
الاشتراكية الماركسية
(ماركس وبلانك وكنغزلي)
1875م
المدرسةالحدية والنيوكلاسيكية
(جيفونز ومنجر وفون وايزر وفون باويرك وادجورث وكلارك ومارشال)
1875م
الاقتصاد الرياضي
(والراس وليونتيف وفون نويمان ومورغنستيرن وهيكس)
1935م
المدرسة الكينزية
(كينز وهانسون وساميلسون)
1969م
المدرسة النقدية
(ملتيون فريدمان وجون سنكلر)
1970م
المدرسة الكلاسيكية الجديدة
(روبرت لوكس وجاري بيكر)

المراجع

أولاً: المراجع الأجنبية

1- Barber, William J., A history of Economic Thought, Penguin Books Ltd, England, 1970.

2- Boys and Melvin, Macroeconomics, Fourth Edition, 1999.

3- Brue, Stanley L. The Evolution of Economic Thought, Sixth Edition, The Dryden Press, Dryden, 2000.

4- Gilpin, Alan, Dictionary of Economic Terms, Butterworth & Co. Ltd, London, 1966.

5- Peterson, Wallace C., and Paul S. Estenson, Income Employment and Economic Growth, Seventh Edition, W.W. Norton & Company, NewYork, London 1992.

6- Samuelson, Paul A. and William Nordhaus, Economics, International Student Edition, McGraw-Hill Book Company, Twelfth Edition 1985.

7- Stewart, Michael, Keynes and After, Penguin Books Ltd, England, 1967.

ثانياً: المراجع العربية:

8- البراوي، د. راشد، تطور الفكر الاقتصادي، دار النهضة، الطبعة الأولى، 1976.

9- احمد، د. عبد الرحمن يسري، تطور الفكر الاقتصادي، الدار الجامعية للطباعة والنشر والتوزيع، الاسكندرية، 1990 .

10- العبد الله، د. مصطفى، علم الاقتصاد والمذاهب الاقتصادية، مطبعة الاتحاد، دمشق، 1989.

11- العطيه، د. عبد الحسين وداي، محاضرات في تاريخ تطور الفكر الاقتصادي، للعام الدراسي 1993-1994 ، غير منشورة.

12- خليل، د. سامي، نظرية الاقتصاد الكلي، الكتاب الثاني، 1994.

13- مصطفى، د. احمد فريد ود. سهير محمد السيد حسن، تطور الفكر والوقائع الاقتصادية، مؤسسة شباب الجامعة، 1985 .

14- معروف، د. هوشيار، تحليل الاقتصاد الكلي، دار صفاء للنشر والتوزيع، عمان، الطبعة الأولى، 2005 .

كتب صدرت للمؤلف

1- الحماية والنمو الصناعي في العراق، دراسة نظرية - تطبيقية للفترة 1960-1976، المؤسسة العربية للدراسات والنشر، بيروت، الطبعة الأولى، 1982.

2- ملامح الاقتصاد الصناعي في العراق، منظمة الخليج للاستشارات الصناعية، سلسلة رقم (6) الدوحة ح قطر 1989 .

3- الاقتصاد الصناعي، (الطبعة الاولى)، دار وائل للنشر والتوزيع، عمان، الاردن 2001.

4- الاقتصاد الصناعي، الطبعة الثانية (طبعة محكمة مزيدة ومنقحة)، دار وائل للنشر والتوزيع، عمان، الأردن، 2005 .

5- التنمية الاقتصادية، نظريات وسياسات وموضوعات، الطبعة الأولى، دار وائل للنشر والتوزيع، عمان، الأردن 2007 .

6- اقتصاديات العمل، الطبعة الأولى، دار وائل للنشر والتوزيع، عمان، الاردن، 2007 .

7- واخيراً الكتاب الحالي تطور الفكر الاقتصادي، دار وائل للنشر والتوزيع، عمان، الأردن، 2008 .

THE EVOLUTION OF
ECONOMIC THOUGT

Dr. Medhat K. Al Quraishi

Associate Professor of Industrial Economics
Al Balqa' Applied University

Sult – Jordan

2008

B.Sc. Economics, University College of Swansea (U.K) 1968

M.A. Development Economics, univ, of East Anglia (U.k) 1972

Ph.D Economics, University of Surrey (U.K) 1977

Printed in the United States
By Bookmasters

T0157107